可见的学习
与深度学习

【新西兰】约翰·哈蒂（John Hattie）
【美】南希·弗雷（Nancy Frey）
【美】道格拉斯·费舍（Douglas Fisher）　著

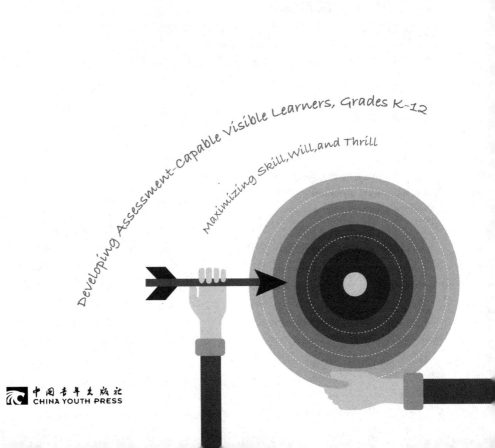

中国青年出版社
CHINA YOUTH PRESS

图书在版编目（CIP）数据

可见的学习与深度学习：最大化学生的技能、意志力和兴奋感/（新西兰）约翰·哈蒂，（美）南希·弗雷，（美）道格拉斯·费舍著；杨洋译
—北京：中国青年出版社，2020.10
书名原文：Developing Assessment-Capable Visible Learners, Grades K-12: Maximizing Skill, Will, and Thrill
ISBN 978-7-5153-6111-6

Ⅰ.①可⋯ Ⅱ.①约⋯ ②南⋯ ③道⋯ ④杨⋯ ⑤孙 Ⅲ.①学习方法 Ⅳ.①G791

中国版本图书馆CIP数据核字（2020）第125706号

可见的学习与深度学习：
最大化学生的技能、意志力和兴奋感

作　　者：[新西兰]约翰·哈蒂　[美]南希·弗雷　道格拉斯·费舍
译　　者：杨　洋
策划编辑：肖妩嫔
责任编辑：肖　佳
文字编辑：周楠楠
美术编辑：张　艳
出　　版：中国青年出版社
发　　行：北京中青文文化传媒有限公司
电　　话：010-65511272/65516873
公司网址：www.cyb.com.cn
购书网址：zqwts.tmall.com
印　　刷：大厂回族自治县益利印刷有限公司
版　　次：2020年10月第1版
印　　次：2023年12月第5次印刷
开　　本：787mm×1092mm　1/16
字　　数：140千字
印　　张：14.5
京权图字：01-2019-1558
书　　号：ISBN 978-7-5153-6111-6
定　　价：45.00元

目录

引言
教学应以学生学习为中心

自从《可见的学习》于2009年首次出版以来，教育领域已经有很多人受益于其变革的潜力。它对全球数亿学生的学习成果进行了分析，解决了学习发生所需条件的重要问题。本书以及之后的系列书籍不仅是一个"什么有用"的名单，还讲述了关于儿童学校教育的故事和致力于促进学生学习的成年人的故事。本书得出的结论清楚地表明，当学生知道如何学习时，他们就能成为自己的老师。这些学生被称为可见学习者，他们"表现出对学习者来说最需要的自律的特点（自我监控，自我评价，自我评估，自主学习）"。那么，你能分辨出谁是可见学习者吗？

可见学习者的特征

可见学习者具有以下特征：

- 可以成为他们自己的老师；

- 可以清楚地表述他们正在学习的内容和原因；

- 可以谈论他们如何学习——他们正在使用的学习策略；

- 可以阐明他们计划的学习步骤；

- 可以使用自我管理策略；

- 寻求挑战，有复原能力，并且渴望挑战；

- 可以设定掌握目标；

- 将错误视为机会，并且很自在地说自己不知道和/或需要帮助；

- 积极支持同伴的学习；

- 当他们不知道该怎么做时，会知道自己如何改进；

- 积极寻求反馈；

- 有元认知技能，并且可以谈论这些技能。

我们认为可见学习者的特征对学校的成功至关重要，这与我们对具有评估能力的可见学习者的关注是一致的。换句话说，确保学生具备评估能力是"可见的学习"任务的实施途径之一。"可见的学习"首创性的一个重要方面是将授课从以教学为中心转变为以学习为中心。当然，教师要使用策略来确保学生的学习，但我们认为，目前大部分有关教学策略的讨论都是在关注教师应该做什么，而没有关注学生的学习。然而，教学必须始终考虑其对学生学习的影响。如果学生没有进步，教育工作者就需要探求为什么会这样以及这意味着什么。在有关"可见的学习"的课堂中，教师将学生的学习视为对教学的反馈。如果我们自己没有设定目标，不去想办法使用策略来帮助自己，寻求反馈并明白自己的后续步骤，我们怎么能指望学生这样做？我们的准则是，教师的教学策略不应该比学生的学习更重要。我们的意思是，我们应该一起努力以学生的学习为目标，使他们能够真的做出改变，以确保我们确实在进行"可见的学习"。当然，这引出了一个问题，即什么是可见的学习，我们有什么证据证明这是学校、教师和学生的正确关注点？

当你看着可见学习者的特征列表时，想一想你现在或过去的学生。你能识别出你的哪些学生是可见学习者吗？

什么是可见的学习

实际上，可见的学习描述了一系列的努力。它是一个研究数据库、一份学校改进计划，也是一项号召，呼吁学校行动起来，专注于研究什么因素能最有效地影响学习。可见的学习的数据库包含1400多个综合分析，涉及超过7万项研究和3亿学生。这是教育方面的重要数据。事实上，有些人说它是迄今为止最大的教育研究数据库。为了理解如此多

> 教师不应该把教学策略看得比学生的学习还重要。

的数据，约翰将他的工作重点放在了综合分析上。

综合分析是一种统计工具，可以将不同研究的结果与能够为实践提供信息的模式相结合。换句话说，综合分析是研究的研究。用于聚合信息的工具是效应量。效应量是给定效果的程度或大小。我们可以做一个虽不完美却很有用的比较，请思考你对地震监测的了解。有一种地震标度是里氏震级。有些地震是难以察觉的，除非通过专门的测量工具监测；有些地震有一个最小的"震动"，导致瞬间的轻微影响，但这种影响并不持久；还有里氏震级较高的地震，虽然出现的次数较少，但产生的影响明显。效应量信息，如里氏震级，帮助我们以更可衡量的方式来理解教育的影响力。

例如，假设有一项研究，该研究显示了有关学生站着学习数学统计学的重要发现（例如 $p < 0.01$），那么人们可能会购买"站立式书桌"的股票，新的教学时尚可能也会由此产生。但是，假设在更深入的阅读中，你了解到，站立的学生比对照组有0.02的月增益，效应量非常接近于零。这个研究的样本量非常大，而且研究结果具有统计学意义（即使学习收益的大小不是很有意义）。你是否还会购买站立式书桌并要求学生在学习数学时站立？可能不会（无论如何，这是我们编出的一个例子）。

了解效应量让我们知道某一影响在改变成就方面有多么强大，换句话说，就是努力所产生的影响。有些事难以实施，并且影响甚微。还有些事很容易实现，却有一定的影响。当你决定实施哪些措施来正面影响学生的学习时，你不想知道其效应量的大小吗？然后你可以决定是否值得为其付出努力。约翰能够证明效应量大于0.40的影响、策略、行动等能使学生以适当的速度学习，这意味着至少在学校一年的成长（但是，我们需要小心，因为这个0.40是从4岁到20岁的学生跨学科、跨国家的平均值）。虽然这提供了一个整体的平均值，但通常特定条件可能更为关键，例如你是否正在测量一个狭义的概念（如已知的词汇单词）或者一个更广泛的概念（如创造性思维）。在这个水平确立之前，教师和研究人员没有办法确定一个可接受的起点，因此仍在实践由具有统计意义的研究支持的影响微弱的做法。

我们来看两个真实的例子。首先，让我们考虑一下个性化教学。为了给学生提供个性化的学习机会，教研人员已经做了很多努力。为了帮助人们了解个性化教学的效应量，约翰创建了一个影响力指示表，以便直观地呈现出信息。个性化教学的影响力指示表可以在图引言.1中找到。正如你所看到的，个性化教学的效应量为0.23，远低于0.40的期待效果区域。这是基于9项综合分析和600项研究得出来的。个性化教学有一些表面的逻辑，似乎高效的教师能够让更多的学生参与到有意义的学习中。此外，在很多场合，学生可以互相学习，正如我们所看到的，这种互动可以是很强大的。优秀的教师知道他们的学生之间的相似之处，允许他们有差异。

你如何解释与学生学习相关的效应量?

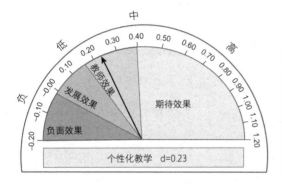

注解	
标准误	0.056（中等）
排名	100 名
元分析数	9
研究数	600
效应量数	1146
样本人数	9380

图引言.1　个性化教学的影响力指示表

选自约翰·哈蒂的《可见的学习：对800多项关于学业成就的元分析的综合报告》

　　其次，让我们考虑反馈。有效的反馈是及时的、具体的，并包括学生可以采取的行动，以促进他们的学习。从图引言.2中的影响力指示表可以看出，反馈的效应量为0.73，远高于0.40的起始值。这是基于23项综合分析和1287项研究得出来的。那么，关注学生个性化教学反馈的质量似乎是合理的。需要注意的是，虽然反馈的效应量相对较高，但其带来的影响可以发生很大变化；我们需要理解这种可变性。

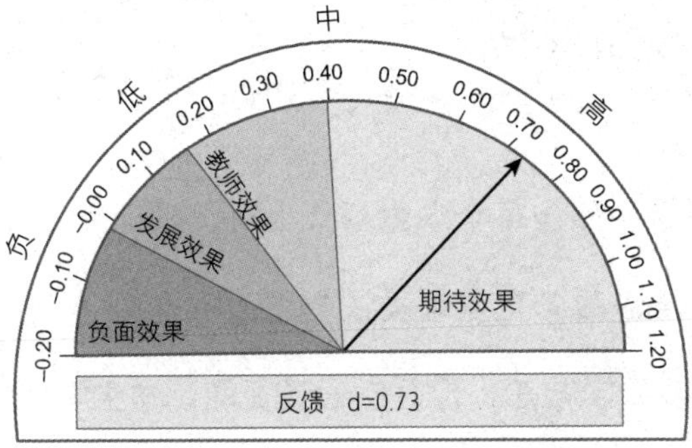

注解	
标准误	0.061（中等）
排名	10名
元分析数	23
研究数	1287
效应量数	2050
样本人数	67931

图引言.2　反馈的影响力指示表

选自约翰·哈蒂的《可见的学习：对800多项关于学业成就的元分析的综合报告》

这就是可见的学习数据库在创造学校变革方面的强大功能。当学校专注于对学校来说最有效的事情时，更多的学生会学到更多的知识。话虽如此，这个数据库是庞大的，并且可能数据量会过多。第二代可见的学习工作的重点是采取特定的影响并将其转化为课堂实践。例如，都嬬胡将她的工作重点放在集体教师效能上，这对学生的学习有很大的影响力。我们以前专注于将可见的学习应用于识字、数学和科学中。目前这项工作试图将重点放在提高学生对自己学习的责任感上，这是另一种整合可见的学习知识库并使其在课堂上活跃起来的方式。

本章小结

　　我们为学校设定了目标，即让每个学生都成为可见学习者。这是一个很高的要求。这要求教师更多地关注学习而不是教学。是的，我们一直在使用很多教学方法，但是它们是否能让学生学习？我们必须知道我们对学生学习的影响，并且要测量和监控这种影响。

　　为了使学习变得可见，我们必须使学习者具有评估能力。太多的学生学习时依赖成人，还有很多学生是顺从的学习者。这两类学习者都不符合我们的要求。我们需要的是了解自己当前成绩的学习者，他们能认识到自己当前成绩与预期成绩之间的差距，并选择缩小差距的策略。当学校里充满了具有这些特征的学生时，学习不仅是可见的，而且是明显的。

第1章

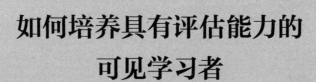

如何培养具有评估能力的
可见学习者

让我们来看看约瑟。他在哪个年级或在哪里上学并不重要，重要的是他曾经在学习上遇到过困难。事实上，他以前的学校建议他留级。约瑟的妈妈知道，仅仅让他留级并强迫他重复同一课程的内容并不能解决他的问题。因此，她让约瑟转到了另一所学校，一所专注于让学生对学习负责的学校。

两年后，约瑟的成绩几乎达到了年级水平。他因此变得开心许多，与同龄人的交流也更多了。转学前后的约瑟有何不同？他正在转变为一名具有评估能力的可见学习者。这个观点很吸引人，不是吗？谁不想成为具有评估能力的可见学习者？从表面上看，具有评估能力的可见学习者不过也就是在学校表现良好的学生，但其实他们具备更多能力。

约瑟每天都可以告诉你他应该学习什么，他也可以告诉你他整个的学习进度。他明白没有"差的"学习进度，他专注于缩小他需要学习的东西和他目前理解的东西之间的差距。约瑟可以对自己说"我知道自己的方向"，这是具有评估能力的可见学习者的标志性特征之一。更重要的是，他知道接下来要做什么以进一步学习。在这样做时，他的注意力集中在学习上，并且他有动力缩小他在当前理解中所认识到的差距。他的老师分配的任务为约瑟提供了一个参与学习的机会，这个学习任务具有恰当的挑战性——不会太难，也不会太无聊。

约瑟还能够自己选择学习过程中所需的工具。例如，在写论文时，约瑟回忆起老师以前重点讲授的如何写序言的课程。他选择了一种序言类型来匹配他的主题。随后，约瑟让同学对他的草稿给出反馈，因为他知道这种支持提供了另一个学习机会。约瑟的老师为他配备了认知和元认知工具，但是由约瑟从他拥有的工具中进行选择，然后将其应用于手头的学习任务。当他不知道该怎么做时，他有办法来帮自己逃离困境。这听起来很复杂，但事实确实如此。当约瑟遇到困难停滞不前时，他有适当的策略来帮助自己摆脱困境。例如，当面对复杂的数学题时，约瑟不知道从哪里着手解题。他决定重新阅读问题，确定给定的条件和单位，而不是被这道题难倒。然后他问自己问题是什么，并与同伴核实以验证他的想法。约瑟努力完成这项任务，即使他不确定该怎么做，他也必须采取行动把它弄清楚。

他还在心中与自我对话，提醒自己，面对挫折或者学习进度停滞不前时，他能够取得成功。他提醒自己可以获得老师、同学等广泛的支持，以确保他获得成功。换句话说，他开始意识到他的错误是学习的机会。这是关键，因为学生经常错误地认为自己所犯的错源自性格，而不是学习中值得期待和欢迎的一部分。在约瑟的学校，老师经常说："我们庆祝错误的出现，因为它们是学习的机会。"他们教学生如何识别自己的错误，并利用这些错误来让学生受益。

此外，约瑟知道他必须记录自己的学习进度。当然，他的老师也通过对他的作业进行形成性评价以及使他能够展示知识掌握程度的总结性任务来监控他的进度。但约瑟是一位具有评估能力的可见学习者，他知道监督自己的学习是他的责任。他不会仅依靠老师告诉他什么时候该学什么，他不会被动地等待别人的反馈；相反，他经常主动找他的同学和老师寻求反馈。

此外，约瑟还学到了许多用于自我评估的策略。例如，他的老师为学生提供了一份清单，用于评估他们自己在小组中的参与情况。约瑟使用该核对清单（见图1.1）来监控他在合作学习期间与同伴的互动情况。但他并不是仅仅为了遵循这张清单，这是学习的最低阶段。约瑟已经开始意识到他与同伴互动的质量对他自己的学习有直接影响。他的老师告诉他，当他积极参与讨论时，他就能加强学习。约瑟发现当他的小组跑题时，他特别擅长让他们回到正题上。他还学习了许多评估自己表现的其他方法，包括他在自己感兴趣的主题上开发的评价标准。

最后，约瑟认可自己的学习方法并教导他人。当他审视自己的成功时，他会注意到这些成功之所在，并且识别出哪些方面仍需要注意。他与自己的老师（以及其他人，包括他的家人）对此进行沟通，与此同时，他解释有关自己学习的数据并设定掌握目标。他知道学习很重要，而且他的成功经验激励着他，而这一成功促使他想要学习更多知识，如此循

在我的小组协作期间，我有没有

☐ 跟上每个人的发言？

☐ 听取其他人的评论并在此基础上发表自己的看法？

☐ 一直专注于所讨论的话题？

☐ 在我们跑题时，让小组回到主题上？

☐ 仔细聆听我不同意的想法？

☐ 寻求共识以帮助小组做出决定？

☐ 监控我的非语言行为以确保其传达了我感兴趣的内容？

☐ 为小组作出贡献，以完成我们的任务？

图1.1　合作学习的自我评估

环往复。一旦约瑟达到了课程的成功标准，他就会寻找自己学习中的下一个差距，将他目前的成绩与学习进度进行比较。

> 为了培养出具有评估能力的可见学习者，你需要设定一套成功标准，你需要树立培养具有评估能力的可见学习者的愿景。

对许多人来说，这听起来很理想主义，无法实现。但这确实发生了，发生在约瑟身上，他是一所真实的学校中的真实的学生。他的老师们也是真实的，他们理解培养具有评估能力的可见学习者的价值。这些老师为约瑟和他的同学们提供了建立他们的能力和信心的具体经验，这反过来又强化了具有评估能力的可见学习者所拥有的必要特质。这不是不切实际，而是学校团队专注于一些非常有效的事情时的可实现目标。我们要思考的是，如何培养具有评估能力的可见学习者，以及他们的老师需要以怎样复杂和相互关联的方式思考他们的学习。为了培养出具有评估能力的可见学习者，你需要设定一套成功标准，你需要树立培养具有评估能力的可见学习者的愿景。这就是为什么我们给你介绍约瑟。

如果本书中有一条我们希望你获得的核心信息，那就是：具有评估能力的教师可以培养具有评估能力的可见学习者。他们理解，当存在三个条件时，学习会加速：技能、意志力和兴奋感。学习者需要具备技能和知识，但也需要学习的意志力——这是激励成分。当你将技能和意志力相结合时，就会收获学习的兴奋感。正是这种品质促使学习者不断进行学术探索和冒险。在每个具有评估能力的可见学习者旁边都有这样一位老师，他决心培养每个学生具备这些信念、品质和能力。这位老师明白，他的基本使命和首要工作不是教数学、阅

> 在每个具有评估能力的可见学习者旁边都有这样一位老师，他决心培养每个学生具备这些信念、品质和能力。这位老师明白，他的基本使命和首要工作不是教数学、阅读、科学或任何其他科目，而是确保他的学生知道如何学习。

读、科学或任何其他科目，而是确保他的学生知道如何学习。

学习意味着什么

学习的常见字典定义是通过体验、研究或被教来获取知识和技能。从表面上看，这似乎很简单，但任何试图度量学习的人都知道这个过程要复杂得多。对某些人来说，学习是记忆和回忆。事实上，在教育过程的某些时刻，会要求学生记住文本并背诵。当学生们这样做时，他们的老师表示这些学生已成功地学会了该内容。但还有些时候，学习需要演示和应用。在教育过程的另一些时刻，学生在总结性评价中的表现被用作衡量他们是否学到了什么的唯一标准。许多家长一直赞同此类学习，全国各地的学校和学区通常会根据学生在这些类型的任务中的表现进行评分。

最近，一些标准化评估已经过重新设计，以适用于衡量更深层次的知识。这些评估侧重于衡量学生在不熟悉的情境中应用概念、技能和策略的能力，以及独立获取信息和想法的能力，并将这些作为学习的依据。我们相信，学生、教师和家长会重视内容信息的记忆和回忆，前提是这能减少学生的工作记忆需求，以便他们继续理解概念关系，扩展他们的想法以及批判性地思考问题。记忆和回忆在学习循环中占有一席之地，但很少发生在学习开始之时，当然也不会出现在学习结束的时候。

你目前以何种方式衡量和监控学生的学习？
你如何支持学生衡量和监控学习的能力？

　　与学习理论家一致，我们提出学习的发生经历了三个阶段——表层、深层和迁移，并且有特定的策略与这些学习阶段相一致。重要的是，表层学习不是肤浅的学习。表层学习一次只关注一件事，无论是概念还是技能。例如，当学生们在第一次阅读中学习推理技能时，他们就是在进行表层学习。他们正在学习推理是什么，教师也通常模式化地提供示例，让他们查看哪些示例属于推理。他们需要了解作者如何进行暗示，以便做出推论。

　　在深层学习中，学生可以看到概念之间的联系、关系和图式，并学习如何组织技能和概念。深层学习通常涉及与同学交流，并在学生发现这些联系时让他们豁然开朗。当正在学习推理的学生能够向其他人解释和证明自己的推论，并看到做出推论、预测、激活背景知识、识别词汇和单词选择以及批判性阅读之间的关系时，他就进入到了深

> 为确保学生具备评估能力，教师必须积极帮助学生学会如何学习，帮助他们选择合适的学习工具（策略）。

层学习。正是这种思想的整合标志着学习的深层阶段。

当这个学生开始在越来越新的情境中应用知识时，就达到了学习迁移的程度。对于做推理的学生来说，当他养成在阅读各种类型和体裁的文章时，都使用这个过程的习惯，将他的知识应用于越来越复杂的文章并自然而然这样做时，我们就说他的知识已经发生了迁移。我们认为，迁移是学习的目标。当学生的学习发生迁移时，他们就掌握了概念或技能并知道如何使用。

在表面和深层学习阶段，必须经历两个过程，以确保学生有机会迁移学习水平，即习得和巩固。正如哈蒂和多诺霍所说：

在习得阶段，学生处理来自教师或教学材料的信息，并将其记入短期记忆中。在巩固阶段，学习者需要积极处理并在心里预演材料，因为这增加了将知识储存到长期记忆中的可能性。

表1.1显示了对每个学习阶段有用的常用教学策略清单。在考虑这些教学方法时，重要的是要记住本书的重点：具有评估能力的可见学习者。学生必须学会从一系列策略中进行选择，以推动他们的学习。教师可以为学生组织学习经历，但为了确保学生具备评估能力，教师必须积极帮助学生学会如何学习，帮助他们选择合适的学习工具（策略）。具有评估能力的学生能够更加熟练地在表层、深层和迁移阶段进行学习。

这些学习工具就是催化剂——加速学习所需的燃料。

表1.1　与学习阶段相适应的教学策略

	表层学习	深层学习	迁移学习
习得	做笔记 注释 总结 助记符 写评论	概念图 元认知策略 精心制作和组织 战略监测	分类图表 排序、匹配和分类 以学生为中心的分类模式 共同点和不同点 扩展写作指导（改进和阐述想法，力争连贯，边想边说出过程）
巩固	练习测试 刻意练习 间隔练习 排演 寻求帮助 获得反馈	同伴反馈 同伴支持 课堂讨论 学生竞赛 自我提问 自我监控 合作学习	

思考一下你经历过的深层学习是什么样的?

你怎么知道你学会了?

如何进行深层学习

睿智的教育工作者知道，老师教的内容学生不一定都能学到。因此，我们的目标是确定哪些因素对于学习的发生至关重要。我们扪心自问：

> 具有评估能力的教师尽可能多地经常调整学生的思维，以便学生能够更深入地了解自己的学习方式和时间，并将自己的行为与结果联系起来。

"确保学习的正确经验都是什么？必须具备什么条件？应该花更多的时间在直接教学上还是在对话教学上？"关于哪种学习策略最有效的教育争论是相当激烈的，而最终答案要在了解你对学习者的影响后得出。我们教导学生学习的策略包括四大类：

- **认知策略**：例如总结或预估等，特别适用于加深对所学内容的理解时；

- **元认知策略**：如规划、监控和校正学习过程；

- **激励策略**：如培养学生的自我效能和自我调节能力等，以便他们保持专注并参与学习；

- **管理策略**：如查找、导航和评估资源和信息。

教师的任务是培养具有评估能力的可见学习者，教授所有这四种策略，并为学生创造机会。它们像是为学生提供了一面镜子，以促进学生自我反思、自我提问、解决问题和做出决策。具有评估能力的教师尽可能多地调整学生的思维，以便学生能够更深入地了解自己的学习方式和时间，并将自己的行为与结果联系起来。他们对所培养的学习者有着清晰的认识，因为他们了解具有评估能力的可见学习者的特征。

具有评估能力的可见学习者的特征

如前所述，我们以约瑟为例，指出了为什么我们认为他正在成为具有评估能力的人。在这样做的过程中，我们参考了阿伯颂鲁姆、弗洛克顿、哈蒂、霍普金斯和里德的著作，来思考如何提高学生在获得评估能力方面的作用。我们将研究依据和我们的经验组织成五个因素，这也组成了具有评估能力的可见学习者的特征，包括以下内容。

- **我知道我要去哪里**。学生了解他们目前的表现以及该表现与学习目的和成功标准的关系。
- **我有该学习之旅的工具**。学生知道他们可以从一系列策略中选择合适的学习工具，以推动他们的学习，特别是当学习进程中断时。
- **我监控我自己的进度**。学生在评估自己的表现时，会寻求并回应其他人（包括同龄人和教师）的反馈。学生们知道在学习过程中会出现错误，这表明他们有进一步学习的机会。
- **我知道什么时候进入下一个阶段**。学生根据课程的学习目的和成功标准以及整体学习进度来解读自己的学习数据，以确定他们何时可以继续前进。

- **我知道接下来该做什么。**当学生不确定该怎么办时，他们知道该做些什么来解决这个困境。这肯定是受过教育的人的标志。在面对早期挑战时，这可以帮学生了解坚持和简单放弃之间的区别。这是终身学习者的本质，终身学习者知道如何研究、组织信息，并继续自己的学习。

就像我们在引言里详述的，帮助学生获得评估能力是一项名为"可见的学习"的大型计划的一部分。重新思考一下我们讲述的关于约瑟的经历，看看他的学习者特征中有多少与可见学习者的特征一致。约瑟像世界各地越来越多的学生一样，身边都有教师，这些教师利用自己较高的影响力来培养这些特征。

通过高影响力来培养影响具有评估能力的可见学习者

每个具有评估能力的学习者身边都会有一名教师，这位教师使用策略和技巧帮助学生掌握学习。这些有据可依的影响力会影响学生学习如何学的能力。旨在培养具有评估能力的可见学习者的高影响力包括教师的清晰度、期望、挑战、自己报告的成绩、反馈，以及通过设定目标来激发学习的自发性和自主性。让几种高影响力同时发挥作用会进一步放大它们的力量。

● 教师的清晰度

与具有评估能力的可见学习者的概念框架一样，教师的清晰度实际上是一系列的想法。值得关注的是，教师清晰度对学生学习的影响力大小为0.75（有可能在一个学年加速增长）。从本质上讲，教师的清晰度要求教师知道学生需要学习什么，要向学生传达这些期望，让学生知道成功标准，并以连贯的方式进行授课。教师清晰度是改善学生学习的重要驱动力。具有评估能力的学习者将学习目的和成功标准作为计划其未来学习的手段。我们将在第3章中更详细地重新讨论教师的清晰度。

● 教师的期望

所有老师都对学生抱有期望。因此，提出"教师对学生是否有期望"这个问题确实没有意义。更好的问题是"教师是否树立了错误或者误导性的期望，导致学生的学习或学习成果大打折扣，又是给哪些学生带来这样的影响？"教师期望对学生学习的影响力大小是0.43。让我们用另一种方式说明：如果教师希望自己的学生在一年的时间里能学习到一年的（或更多的）内容，他们可能会这样做。这些期望每天都在传达给学生，从行为举止到任务挑战。当教师计划学习单元并让学生参与高质量的学习体验时，期望需要首先得到考虑。

● 挑战

正如我们在引言中所指出的，挑战是学习的一个重要方面。总体而言，具有挑战性的作业的效应量为0.57。但当教师确保给学生的挑战刚刚好，不会太难也不会太沉闷时，效应量会增加到0.72。学生们希望学校给他们设置的任务是具有挑战性的，但不要到令人沮丧和彻底失败的程度。他们还希望自己不会厌倦那些看起来毫无意义并可以很容易地完成而不需要太多思考的作业。要想让学生具有评估能力就意味着帮助学生感到有能力面对适当的挑战。对德韦克关于成长型思维方式著作的误解是，成长型思维是作为一种状态而存在的。当任务很简单时，这就不适用。挑战是培养成长型思维的必要条件。此外，成长型思维并非仅仅像《小火车做到了》（*The Little Engine That Could*）里提到的（"我认为我可以，我认为我可以……"）那样是一种口号。相反，这是一种应对策略，可以让具有评估能力的学习者在遇到困难时采用。在这些情况下，学习者会停下来，深呼吸，然后在他们不知道该怎么做时开始考虑下一步该做什么。这对教师意味着什么？这意味着我们必须定期创建对学生有挑战性的任务，让他们掌握解决问题的策略，并协助他们决定下一步可能做什么。在这种情况下，学生可以形成一种成长型思维方式。

● 自我报告成绩

为了让学生了解自己将去向何方，他们需要准确了解自己目前的位置。自我报告成绩的效应量为1.44，是加强学

> 为了让学生了解自己将去向何方，他们需要准确了解自己目前的位置。

生学习的有效方式，因为这使学生有机会衡量自己的现状。证据清楚地表明，学生敏锐地意识到自己的表现并了解自己的成绩水平。但如果他们必须依靠自己的老师（和老师给的成绩）来告诉自己所处的位置以及何时学到了什么，他们就会依赖成年人，并且不会发展出需要驱动自己学习的内部指南针。具有评估能力的可见学习者的教师为学生创造机会，使他们了解自己当前的理解水平，并在他们不知道某事时帮助他们进行识别。一年级的安德鲁在考试前几晚告诉他的妈妈，他将在数学评估中"达到标准"，结果他确实达标了。他知道自己知道什么并且准确地预测了自己的成功。

● 学生对自我的期望

专注于培养具有评估能力的可见学习者的学校鼓励学生超越目前的期望。学生对自我的期望的效应量为1.44，这是鼓励他们学习的强大动力。这些学生收到关于掌握学习的一致信息（例如，"我想学习如何提

高我在绘画中对视角的使用")。掌握学习是学生(及其父母)要发展的重要信念。学校虽不是故意为之,但有时会加强学生仅仅设定成绩目标的想法(例如,"我想在艺术中获得及格分数")。只关注成绩的学生往往会限制他们对自己的期望,他们只求安全自保,不会参与学习所需的学术冒险。当我们对孩子们的错误做出反应,将其视为孩子性格或能力缺陷时,我们就违背了"在学习中出错是必要的"这一原则。"苦苦挣扎"是一种情形,而不是一种特性。说"我卡住了"与"我是愚蠢的"之间存在着巨大的差异。孩子们常常收到这样无意识的信息,即如果你第一次没有做好,你就失败了。事实上,如果你总是在第一次尝试时就能做好一切,那就表明此项任务给你带来的挑战性还不够。对于优秀的学生来说,这同样具有破坏性。只关注成绩(全A)的孩子和家庭强化了一种信念,即求稳和限制挑战,这是他们成功的关键。具有评估能力的可见学习者是有韧性的人,他们能够迎接挑战并愿意走得更高。

● 通过设定目标来激发学习的自发性和自主性

当教师和学生有学习目的时,影响是积极的,效应量为0.56。这并不意味着教师只是简单地说"尽力而为"或者将目标集中在完成任务上,就像一位教师说的那样,"我们今天的目标是完成本章末尾的问题"。相反,目标应该集中在学习上,而不仅是集中在做上。当学校的工作沦为

要完成无休止的一系列任务时，学习会
受到不可估量的负面影响，正如目标被
简化为一系列待办事项，以便从任务清
单中划掉。当学生分享自己（和他们的
老师）设定的具有挑战性的学习目的的
承诺时，这些目标更有可能实现。四年
级学生梅利莎为自己设定了一个目标，
即"弄清楚如何进行不同分子的加减运
算"，然后开始尝试学习这一点，并在此
过程中注意自己的错误和成功。

> 目标应该集中在学
> 习上，而不仅是集
> 中在做上。当学校
> 的工作沦为要完成
> 无休止的一系列任
> 务时，学习会受到
> 不可估量的负面影
> 响，正如目标被简
> 化为一系列待办事
> 项，以便从任务清
> 单中划掉。

从本质上讲，对目标设定的研究表明，学生不会辜负自己和其他人
对他们的期望。对于自己能达成什么，以及达成方式是怎样的，学生们
设定了自己的期望。直到8岁，这些期望都非常准确。但我们的工作就
是打乱学生的计划，帮助他们超越为自己设定的期望。我们可以对他们
说："你认为你这项作业能得到什么成绩？A还是B？好吧，我可以帮助
你获得A。"不过，期望值过高的问题在于，这会限制学生所能获得的
满足感。

反馈

我们都想知道我们表现得如何，特别是当我们想要掌握一个新的概念或技能时。但是，提供反馈方式的不同会带来不一样的后果，有的反馈可能会让我们产生戒心，破坏我们的学习情境，有的反馈则会推动我们达到新的理解水平。反馈的效应量为0.73，这是值得重视的，特别是当反馈做得好的时候。从本质上讲，反馈意见是"及时、特意为我提供的信息，这些信息在给出后能发挥最大意义"。反馈不仅限于教师提供给学生，还可以来自自我和同伴。

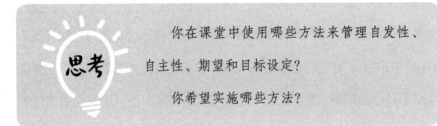

思考 你在课堂中使用哪些方法来管理自发性、自主性、期望和目标设定？
你希望实施哪些方法？

我们将在本书第5章中对反馈进行更详细的讨论，但重要的是要认识到，首先，教师必须将学生的努力和表现视为给自己的反馈。这让一些人感到不舒服，但正如约翰指出的那样，"对教师的反馈有助于使学习变得可见"。将学生的学习视为对教师的反馈，为各种其他反馈敞开了大门。通过这种方式，反馈成为"表现的结果"，因此被视为完成一些努力后的一系列自然行为。

　　具有评估能力的可见学习者的老师用强大的影响力来培养学生学会如何学习的能力。重要的是，他们对具有评估能力的学习者看起来和听起来是什么样子有一个愿景，他们不断找寻学生成长的痕迹。他们反思自己的影响，理解学生的学习是关于他们教学的反馈。他们进行相应的调整，使学生的技能、意志力和兴奋度最大化。在接下来的章节中，我们将深入探讨教育工作者如何帮助学生成为具有评估能力的可见学习者。

> 首先，教师必须将学生的努力和表现视为给自己的反馈。这让一些人感到不舒服，但正如约翰指出的那样，"对教师的反馈有助于使学习变得可见"。

本章小结

　　为了实现使学习成为可见的目标，教育工作者首先需要知道什么策略是最有效的以及什么时候有效。简单地说，有些事情比其他事情更有可能确保学习。专注于最有可能确保学习的行动是明智的，并且可以在以后防止许多问题。话虽如此，重要的是要记住策略不是通用的。相反，教师应该仔细思考学生学习需求的阶段以及哪种方法更有可能引导思考。

　　当学生具备评估能力，并且当我们所有人都知道我们的影响时，我们就会设定学习迁移发生的条件。由于发生了学习迁移，教师不必每年年初都花时间给学生复习和重新学习以前的内容。相反，学习要超出预期，年轻人是面向未来的。换句话说，他们知道如何学习，这使他们能够学习我们还没有想到的概念和技能。他们已准备好迎接世界各地的任何事情，他们知道如何取得成功。

　　重要的是要注意，这种学习总是关于"某事"，因此课程的内容是至关重要的。虽然我们没有引用作为学习重点的实际知识或具体理解，但我们需要注意我们在选择此内容时所做的道德主张。培养具有评估能力的可见学习者的原因是让他们了解和关心重要知识。思考是获取知识的一种手段，知识是进一步学习的基石。

在接下来的章节中，我们将利用这些原则来阐明一套连贯的教学实践，并介绍培养学生评估能力的教育工作者。总之，教师和这些具有评估能力的可见学习者具备以下能力：

- 了解自己目前的理解水平（第2章）
- 了解自己的目标，并有信心接受挑战（第3章）
- 选择工具来指导自己的学习（第4章）
- 寻求反馈并认识到错误是学习的机会（第5章）
- 监控进度并调整自己的学习（第6章）
- 认识自己的学习并教导他人（第7章）

第2章

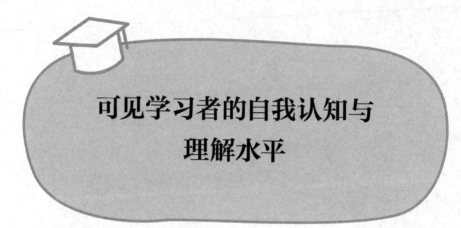

可见学习者的自我认知与
理解水平

　　玛丽亚·戈麦斯和杰西卡·阿瓦洛斯正在对比她们的拼写测试。她们是三年级的学生，她们的老师马塞洛·康特雷拉斯使用差异化的方法让自己的学生学会拼写单词。学生们在年初完成了一项评估——评估他们的发展拼写技能，并确定他们仍需要学习的单词模式。这是学生进一步发展自己拼写能力的起点。

　　玛丽亚上第14课，专注于r控制的元音，她的单词列表上有18个单词，包括stork、storm、market、partner和artist。杰西卡上第9课，专注于带有/ ou /音的单词，包括clown、round、power、thousand和mountain。在一周中的每一天，学生用自己单词列表上的单词互相测验。每节课，康特雷拉斯先生在纸条上写着这些生词，以便学生轮换使用。每天，练习测验以随机顺序进行。每日拼写测验允许学生评估自己理解水平的发展，并专注于自己真正需要学习的单词。学生在测验结束后自我检查拼写，在任何缺少字母、字母被错误地添加或者字母颠倒的地方画圈。他们还对每个拼写单词进行评分，而不是给整个列表打分，以便他们可以监控自己掌握的单词（如果单词拼写正确，他们会给自己A；如果单词中有一个错误，则为B；如果单词包含两个错误，则为C）。康特雷拉斯先生知道，学生可以向同伴朗读他们可能不会拼写的单词。

玛丽亚和杰西卡的故事强调了具有评估能力的可见学习者的第一个特征。他们认识到自己掌握了哪些词汇，以及还需要学习哪些词汇。他们也知道，就目前的学习而言，没有不好的名次，每个人都专注于变得更好。康特雷拉斯先生努力营造一种学习氛围，让大家庆祝进步，而不是名次。作为谈话的一部分，玛丽亚问她的伙伴她拼写的哪些单词是正确的。这让她们思考自己需要学习的模式和领域。这是她们谈话的一部分：

杰西卡：我拼写对了11个单词，这比昨天要好多了，昨天我就对了6个。所有带ou的单词都正确，再加上clown，但我已经知道这个词了，因为我真的很喜欢小丑，爸爸常带我去看他们。

玛丽亚：你真的很棒，今天对了很多单词。其他的是错在哪里了？

杰西卡：我把许多本应写作ow的地方写成了ou。我必须得学习，学会那些带有ow的词，因为它们听起来像我一直在学习的带ou的词。另外我漏掉了coward这个词。这是一个额外的加分词，但我想把它写对。看，我把它拼写成了couword。所以我在那个单词上得到了一个C，但我在其他大部分单词上得到的都是B。

玛丽亚：那很好，对吧？你有11个A，6个B和1个C。你明天的目标是什么？

杰西卡：我想我会得到17分。我可能还没有写对coward，但我会尝试。我必须和妈妈一起练习这些词，这样我才能完成第9课。

玛丽亚：现在让我们来谈谈我的。我的得分不太好，只有2个A，但这真的不公平，因为我已经认识horse和March了。所以真的，从昨天到现在，我没有变得更好。我想我需要更多的练习。当我们完成写作课时，你能再次和我一起练习吗？我不想等到明天。

虽然这个来自三年级课堂的例子专注于拼写成绩的进步，但从我们的角度来看，对于老师教授的所有内容或自己想要学习的内容，学生都应该了解自己当前的表现水平，或者当前的理解水平。具有评估能力的可见学习始于对自己所知的理解。对于学生来说，重要的是要认识到自己已经了解了很多，而且每节课都不是从头开始学习。具有评估能力的可见学习者还需要在课程进展时修改自己对当前理解

> **教师应该努力营造一种学习氛围，让大家庆祝进步，而不是名次。**

水平的思考。他们需要认识到他们正在学习，他们掌握的东西很重要。这样做，学生才有动力继续花精力学习。学生了解当前表现水平的出发点是培养对教师的信心。当学生对老师有信心时，他们相信不了解某些事情是可以接受的，他们的老师致力于缩小他们已经知道的内容与他们需要或想知道的内容之间的差距。

你的学生用什么方法监控他们在课堂上的进步和掌握程度？

对教师保持信任

学习是一项冒险尝试，要求学习者相信教师的引导能力。教师的信誉激发了学生的信心和敞开心扉去冒险的意愿。当学习困难或遇到挫折时，这也是学生学习的动力来源。学习者能够告诉自己，"我知道我的老师清楚他在做什么，所以我会没问题的"，这说明了他对老师的信任。

教师信誉涉及三个组成部分：能力、性格（或可信度）和关心。第一，能力，与教师体现出的学科知识和组织教学的能力有关。（南希回忆起她6岁的孙女对代课老师第一天教学的评价："奶奶，她不懂数学！"）第二，性格，包括对公平和尊重的观念。（约翰回忆起他的儿子说老师"对待每个人都是一样的"。当被问到怎么回事时，约翰的儿子说："不管我们做什么，我们都会得到同样的奖励或惩罚；这不公平。"）第三，关心，包括回应和非言语行为，如目光接触、微笑、开放和吸引人的肢体语言。玛丽亚和杰西卡对康特雷拉斯先生有信心，因为他在学生中赢得了博学广识、有条理、公平和对学生的学习乐观的声誉。（另一方面，道格回忆起他的一位教授，这位教授说："我不知道你将如何学习这门课，你现在才学了一半。"）

中学英语教师索瑞娅·加西亚·埃斯特拉达积极致力于在学生中间建立自己的信誉。"我与无家可归的孩子一起工作，获得他们的信任可能更具有挑战性。"她说。加西亚·埃斯特拉达女士展示了人们期待的一位充满爱心的老师的所有行为：在学校门口向学生及其家人致意；在私下与孩子交谈时，下蹲以便视线与学生保持在同一水平，并以亲切的方式与他们互动。但这位教师也明白，如果她要求学生承担学业风险，那么她需要做的就不仅是让他们感到安全和舒适。

加西亚·埃斯特拉达女士说："我经常会告诉我六年级的学生，我们将做一些只有八年级学生才能做的事情，或者提醒他们今年已经取得的成绩。"罗德里戈，一名尚未达到预期水平的学生，加西亚·埃斯特拉达女士首先看了看他的阅读成绩："让我们来看看你已经取得的较大的进步。哇，我看到一个——在12月到第二年2月之间，你的阅读能力上升了两个级别。这是值得庆祝的事情！"然后加西亚·埃斯特拉达女士问罗德里戈是怎么做到如此成功的。罗德里戈回答说他开始大声朗读给他的小妹妹听，但最近由于其他家庭情况，他无法做到。

"我明白这为什么会有所帮助。"老师说，"为什么我们不在学校这样做呢？我会问我们的一年级老师，看看她有没有学生可以成为你的阅读伙伴让你辅导。你愿意这样做吗？我很乐意为你推荐做这份重要的工作。"男孩微笑着点头。在短暂的谈话中，她建立了信任，表达了乐观的态度，并立即做出了回应。但她也让罗德里戈思考自己的学习，以及将来可能有助于他成为一个更成功的阅读者的事情。通过添加这一元素，加西亚·埃斯特拉达女士帮助这名学生增强了对自己学习能力的信心。

当学生对教师有信心时，他们就会准备好学习自己不知道的事情。换句话说，他们已准备好面对目前自己理解水平的局限性。对教师没有信心，学生就会经常行为不端，他们不会去寻求帮助或让别人知道他们不理解。正如兰迪，一名九年级学生，曾经对一位他开始信任的教师说：

在中学时，我宁愿做坏事也不想看起来很愚蠢。我知道什么时候我不懂某件事，但是当发生这种情况时，我就制造问题，因为我不想让任何人知道，甚至是老师，因为我认为他们不关心我。但在现在这个班里，我可以告诉别人我不明白，因为你总是说"只要你在学习，就没有不好的位置"。这是真的。

　　每个人都在不同的位置，我们都在学习。所以，当有些事情让
我困惑时，我可以说实话并寻求帮助。

　　是的，认识到什么时候你不知道某件事是成为具有评估能力的可见
学习者的重要部分。正如兰迪所说，他知道自己目前在中学的表现水平，
但不愿与其他人分享，因为他不相信他所在学习环境中的成年人。然而，
他对老师和九年级课堂心理安全的信心使他能够敞开心扉去学习。他能
够放弃他的一些防御姿态，为反思他的学习创造条件，而不是一直沉浸
在自己的人格缺陷中。

认识到自己的局限性

　　杰西卡是本章开篇场景中的学生之一，她能够清楚地表达出她在拼
写单词时不了解的内容。兰迪表示，他经常知道自己不知道某些事，但
是他不愿跟别人说。另一个挑战是一些学习者不清楚他们不知道什么。
提出挑战和问题对于让学生思考他们以前没有考虑过的想法很有用。识
别何时不知道某事的能力是元认知的一个要素，即正在思考自己的想
法。用元认知去思考的能力有助于我们对自己的学习做出决策，而具有
元认知意识的学习者能够准确地表达自己的优势并计划策略的使用。

　　但元认知不是单方面存在的。它的相对存在或不存在受到学习者知

> 向学生询问他们在任务之前和之后对任务难度的评估可以培养他们更准确地调整自我评估的能力。

识的影响，实际上可能是学科特定的。元认知包括策略知识（我们将在第4章中进一步讨论）以及任务知识。当学习者对手头的任务知之甚少时，他们需要指导来描述学习任务将涉及的内容。正如我们将在下一章中指出的那样，学习目的和成功标准可以实现这一目标。为了选择成功所需的步骤，必须能够感知任务的难度。这还可以防止高估一个人完成任务的能力，这种现象可能在学习者能力不足但无法识别自己缺乏技能时出现。这种对自己技能水平的偏见也表现在日常生活中。在一项针对美国司机的研究中，93%接受调查的司机认为自己的技能在所有司机中能排到前50%。

向学生询问他们在任务之前和之后对任务难度的评估可以培养他们更准确地调整自我评估的能力。十年级教师菲利普·桑切斯为他的学生在数学任务中提供了这样的机会。在分配任务时，他要求学生审查任务并以书面形式回答有关任务的三个问题：

- 这项任务最简单的部分是什么？
- 最困难的部分是什么？
- 我预计会花多少时间完成这项任务？

"在他们完成任务后，我要求他们再次回答这三个问题，这次是在事后。"桑切斯先生说，"我希望他们有能力来估计完成这个任务需要多久，然后将他们的预测与他们的结论和结果进行比较。"

对于专注于拼写的学生，每个人都有机会思考他们所知道的和尚未了解的内容。此外，他们清楚地知道任务会带来什么，他们多次参与这项任务。玛丽亚和杰西卡能够对她们的学习进行概括，并得出她们下一步需要关注的内容的结论。

元认知意识

元认知的定义是，思考自己的思想，包括认识到自己在什么时候不知道什么。能够意识到一个人不知道什么事情是受年龄影响的，年幼的孩子比年纪大一些的孩子在这方面的能力更有限。但"有限"并不意味着"完全没有"。在教学程序中进行自我提问有助于年幼的孩子注意到他们知道什么和不知道什么。重要的是，教学程序可以促使学生规划自己下一步需要知道的内容，以便回答他们的问题。

戴安娜·门多萨使用观察—思考—质疑语言图表来促进幼儿园学生的元认知思维。读完《房子和家》（*Houses and Homes*）后，门多萨女士将学生的注意力转回到书中的照片，其中包括世界各地的家。学生们对印度喜马拉雅山脚下的船屋特别感兴趣。她感受到他们的兴趣，于是使用这个工具（学生们之前多次使用过）来培养他们的元认知思维，特别是帮助他们认识到他们自己知道些什么（见表2.1）。

表2.1 观察—思考—质疑语言图表

观察 我看到了什么？ 我的证据是什么？	思考 我怎么看待我所看到的？ 我能举出什么例子？	质疑 我是否对自己所看到的内容感到 疑惑？我有什么问题要问？

节选自荣·理查特、马克·邱奇、凯琳·莫莉森的《让思考变得可见：如何使所有学习者参与、理解、独立》

她首先要求他们仔细查看每个象限，然后说出他们在照片中看到的内容。当学生们描述了照片上部两个象限中的山脉，以及下半部分运送沙子的水和船屋时，门多萨女士在第一栏中记录了他们的想法。接下来，她向学生询问他们在检查照片时的想法。"我认为人们用他们的船来工作和生活，因为船上有一间卧室，而且有人在买东西。"奥利弗说。"你能给我举一个其他地方的例子吗？人们既在那个地方生活，也在那里工作。"门多萨女士问道。

奥利弗想了一会儿然后说："好吧，我的爷爷有一个露营车（或者说是休闲车、大篷车），他把所有的东西都放在里面。他周末来看我们时住在那里，他也在那里做雕刻。"其他学生补充说，可能像警察住在自己的巡洋舰上或飞行员住在飞机上。"现在这是一个非常有趣的想法。"门多萨女士说，"奥利弗的祖父的例子有点像这张照片中的人，因为他们的房子也在移动。但也有不同之处，因为他们正在使用房子来工作。警察和飞行员使用他们的交通工具工作，但他们也很难住在交通工具里。"弗雷迪咯咯地笑："他们会把厨房放在哪里？"

思考

元认知思维如何适用于你所在的内容领域？
当学生转换身份为读者、科学家、数学家、历史学家或艺术家时，他们会如何"思考他们的想法"？

在第二栏中写下他们的部分例子后，她转到第三栏。"这看起来非常独特。我们没有想到任何相同的例子。那么你们现在有什么问题？如果你们有机会的话，你们会问这些人什么？"现在问题很快就会出现，她在语言图表中列出了这些问题：

- 你有多大的空间睡觉和烹饪？

- 孩子们去哪儿玩？

- 多大年纪可以开船？

- 山里看起来很冷，水会很冷吗？

- 你有宠物吗？

门多萨女士看着他们的问题图表并说："你们已经提出了一些我们还不知道的重要话题。我们怎么能找到这些答案呢？"在老师的帮助下，学生们补充说他们可以阅读有关该地区的生活情况，一位学生猜测说："我们可以在YouTube上搜索视频，那里可能有。"后来，他们的老师评论道："从发展的角度来看，这些元认知习惯还需要几年时间来养成。但习惯是通过练习培养的。我总是对他们的洞察力印象深刻。他们只是需要表达的窗口。最重要的是，我希望他们明白，不知道某些事情是一个去质疑发问和调查的机会。"

评估先前知识

教师适应某一个年级水平或学科的教学后，会出现一个问题，那就是他在开始新的教学时，会发现自己以前经历过这一切。毕竟，十年教相同的年龄组会使人们对学生的先前知识产生虚假的安全感。先前知识是未来表现的一个强有力的预测因素，在小学阶段则没那么重要，在整个高中阶段的重要性日益增加。但每个学生群体都有自己独特的知识基础，而一名六年级学生并不是每个六年级学生的代表。经验带来的是能够更准确地预测学生可能存在的误解，以及像新老师一样思考的能力。常见的误解比比皆是，足智多谋的老师知道如何直接解决这些误解。相对无法预测误解以及无法理解新手如何处理新概念被称为专家盲点。研究人员发现，缺乏经验的中学数学教师难以将他们的专业知识转化成数学新手（即他们的学生）可以理解的连续步骤。顺便提一下，南森和佩特罗西诺的研究结果已被其他学科和年级的研究所借鉴。其中一些来自经验，但这只能带领你到此为止。在教学之前评估学生所知道的内容将会使得学生所处的位置和你想让他们达到的目标之间的差距变得更清晰。

● 完形填空评估

教师可以使用许多方法来评估学生的先前知识。其中一种方法是完形填空评估。完形填空评估使用一段有250个单词的文字，捕捉到学生尚未掌握的学习单元中的主要概念。在该段落中，每五个单词删除一个单词，第一个和最后一个句子保持完整。学生填写遗漏的单词（确保他们明白这不是考试，而是教师为做出教学决策而进行的评估），并相应地给出分数：

- 60％或以上的正确率表示学生拥有关于该主题的强大知识储备；

- 40％至59％的正确率表示学生具备一定的背景知识，可以为将来听课做好准备；

- 39％或以下的正确率表示学生可能在背景知识方面存在差距，他们需要首先解决这个问题。

学生的分数可能会有点低，但请记住，你没有向他们提供单词库，并且一些不正确的答案包括那些不改变含义的替换（例如，a替换了one）。根据学生的年龄或语言能力，可以调整段落的长度或删除率。例如，二年级教师安赫莉卡·诺里斯在教授一个关于地图的社会研究单元课程之前，为她的学生写了一个较短的段落，并每七个单词删除一个单词（见图2.1）。带下划线的单词是将在学生版本中删除的单词。诺里斯女士解释说："我写了一篇含有116个单词的段落，记录了我下周开始教授的地图单元的一些重要概念。我从每七个词中删除一个词，这样他们就可以使用更多的语境线索，但我不会给他们单词库。这样做的额外好处是我还可以看出是否有人出现语法错误，这让我更了解学生对语法知识的掌握程度。"

Maps help us find our way. A map is an illustration of a <u>community</u>. It can show roads and buildings. <u>Maps</u> can show the land, such as <u>mountains</u>, rivers, and fields. Some maps are <u>printed</u> on paper. Other maps are digital, <u>like</u> those on phones and computers. All <u>maps</u> have labels so you know the <u>names</u> of places. All maps show you <u>the</u> direction. Directions on a map are <u>north</u>, east, south, and west. A compass <u>rose</u> helps you find the direction. All <u>maps</u> have a way to measure the <u>distance</u>. This measurement is called a scale. <u>We</u> use maps to walk, to drive, <u>and</u> to plan trips. Without maps, we would get lost a lot!

图2.1 二年级社会研究的完形填空段落

她的评估目的不仅仅是为了分数——测试还可以作为学生学习的先行组织者。"我将这些完形填空评估描述为学习地图，"诺里斯女士说，"这是他们未来学习的指南。"为了做到这一点，老师认识到信息不能只留在她这里。"如果我是唯一保留结果的人，那将限制我的学生，他们将无法从识别自己要做什么和自己不知道的事情中获得洞察力，"她说，"我把测试还给他们，并且在整个单元的学习中，我们不时地回头看看这个早期的评估。我们将讨论我们不断增长的知识如何帮助我们更好地完成这张学习地图。"

● 自我评估

在教学之前进行自我评估可以激活学生的背景知识，这是了解关于某个主题学生知道什么和不了解什么的重要因素，并帮助学生识别他们已经理解的内容。七年级人文学科教师凯斯奥尼尔让他的学生在学习剧院历史这个单元之前自我评估自己的知识和经验（见表2.2）。"我喜欢这些自我评估，因为这让我了解到我的学生经历过什么。但更好的是，这让学生们思考自己已经做了什么以及哪些已经有点忘了。"他说，"我真正喜欢的是，当我听到我的学生在评估时低声说'哦，是的，我确实这样做了'。"

表2.2　剧院自我评估

我们将学习不同社会和文化的剧院历史。请花几分钟时间告诉我你对戏剧的了解和经验。请在能代表你经历的方框中打钩。

	我在电视或电影中看过	我在现场看过	我参加过演出	这对我来说是一种新体验
音乐剧				
现代剧				
莎士比亚剧				
古希腊剧				
歌剧				

但如果学生不去回顾评估结果，这些评估方法的效果就会大打折扣。令人惊讶的是，学生经常只是通过评估来看看分数，而没有给学生提供分析其表现的机会。学生拥有自己的数据，而不是教师。本章开篇情景中的三年级学生受到鼓励分析自己的表现，以便他们为未来的学习制订计划。没有机会进行这种分析思考，学生很难认识到自己不知道的事情。另一种确定学生的先前知识的方法是准备一个简短的测验让学生做，同时提醒他们还不知道的知识。例如，教师可以对即将讲授的内容进行简短的预评估测验，并对他们的回答进行评分，以提醒他们对下一个要学习的单元了解什么和不了解什么。

另一种方法是为学生提供一个部分完成的概念图，说明未来内容的概念关系。学生可以重新查看这些图，并在学习该单元的过程中添加更多细节，这样可以见证他们自己的学习正在进步。同样，学生可以使用ABC图表列出他们最初知道的与将要学习的新主题相关联的词汇。关于蝙蝠单位的预先评估，莉斯·赫尔曼班级的二年级学生列出了诸如飞行、翅膀和吸血鬼等术语。在上了关于该主题的两节课之后，学生们独立地添加了额外的术语，例如哺乳动物、水果和昆虫。在为期一周的单元学习结束时，学生们重新再看ABC图表，老师让他们添加新术语。赫尔曼女士现在看到了像夜间、栖息地和群体这样的词语。"我喜欢使用ABC图表，因为学生在增加新词时会看到自己的成长。"她说，"我没有给他们单词去让他们复制。他们自己决定要添加哪些词，我帮他们拼写。"赫尔曼女士解释说，她要求自己的学生在写总结时尽可能多地使用这些术语。"通过在单元开始之前、进行期间和结束时进行书面总结，他们可以了解自己的知识是如何增长的。"

● 自我排名

大多数课程材料包括学习单元的主要成果或目标列表。但是，我们多久与学生分享一次？在学习之前与学生一起使用这些列表，请学生根据感知的难度对目标进行排名。华盛顿州五年级教师卡琳·詹森使用州级课程单元概述让学生按顺序排列与每个单元相关的标准。在一个名为"今天我们的遗产"的单元学习之前，詹森女士分享了该年级水平的期望，并要求每个学生根据感知的难度对它们进行排名：

- 我了解美国发生的重大历史事件对当前的决策有影响并影响未来；

- 我可以评估公共问题与宪法权利和共同利益的关系；

- 我了解公民参与包括了解公共问题如何与权利和责任相关联；

- 我可以研究多种观点，以便在论文或演讲中就公共或历史问题采取立场；

- 我可以评估事实的相关性，该事实用于在某个问题或事件中形成立场；

- 我可以让其他人参与讨论，试图澄清和解决基于关键理想的公共问题的多个观点；

- 我可以准备资源列表，包括每个来源的标题、作者、来源类型、发布日期和发布者，并按字母顺序排列来源。

"我将这些改为'我可以'的陈述并在课堂上进行回顾，然后让他们使用我们学校学习管理系统中的调查工具，将其按最困难到最容易的等级排序。"她解释说，"我得到了结果，这有助于我定位教学和帮助学生，并进行更精确的差异化教学，但这也对学生产生了很大的影响。他们正在积极思考他们目前的知识和技能，并为他们需要投入更多时间和精力的地方制订计划。我也让他们在课程即将结束时重新审视自己的排名，这样他们就可以确定自己在预测目前状态时的准确程度，以及要想取得成功需要什么条件。"

● 自我肯定

我们大多数人都使用K-W-L图表（见表2.3）来鼓励学生思考他们对某个主题已经知道了什么、还想知道什么，以及后来他们学到了什么。也有个别学生坚持认为他们知道某件事，但实际上非常不准确（南希回忆起她的一个四年级学生曾自信地说，1620年登陆普利茅斯殖民地的朝圣者发现了美国，这就是我们庆祝感恩节的原因）。放弃K-W-L图表并立即开始教学的诱惑是很难抗拒的。

解决这个问题的一种方法是让学生头脑风暴，让他们想想他们对即将到来的学习主题了解些什么，然后将每个陈述都写在一张贴纸上，一张纸记录一个想法。然后，学生将他们的每一张贴纸粘贴到从不确定到可能确定的数字折线图上。这能促使学生进行思考，同时留出时间思考不确定的信息。因为在此活动期间，学生会与同伴进行初步讨论，所以拥有不准确信息的学生可能会产生一些疑问。马特·贝克的地球科学课的学生在研究洋流时就是这样做的。他们中的一些人注意到，洋流在北半球顺时针循环，在南半球逆时针循环，并且对此非常肯定。其他人指出，风引起了潮流，但对这个想法并不十分肯定。还有一些人说，洋流随着月相的变化而变化，但对此非常不确定。

表2.3　K-W-L图表

姓名：_____　　日期：_____

K-W-L图表

选择一个你想研究的话题，在第一栏中，写下你关于此话题已经知道（Know）的东西；在第二栏中，写下关于此话题你想更多地了解什么（What）；在完成你的研究后，在第三栏中，写下你已经学到（Learned）的知识。

我已经知道……	我想知道……	我学到了……

利用锚定表联系新旧知识

一旦教师了解学生已经知道的内容，他们就可以利用这一点来将新知识与现有知识相结合进行锚定。当学生开始建立联系并看到概念之间的关系时，锚定会促进对他们图式的培养。这些认知举动对于从表层的学习转向更深入的学习至关重要，并进一步提高学生的应用和推广能力。这样做的一种方法是使用被称为锚定表的概念图来将已学的与新学的知识联系起来。表2.4显示了中学科学课学习血管系统时的一个例子。老师开始上课时回顾了之前已知的理解，在这个例子中，是本学年早些时候关于河流系统的单元学习（见左栏）；接着，她讲述了有关血管系统的新信息（见右栏）。

锚定表中心栏最为重要，因为学生和老师就其他两栏的共同特征进行了延伸讨论。最后，他们在图表的底部共同构建并编写新概念的定义或描述。这种方法的有用之处在于这些概念是共同发展的。虽然最终产品可能只是几句话，但它代表了延伸讨论。学生不会通过复制他们的老师已经写过的内容而成为具有评估能力的学习者。这很容易上手，但是不用动脑。如果学生了解他们将要去往何方，那么让学生思考并注意自己的思想将十分重要。

> 如果学生了解他们将要去往何方，那么让学生思考并注意自己的思想将十分重要。

表2.4 河流系统和血管系统锚定表

已知概念：河流系统	共享特征	新概念：血管系统
水在河流系统中向一个方向流动	两个系统中的液体仅在一个方向上流动	血液在血管系统中沿一个方向流动
河流系统与较小的支流、溪流和小溪相连	这些系统是大管道和小管道相连的网络	循环系统是由大血管和毛细血管连接而成的血管网络
河流系统中的水携带其他生物体所依赖的氧气、二氧化碳以及其他化学物质和营养物质	液体输送维持健康的重要气体和营养物质	血液携带氧气、二氧化碳、激素、营养素和氨基酸。其他身体器官依赖于这些来正常运转
河流系统（例如大坝）的堵塞将导致水倒流并溢出河岸	堵塞可能对这些系统有害	血管系统中的堵塞将导致血液回流。如果溢出太大，血管会破裂

我对新概念的理解：
血管系统具有与河流系统相同的特征。血管系统是一个血管网络，将气体和营养物质输送到其他器官系统。当发生堵塞时，可能会对这些系统造成危害。

本章小结

只有教师了解学生目前的表现水平是不够的，学生也必须了解并使用这些信息。话虽如此，我们不希望最大限度地降低教师了解学生当前表现水平的价值。了解这些信息可以让教师计划课程并使他们的教学差异化。如果不清楚学生的先前知识和技能发展，教师就有可能浪费大量时间教授学生已经知道和可以做的事情。有了关于学生当前表现水平的良好信息，教师可以设定适当的学习目的和成功标准，这是下一章的重点。

除了了解自己目前的理解水平之外，具有评估能力的可见学习者必须能够与其他人（包括同龄人和老师）分享他们在学习进度中所处的位置。当老师帮学生养成了寻找和了解当前状态和未来方向的习惯时，学生们最终可以回答这些问题：我现在在哪里？我要去哪里？通过这样做，学生可以承担更多的学习责任，成为自己的老师，这是学校教育的最终目标。我们的希望不是培养依赖成人的学习者，而是独立的学习者，他们继续寻找信息，产生想法，并影响他们周围的世界。了解学生当前的成绩水平是实现培养具有评估能力的可见学习者目标的第一步。

第 3 章

可见学习者的目标确立以及应对
挑战的行动力

"哇，真让人吃惊。"

上面这句话可能不是你期望从具有评估能力的可见学习者那里听到的，但卢卡斯确实会这样说。他是一名十年级的学生，参加了解剖学和生理学课程，这是他高中职业和技术教育（CTE）学业的一部分。他的CTE老师格雷琴·哈里森一直在引导一个关于神经系统的学习单元，当天的课程是关于大脑皮层的语言中心的。她在课程开始时就讲了本课程的学习目标和重点。她指着学习材料中的一幅大脑图说："你们今天的学习目的是了解韦尼克区和布洛卡区在讲话和语言方面的功能，并将它们与特定的失语症联系起来。"哈里森女士进一步解释了学习的成功标准，这将进一步指导他们的学习："基于你们对这两个领域的解剖学特征的理解，解释任何一方受损时的生理结果。"她继续说："这看起来可能有点挑战性。但我也看到了你们对神经系统日益增长的专业知识。你们已经有了实现这一目标的工具。"然后哈里森女士要求学生花几分钟时间回答他们在开始新内容学习时使用的三个元认知问题中的前两个问题，这些将是他们在课程结束时提交学习小纸条的基础（见图3.1）：

1. 你学到了什么？

2. 你学到的和什么事情相关？

3. 接下来你要学什么？

卢卡斯首先给自己写了一些笔记来解决第一个问题。他考虑了已经知道的关于这些语言区域及其位置的信息（布洛卡区位于额叶，而韦尼克区是在顶叶和颞叶相遇的地方）以及他不知道的东西（我不知道这些损害的影响是什么）。然后，他开始解决第二个问题，这使他考虑了和该主题相关的事情：这两个区域和人类活动有什么关系呢？人们使用语言进行交流。如果布洛卡区和韦尼克区被损害，那肯定会影响一个人的生活，因为他们可能无法再进行沟通。在接下来的一个小时里，卢卡斯与他的同学、老师一起制作关于这两个区域的神经解剖学的笔记，并且推测语言障碍或失语症是如何表现出来的。"我需要思考我已经知道的内容来解决这个问题，"卢卡斯提醒自己，"这里有一个逻辑模式。我只需要找到该模式。"他和他的小组很快达成共识，同意由于布洛卡区位于额叶的运动区域，因此它的损害必然会影响语音的发生。在这些小组进行了这种演绎推理之后，哈里森女士播放了一个时间跨度较长的视频。视频内容是，一名青少年中风了，导致她的布洛卡区受损。接下来的几年，随着她慢慢康复，她一直在追踪自己的病情进展。就在这时，卢卡斯说："哇，真让人吃惊。"当被问到为什么这么说时，他说："有两个原因。首先，看到她在中风后七年内发生的变化，这真是令人惊讶。

其次，我不得不说，我们利用对大脑功能的了解确定了损害布洛卡区会影响语音的发生这个结论，我为此感到非常自豪。"

接近课程结束时，哈里森女士要求学生写下他们对布洛卡区失语症和韦尼克区失语症的解释，以及他们这样写的理由，然后是第三个问题：接下来你要学什么？这个问题的目的是让学生预测他们需要哪些信息来加深他们的知识。有时候这部分是以陈述的形式进行的，但更常见的是作为一个问题提出的。卢卡斯写了以下内容：布洛卡区失语症使患者很难说出超过几个字的句子。但如果他们根本说不出话，会是哪一部分受到了损害？不可能是大脑的同一区域。我想这就是我们接下来要学的东西。

1. **你学到了什么？** 花点时间写下你对此主题的了解。根据你的先前知识，你的预测是什么？接下来，写一两个关于今天主题的陈述或问题。什么是你不知道但希望学习的？

2. **你学到的和什么事情相关？** 相关性在学习中很重要。根据你知道的和你希望学习的内容，想想这些区域会以何种方式影响其他身体系统？

3. **接下来你要学什么？** 反思今天的学习，以及它对未来学习的影响。你预计你很快会了解到什么？你根据现有知识预测未来概念的能力是你学习的一个很好的指标。

图3.1 哈里森女士让学生进行反思的三个问题

思考　你能如何使用哈里森女士的反思问题（你学到了什么？你学到的和什么事情相关？接下来你要学什么？）培养具有评估能力的可见学习者？

那么为什么卢卡斯是一个具有评估能力的可见学习者呢？

• 他具有这类学生的特征，即该学生了解他相对于所述学习目的和成功标准的当前表现水平。

• 他利用老师提供的机会来检查自己目前的知识状况，并找出自己知道什么，不知道什么。认识到一个人不知道的东西是学习的早期关键，因为在这样做的过程中，一个人会积极参与学习，而不仅仅是做被动的知识接收者。

• 他展示了一些可见学习者所需的自律，例如坚持寻找逻辑模式、相信自己可以这样做，并考虑学习序列中可能出现的后续内容。

• 他的老师会告诉你，卢卡斯不怕挑战。他表现出一种探究性和思考性的形象，表明了一种内在动力。

• 最后，他能够保持对学习主题的关注程度，从而降低他错过重要概念的可能性。

　　现在让我们考虑下老师做了什么，因为她在这个学习过程中发挥了重要作用。她传达了明确的学习目的和成功标准，这两者都有助于提升教师的清晰度。哈里森女士为她的学生创造机会，积极思考他们已经知道的内容，从而培养学习者预先评估的习惯。她的教学将新知识与先前知识联系起来，从而更加牢固地锚定技能和概念。她积极寻求建立相关性，以进一步吸引学生，并传达一定程度的可信度，激发学生的信心。她还表达了对学生学习能力的信心，并相信他们以前所取得的成就，培养了一种成长型思维。教师为学生指导学习之旅，这意味着他们必须要牢记目的地。除此之外，有效的教师还能够在此过程中将学习目的和成功标准表达清楚。毕竟，如果教师无法设定学习成功的目标，又怎么可能希望让学生来定义它们？

学习目的和成功标准

　　教师能够做出成绩（或不能）的核心是为学生设定的目标。关于对学生抱有很高期望的话题很多，这些期望远远超出了指导学校的州、地区或省标准。虽然标准记录了所述的学习目的，但真正的影响者是教师和学习者。标准本身并不详细，不足以创建可管理的进度来引导学习者。这些日常步骤以教师为学生列出的学习目的的形式出现。学习目的为什么如此有效，有以下几个原因。首先，所述的学习目的对学习者有启动作用。他们向学生发出信号，告诉学生学习的目标是什么，并防止学生不得不回到最低级的阶梯，即顺从。其次，学习目的使学生看到自己正在完成的任务与学习目的之间的关系。学生需要了解特定的数学活动是为了建立概念性理解，或者指定的阅读是为了创建他们将要做的实验室实验所需的背景知识。

成功标准给学生透露了他们通常不知道的秘密——目的地的样子。想象一下，你乘坐了一架连飞行员都不知道要飞向哪里的飞机。控制塔台将在未来某个不确定的时间与飞行员联系，告诉他目的地已经到了，或者更糟糕的是，飞行员完全错过了目的地。这是一种完全不合理的飞行方式。然而，学生往往有类似的经历。他们正在驾驶自己的学习飞机，但对自己的目标几乎一无所知。如果飞行员从一开始就知道他要去哪里，那么这次旅行任务难道不会更成功和有效地完成吗？现在想象一下，如果我们让学生在目的明确的情况下参加他们的学习之旅，那他们的学习会多么成功和有效！成功标准向学习者发出关于目的地的信号，并提供他们将如何到达目的地的地图。此外，这些标准使学习者能够评估自己的进步，而不是过分依赖外力（他们的老师）来注意他们何时到达终点。这并不意味着教师不重要，或教师不需要评估学生的学习。像控制塔台一样，教师需要提供纠正反馈，提供飞行员可以使用的数据，并告知学生何时何地继续飞行。飞行员和控制塔台对他们工作的协调缺一不可。

关于学习目的和成功标准有效性的研究依据令人印象深刻。哈蒂和多诺霍查看了31项与成功标准相关的超过3300项研究的综合分析，报告的整体效应量为0.54。这些内容对学习者有影响，特别是在促使学生计划和预测、设定目标以及更好地了解如何判断自己的进步方面。进一步提高学习者能力的教学策略包括共同构建概念图、提供先行组织者，并用实例来进一步了解成功看起来是什么样子。诸如此类的程序使得讨论和商谈实际构成掌握的内容成为可能，而不是将这种理解交由命运来安排。

值得注意的是，虽然我们将学习目的和成功标准命名为两个独立的组成部分，但在实践中，它们是相互联系的。学习目的首先说明的是教师计划教学的能力，以便将一个单元的教学成果细分为一套清晰、连贯的课程，以培养学生的知识、技能和概念性理解。学习目的给学生信号，说明学生要学习的内容，为什么学习以及如何知道自己学会了。这些学习目的可以表达为学习目标，包括课程内容目标、语言目标和社交目标。四年级教师马特·帕佩珀在科学单元的每节课中使用学习目的和成功标准，了解该地区的濒危植物和动物物种。他的学生一直在调查指定的物种，并将构建信息图表与班级分享。帕佩珀先生公布了他的目标，以便他的学生可以在整个课程中进行参考。其内容如下：

- 内容目标：确定并理解物种濒临灭绝的原因以及可采取的保护特定物种的行动。

· 语言目标：有根据地描述有说服力的信息中包含的视觉特征和文本内容。

· 社交目标：作为评论者和演示者积极主动地认真倾听。

另外，他告诉他的学生：

你整个星期都在学习你的项目，今天我们将使用一些同伴评论，这样你就可以得到一些反馈来对自己的项目进行修改。这是开发信息图表的重要一步。在开始设计视觉效果之前，信息需要准确。我们已经看了很多，你们作为一个班级已经想出了一个好的信息图表元素的质量清单。所以今天早上你们要自我评估信息图表的准确性和完整性。你们需要来自其他人的反馈才能做到这一点，因此我们今天的语言目标是使用我们今年使用的同伴评论流程向合作伙伴提供你们收集的信息。这意味着你们的社交目标也很重要，而且都与仔细聆听相关。当你们的同伴向你们做演示时，请不要打断他们，仔细聆听并记笔记，以便你们可以重复自己认为已经听过的内容并提出需要澄清的问题。当你们从同伴那里得到反馈时，请仔细聆听他或她所包含或遗漏的内容，并仔细思考他或她的问题。

　　当帕佩珀先生的学生开始与他们的同伴会面时，老师会与特定的学生一起参与讨论，以便了解学生对学习目的和成功标准的理解程度。贾米森和海莉能够用自己的话来解释学习目的，达到教师满意的程度，但爱德华则有更多的困难。帕佩珀先生花了几分钟与爱德华一起，他们重看了本周早些时候列出的信息图表清单。当老师和学生一起学习时，帕佩珀先生意识到尽管他设定了学习目的，但他可以进一步加强与成功标准的联系。相应地，他重新让全班学生集中注意力，并与他们一起回顾清单。"我意识到当我解释学习目的时，我没有使用任何工具。"他说，"我们花一两分钟来查看清单。这是我们的成功标准，这是你和你的伙伴在你们的同伴评论中应该使用的。"随后，帕佩珀先生说："当有学生没有完全理解他们正在做的事情时，那就是对我教学的反馈。教师不能因为自身的自负妨碍学生的学习。如果有学生没有明白学习目的，就应该由我为此负责。"

● "我可以……"声明

　　教师可以使用"我可以……"组织成功标准的陈述。他们还可以使用清单、语言图表和各种其他工具来确保学生了解学习的内容。作为提供学生友好语言的一种方式，"我可以……"陈述在小学中被广泛使用。但其使用并不仅限于幼儿。在学年开始的化学课上，教师确定了两个课堂活动的成功标准：

- 我可以描述亚原子粒子如何影响质量、原子序数和电荷。
- 我可以计算同位素中的中子、质子和电子的数量。

这两个成功标准是理解和使用周期表的基础，并将作为大多数学生在课堂上学习的基础。如果学生不掌握这些，老师就会知道他必须改变课程或策略。具有评估能力的可见学习者跟踪他们在成功标准方面的进展，根据这些标准监控他们的成功，在他们遇到困难时寻求反馈和帮助，并认识到他们何时学到了什么。当然，这很大程度上也取决于成功标准的质量。

● 相关性

在解决学习相关性问题之前，我们离不开学习目的和成功标准的主题。学习目的和成功标准涉及技能和概念的获取和整合，相关性解决了学习的动机。所有学习者都需要了解他们为什么学习某些东西。一些学习目的伴随着相关性，例如成功完成驾驶员的教育课程以获得许可或执照。但是，我们教授的大部分学校知识的相关性对学习者来说并不那么明显。如果一个人相信一切都需要产生一个遥远而有抱负的结果，例如当你还在四年级的时候就专注于从大学毕业，那么确定内容的相关性可能会很困难。坦率地说，我们所教授的很多内容并不真正适合驾驶执照的情况。当它离我们很远时，无论如何都无法激励人。相关性要求知识与学生的生活距离很近。为什么音节很重要？因为它们帮助我们阅读复杂词汇。为什么我们需要知道明喻和隐喻之间的区别？因为这样我们可以在自己的写作中使用这些技巧来表达想法，从而不会让我们的描述看起来太过直白。我们为什么要学习配平化学中的方程式？因为如果违反了物质守恒定律，地球上就不会存在任何物质。而且配平方程式使我们理解食物如何成为我们身体的燃料，肥皂如何去除污垢，以及许多其他东西，包括你可能想要自己发明的东西如何产生。花时间来解决相关性不仅可以培养学习动机，还可以加深学习，因为学生开始与更大的概念建立联系。换句话说，理解一个人的学习的相关性会促使学生的知识从陈述性知识转换到程序性和条件性知识——从学到了什么知识到如何使用这项知识到何时使用这项知识。

　　至少有三种方法可以使学习变得相关。首先，信息可以在教室之外的地方使用。正如我们前面提到的那样，距离上不能太远，但是理解学习在课堂之外的实用性可以引导学生的注意力。当马库斯明白写作介绍在其他课程和申请工作的信中很有用时，他对他的英语老师说的话就更感兴趣了。

　　使学习相关的第二种方法是让学生作为学习者了解自己。谁不爱了解自己？一些课程可以帮助学生思考他们解决问题的技巧和策略，一些课程帮助他们开发作曲过程，还有些课程帮助他们证实哪些学习策略有用、有效并有趣。当基拉有机会学习作为科学课程的一部分的决策技能时，她就全身心投入。她的老师使得个人决策变得有价值和重要，学生们迫不及待地想要开始。

教师可以使学习相关的第三种方式是关注课程在成为社区受过教育的成员中的价值。对于一些学生来说，这有点言过其实，但其他人喜欢了解别人知道的事情。例如，当布拉德·马多克斯带的五年级的学生学到美国决定将首都从费城迁出，并转移到我们称为哥伦比亚特区的一个地方时，马多克斯表示：

有些人知道历史，但很多人不知道。为什么要迁都呢？因为当时的政治家们想要安抚支持奴隶制的南方各州。我认为，了解首都迁移原因的人会更理解政治动机，这可以在他们想要进行谈判时帮助他们。而且我认为与家人讨论首都迁移的原因是一件很棒的事情。这可以帮助很多人获取历史教育！

思考

思考教师可以使学习相关的三种方式。

你有什么方法使学习相关？

你想尝试什么方法？

教师清晰度

建立学习目的和成功标准有助于具有评估能力的可见学习者了解自己的学习方向。但这些教学活动本身对学习来说就不足够。当教师对教学的组织和进行方式有一定的清晰度时，学生就会茁壮成长。教师清晰度被定义为"衡量教师和学生之间沟通的清晰度——双向的"。这完美地表述了学习发生所必需的相互作用。老师和学生都参与了关于课程和伴随课程的学习交流。哈蒂指出，教师清晰度对学习产生了很大的影响，效应量为0.75。芬迪克概述的教师清晰度的四个维度是：

1. 通过对符合学习目的和成功标准的任务进行逻辑排序，证明**组织的清晰度**。

2. 通过连贯性和准确性表明**解释的清晰度**。

3. **示例和指导性练习的清晰度**，说明技能和概念，并提高学生的独立性。

4. 通过频繁检查学生的理解和适应学习需求的形成性评价，形成**学生学习评估的清晰度**。

> **当教师对教学的组织和进行方式有一定的清晰度时，学生就会茁壮成长。**

我们已经解决了教师清晰度的第一

个维度，我们将在后面的章节中回到评估的重要性。但我们没有触及解释、示例和指导练习的需求。请记住，教学不是单向传播模式，不是教师试图用一些事实来填满学生的头脑。具有评估能力的可见学习者积极参与自己的学习。他们不是被动地等待着被成堆的知识填满大脑。但这并不意味着学习者要随波逐流，要在没有教师指导下去寻找和使用信息。相反，合理的教学必须具有高度的精确性，并且应该使学习者可以采取行动以保持动力。教学应清晰明确，充满了最能说明调查原则的例子。最重要的是，教师应该有一个计划，规划学生将如何尝试这些想法。被动学习者很少深入思考自己知道什么、不知道什么。询问他们某件事是否有意义，如果他们还没有尝试过这件事，他们可能会天真地点头默默同意。学生在自己尝试之前通常不清楚自己不知道什么。清晰的解释提供了基础，但是指导性教学为他们提供了在他们第一次应用新知识时所需的支架式经验。

明确的解释和教学指导

十年级历史老师考特尼·苏需要向她的学生介绍有关斯大林格勒战役的信息，这些信息和第二次世界大战的学习单元相关。她希望她的学生认识到这场为期五个月的战斗的重要性，无论是在规模上，还是在东部战争中。她回顾了曾发布的学习目的和成功标准：

- **内容目标**：确定斯大林格勒战役的主要特征以及为什么它被称为战争的转折点；
- **语言目标**：使用和解释定量数据的可视化表示，包括交互式地图；
- **社交目标**：与你的小组成员协作，跟踪发言人并确保发言权。

"下面是你将如何知道你今天是成功的。你在这节课结束时写一个简短的回应，你要在其中解释为什么它是战争的转折点。"苏女士解释道。在接下来的20分钟里，她连续讲授关于战斗的细节，使用多媒体技术来说明德国人在1942年春夏季到达斯大林格勒前在东部战线取得的进步。她用照片说明了从夏末到深秋，俄罗斯的天气是如何变化的，随着情况变得越来越令人绝望，士兵和平民的境况也越来越困难。"在我分享一些战斗的大数字——伤亡、弹药、领土损失之前，我希望你能用我给你的主要原始资料在你的书桌上学习。"

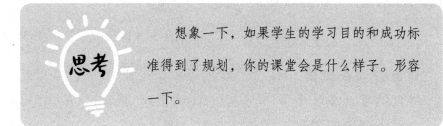

思考　　想象一下，如果学生的学习目的和成功标准得到了规划，你的课堂会是什么样子。形容一下。

学生们打开文件夹，可以找到二战时期德国和俄罗斯士兵和将军的照片、从幸存者的第一手记录中摘录的短文，以及有条理的笔记指南。

在接下来的15分钟里，学生们阅读他们所要描述的人物的背景，然后互相分享他们自己的文章。一名德国士兵讲述了他因为冻伤而失去手指的痛苦经历，一名俄罗斯士兵重温了他在与敌人的肉搏战中的恐惧。其他学生在座位上读着来自希特勒和斯大林的战场命令，他们都禁止自己的军队撤退。学生在阅读完原始资料后，讨论了彼此的心理感受。

然而，苏女士并不认为这是学习的终点。她知道让学生对事件有同理心是相对容易的。但她也希望他们认识到这场战争给德国和俄罗斯军队带来的损失。她把学生们重新组织在一起，给他们看了更多的细节。这一次，他们看到了各种各样的图表，这些图表显示了平民和军人的伤亡情况，军需品的损失，最重要的是，德国在战争爆发之前一直停滞不前了。再一次，苏女士让他们探索第二套原始材料，比如德国向人民宣布了他们军队的失败，德国媒体的沮丧反应，以及来自盟国的欢欣鼓舞的剪报。"这是他们第一次承认他们输了，"学生西蒙说，"这肯定让人感到很不舒服，因为德国军队非常肯定他们会赢。"

> 知道有人在负责，并且能够创造一个心理上安全的学习环境，会让人更愿意冒险并接受挑战。

另一名学生瓦莱丽在听了学生朗读的有关世界各地庆祝活动的文章后说："你可以真切地看到，俄罗斯人从美国和英国等其他国家获得了多么大的尊重。他们的地位上升了很多。"课程快结束时，苏女士让学生们写一张学习小纸条，回答内容目标中的问题。学生们给自己打分，从1到5分，其中5分表示他们已经掌握了学习目的，1分表示他们完全迷失了方向。苏女士会阅读学习小纸条，决定下一步讲什么。"我想看看他们是否知道为什么这被称为转折点，无论是从军事角度还是心理角度。战争总是关于人，而不是关于机器，我想让他们看到战术是如何受到人类情感的影响的。"

由于她对信息传递方式的认真关注，在苏女士的课堂上，学生的学习得到了加强。可以肯定的是，她对自己的专业很精通。更重要的是，她对学生是如何学习的以及培养学习需要哪些有效的教学手段有着深刻的理解。她为学生创造了合作学习的机会，开发了引人注目的材料来促进讨论，并提出了一些问题，让学生进行批判性思考。如前所述，教师以有组织的方式呈现内容的能力进一步影响学习者的信心，这是教师可信度的一个重要因素。教师可信度的效应量为0.90，其对学生的学习速度有很大的影响，可以使学生的学习速度提高一倍。

教师教学的清晰度和可信度对学生接受挑战的意愿有积极的影响。我们每个人在一生中都会遇到各种各样的学习挑战——事实上，没有困难的任务，学习就不会发生。但知道有人在负责，并且能够创造一个心理上安全的学习环境，会让人更愿意冒险并接受挑战。教师能够引导学生注意力是至关重要的，除此之外，教师还要能够培养学生的注意力，并助其将注意力用于学习。

学习时的注意力

注意力对于记忆来说是必不可少的。所有的学习者都使用记忆来编码、存储和检索知识。注意力和记忆对于深化知识、构建模式以及将学习转移到新的及不同寻常的情境中是必不可少的。但是每个学习者的注意力是有限的。与年龄较大的学生相比，在时间较长的课上，年龄较小的学生通常注意力会差一些。其他影响人注意力的因素包括环境条件以及对该主题先前的知识和兴趣。注意力对于识别相似性和差异性是至关重要的，这对于从陈述性和程序性知识转移到条件性知识来说，又是极其关键的，而条件性知识是决定何时最好地使用概念和技能所必需的。

随着学习的深入和技能变得越来越熟练，学习者就不需要太关注某些信息，而可以专注于新的知识。阅读就是一个很好的例子。早期阅读者把大量的注意力资源用在理解书面语言的构成上，必须把很大一部分认知能力用在理解构成单词的字母和字母组合上。但随着他们越来越熟练地理解书面语言的构成，他们减少了对语言构成的关注，并能越来越多地关注理解文本的含义。换句话说，当一些事情"学会了"，工作记忆就可以用于更复杂的思考。这个过程被拉伯奇和塞缪尔斯称为自动性，这在任何内容领域的学习中都是至关重要的，不仅仅是阅读。

注意力受教师和学生两方面的影响。获得和保持学生注意力的好的做法包括：

- 使用清晰一致的信号（"一定要在文本的空白处标注你的问题"）。
- 使学生对未来的学习做好准备（"接下来我们将看看早期人类文明的四个里程碑"）。

学生也可以通过一些方法来对他们的注意力进行自我调节，在对这些方法的不断实践中，他们的注意力会逐渐完善。幼儿园老师劳拉·米勒就教给自己的学生一些保持注意力的方法。她解释说："我们每天上课开始的时候都会做一些呼吸和伸展运动，我们一整天都在做这些运动。"米勒女士提醒她的学生，要审视自己的身体和感受。"我给学生们拍了不同姿势的照片，比如假装他们是由种子长成植物的花朵。他们蹲在地上，然后慢慢地站起来，张开双臂。"在课堂上的不同时间点，尤其是当她看到失去注意力的迹象时，她会让学生们"摇一摇身体"或"做五次腹式呼吸"，并将这些动作与重新集中注意力的方法联系起来。她告诉学生："有时我注意到自己在走神。这时我就会使用同样的策略，这样我就能确保自己没有遗漏任何东西！"

但米勒女士也想让学生从与老师的共同管理转变为自我管理。她经常和学生谈论阅读、写作和数学，通常还会就他们最喜欢的重新集中注意力的方式提出一两个问题。

"就在昨天，扎克（一个学生）告诉我，他午饭后很难集中注意力。毫不奇怪，对吗？但当我问他怎么办的时候，他告诉我，他目前最喜欢的是使用行军练习。当我问他为什么的时候，他告诉我，这让血液回流到他的大脑中，这样他就可以做得更好！对于一个五岁的孩子来说，这是一个很了不起的想法。"米勒女士知道，监控学生的自我调节策略，对于决定何时放弃支架式支持以建立学生独立性非常重要。

学习动机

动机和兴趣进一步扩展了学生专注于学习的能力。影响学习动机的重要因素之一是情绪，所以首先要考虑和发展积极的学习氛围。当学生把错误看作学习机会，把学习看作庆祝时，他们的学习动机就会增强。另一个关键因素是，要创造条件，让学生在自己的学习中变得更加自主。随着学生在学习上取得成功，他们的动力也会增强。进行评估的学习者从学习中获得了很多动力（动力并不总是先于学习）。选择有助于自主和创造的积极情绪促进学习。然而，选择并不是培养学习动机的唯一途径。挑战是另一个可以利用学习动机的因素。学习动机对学习有积极的促进作用，其效应量为0.48。要想将学习动机的效应量发挥到最大，就要将成功标准与各种展示对主题掌握程度的方法联系起来。

五年级的科学老师艾莎·泰勒为学生们提供了一系列展示他们学习电路的方法，包括建立一个简单的电路、画一个电路图，或者录一段视频来解释这个过程。她要求他们选择电路的一个功能用途，比如给数字时钟或灯泡供电。"这是基础知识。我希望他们能够解释电子的流动。但这也是更高级别知识的铺垫。下一个单元课程要学习机器人,他们需要使用电路原理来让自己的机器人工作。"

> 当学生把错误看作学习机会,把学习看作庆祝时,他们的学习动机就会增强。

　　泰勒正在利用另一个激励因素,即对这个话题的兴趣。可以肯定的是,一些教学单元有助于提高学生的兴趣,比如小学教室里的机器人。还有一些技巧可能会激发学生的兴趣,比如研究与年龄相适应的有争议的话题。八年级英语教师肯德拉·华盛顿以欺凌为主题,让学生从一系列精选读物中进行选择,包括《微笑》(Smile)、《奇迹男孩》(Wonder)和《反击》(Backlash)。她解释说:"这个话题引起了中学生的共鸣。给学生选择阅读的机会也是一种激励。"每学期开始时,华盛顿女士都会让学生们在网上投票,就单元主题进行投票。"我的这些单元根本讲不完,所以让他们选择单元主题实际上对我帮助很大。"此外,她要求每个学生每学期都要提出并完成一个研究课题的调查。"他们提出来,我听着。从劳拉想学习自动驾驶的汽车,到贾斯汀想为开始模特生涯提供建议,我让学生们做了各种各样的选择。你不能完全预测学生的个人兴趣是什么。但如果我们从来不问,他们怎么可能意识到自己的兴趣和实现兴趣的方法呢?"

● **渴望挑战**

动机也是由渴望掌握具有挑战性的技能或概念所激发的。看一个有抱负的运动员练习几个小时的篮球上篮，或者一个足球运动员不停地练抛球和运球技术，你就会明白了。事实上，学习不可能在没有挑战的情况下发生——这是停滞，而不是进步。具有评估能力的可见学习者明白，在通往精通的道路上，挑战是必要的。并且，在面对暂时的挫折时，他们要具有韧性。对于面对挑战而不屈服的人而言，拥有成长型思维是至关重要的。但是德韦克对"错误的成长型思维"提出了警告，这种心态传达了对其变化本质的误解。德韦克说："没有人在所有事情上都时刻保持成长型思维。每个人都是固定型思维和成长型思维的混合体。"

最重要的是，成长型思维不是一种生存状态，而是一种在面对挑战时选择（或不选择）运用的应对技巧。在做一项简单的任务时，成长型思维是不必要的，因为没有必要应付任何事情。在面对挑战时，则要培养成长型思维。很少面对困难任务的学生被剥夺了培养成长型思维的机会，他们需要适时的失败。

一个人的思维受其以前的经验和技能或概念的影响。那些对学习主题了解不多的学生意识到他们还没有掌握足够的知识，他们有机会培养这种成长型思维，以此作为面对困难时坚持下去的一种方式。但是赞扬他们的努力而忽略失败的尝试并不能帮助学生走向精通或培养一种成长型思维。学生需要能够检查自己使用的策略，并制订新的计划，以便在下一次机会中尝试一下。这样做的一个必要原因是，帮助学生意识到他们对某件事还存在尚不了解的区域。

自我效能和自我调节

六年级学生罗德里戈和老师的经历（在第 2 章中有描述）对他不断增长的自我效能有帮助，这包括他相信自己能够胜任这项任务，并拥有完成这项任务的技能和性格。班杜拉将自我效能作为学习过程中的驱动力，指出"自我相信不一定能确保成功，但自我怀疑肯定会导致失败"。学习者的自我效能决定了他们愿意承担学术风险，这是学习方程式的一个必要组成部分。与学习者其他内在要素一样，自我效能是根据学科而有所不同的。从数学课到英语课，从艺术课到体育课，我们所有人都经历过自我效能的上升和下降。

本章小结

　　一个具有评估能力的可见学习者拥有一定程度的注意力和动力来推动自己的学习。这种注意力集中在学生目前的成绩水平、学习目的中所表达的预期成绩上，以及用于确定有关学习的成功标准是否足够。在帮助学生知道他们的学习之旅将走向何方时，教师和学生均发挥着极其关键的作用。当然，并不是所有的学生都能进入我们的课堂并实现自我。但是，他们的教师为其培养的认知和元认知意识，使他们有可能成为可见学习者。没有哪个孩子是"没有动力的"，但是有些孩子可能还没有找到正确的方法来释放他们的动力。换句话说，他们没有遇到你。具有评估能力的学习者身旁需要一位具有评估能力的教师。

第 4 章

选择工具来指导学习

　　阿丽莎进退两难，但她现在不会放弃。这位六年级的学生一直在研究动物权利，这是她正在撰写的跨学科研究报告的一部分。阿丽莎和她的团队将制作一则60秒的视频公告，讲述负责任的宠物主人的公共服务，倡导对猫狗进行阉割或绝育，以控制被遗弃动物的数量。他们经过深思熟虑，放弃了其他为社区服务的项目，选择了这个主题。她目前的困境是如何把大量的事实组织成一段连贯的、有说服力的信息。幸运的是，她的老师艾拉·格雷戈里已经建立了一个系统，让学生们从她和其他人那里得到反馈和支持。在他们的研究办公室，由桌子围成了一圈工作站，分别用来创作脚本、制作视频和编辑视频。阿丽莎思考了一下现有工作，认为团队最初开发的脚本需要更多的修改，因此她前往脚本创作工作站。在那里，她得到了一些帮助。她看到了一张用于考虑观众和整体信息的清单，在认真思索过清单中的内容后，阿丽莎有点气馁："我们已经做了这么多了，我们收集了所有关于结扎和绝育的事实，但情况并没有改变。"

　　接下来，她查看格雷戈里女士提供的模板。一个是两栏表格模板，将视频拍摄列表与旁白匹配。"我们很快就会用到这个，但现在还不是时候。首先，我们需要整理好我们的事实，然后才能写脚本，"她在心里默默地想，"我需要别的东西。"当阿丽莎查看一个故事板模板时，她的脸上放出了光彩："这就是我们所需要的。"该模板包含了从目标中分类和分离问题的空间，以及从原因中分离事实的空间（见表4.1）。阿丽莎选择该模板给她的小组使用，并将其数字化，上传到他们的工作区。格雷戈里向阿丽莎简要询问了一下她的决定，并点头表示同意。老师后来解释说：

> 我不希望我的学生因过分依赖程序而牺牲了他们自己的选择。我们以前制作过一些视频，使用了更多的支持。但如果他们想成为战略思考者，我不能让他们按老一套规则办事。一旦他们知道了这个过程，我就需要退后一步，给他们一些空间来计划和解决问题。

这些决定对于一个具有评估能力的可见学习者来说是至关重要的。阿丽莎需要机会来考虑她将使用哪些工具和策略，以及用于什么目的。这与我们大多数人的烹饪经历相似。有些准厨师只会严格按照菜谱来做饭，从不偏离上面列出的步骤。但还有人掌握了基础烹饪技巧后就变得更有创造力。决策是基于个人喜好、时间限制和可用的原料而做出的。这些厨师能够更有策略地思考，权衡他们手中的工具和那些将要用餐的人的需求。具有评估能力的可见学习者就像我们家庭中的那些有才华的厨师，他们能够将工具和策略与目的和期望的结果结合起来。

表4.1　视频计划模板

目的	我们的想法	这个看起来是什么样子的？（画一幅图）
问题：你想要强调的问题是什么		
信息：你想让你的观众理解什么		
行动：你想让他们采取什么行动		
事实：你有什么事实来劝说他们采取行动		
原因：这些事实怎么支持你的全部信息		
想要更多信息：你的观众在哪里能找到更多的信息		

当你不知道自己在哪里或要去哪里时，你就很难做出决定和解决问题。知道自己要做什么菜的厨师更有可能成功。在课堂上，学习动机和成功标准对设置这些条件有很大的帮助。但学生也需要能够做出选择，并为自己的进步做出决定。学生在自身学习中的领导力使教师更经常地扮演"学习的推动者和评价者"的角色。这与作为学习者的评价者不同，评价者是将学习者分类。

可以肯定的是，必须教授学生解决问题和推进自己学习所需要的工具，但更重要的是，要经常使用这些工具。工具的战略应用是精神和智力技能，而不是行为技能。如果学生很少有机会培养他们的学习习惯，他们将很难养成学习习惯。不幸的是，我们经常看到大量的精力花费在最初的策略指导上，但除了在规划得很好的情况下，很少有机会使用这些策略。在一个段落工作表中划出主要意思并不能使学生更加确定其重要性。找主旨不应该是一种学术练习，当读者试图理解他们正在阅读的内容时，它应该是一个战略性的工具。学生需要在学习中有目的地使用这些策略和其他策略。

具有评估能力的可见学习者是那些积极参与的学习者，他们能够运用技能和意志力来促进学习。约翰经常谈到需要把我们课堂上学习的技能、意志力和兴奋感结合起来。技能是学习者的知识，意志力是学习者的倾向。克拉克斯顿和卢卡斯深刻地指出："一项技能是你可以做的事情，倾向是你在寻找机会要去做的事情。"把技能和意志力结合起来，加上学习一些有趣事物的动力，现在你有了第三个要素：兴奋感。在本章中，我们将研究具有评估能力的可见学习者如何通过选择学习策略，将技能和意志力结合起来，在学习过程中不断前进。我们首先讨论为学生提供他们需要的技能和工具的重要性，以促进他们自己的学习及他们与战略思维的关系。练习对学习的影响是一个重要但并未得到充分利用的工具。我们认为，在学生影响下，刻意练习是一种特殊的策略工具。然后我们过渡到查看教授认知学习技能的有效性，以使学生具备自学的能力。接下来，我们将讨论解决问题作为学生决策工具的重要性。这些条件与技能（"我知道如何做某事"）和意志力（"我想做某事"）息息相关。在本章的最后，我们将讨论读写习惯，以此为学生创造在老师和同学的陪伴下运用战略思维的机会。

> 我们需要在课堂上把技能、意志力和学习的兴奋感结合起来。

如何更好地学习

学习技能是一系列的能力，使学生能够获得、记录、组织、综合、记忆和使用信息。谁不想让学生拥有这些技能呢？它们在学习内容上很重要，而且是可转化的，允许学生在新的情况下应用他们所学到的知识。

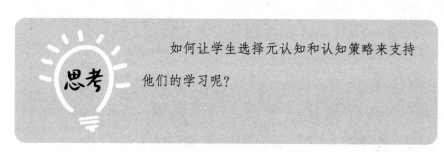

思考　如何让学生选择元认知和认知策略来支持他们的学习呢？

哈蒂认为学习技能可以分为三类：认知学习技能、元认知学习技能和情感学习技能。认知学习技能通常包括一项任务，比如记笔记或做总结。元认知学习技能指的是自我管理，如计划和监控，以及识别何时使用各种认知策略。情感学习技能包括动机、外力和自我概念。表4.2展示了这三类技能包含的项目。正如哈蒂所指出的，孤立地教授学习技巧可以提高学生的表层学习能力。然而，将学习技能与内容领域相结合，可以提高学生深层学习的能力。小学课堂是培养学生学习技能的理想场所，因为所有科目的老师都是一样的。因此，教师可以将学习技能融入到他们的科学、社会和艺术课程中。随着学生进入初中和高中，教师应该意识到并将学习技能融入到他们的内容领域课程中。

表4.2 三类学习技能

认知学习技能	元认知学习技能	情感学习技能
• （创建和使用）笔记和图表 • 总结 • 练习和演练技巧（如抽认卡、记忆法、背诵） • 重读	• 计划任务 • 自我监控 • 审核和修改更正后的工作 • 自我评估 • 不断反思	• 学习动机 • 构建学习环境 • 相信其实用性 • 影响一个人学习的外力 • 愿意解决问题 • 管理压力和焦虑 • 目标设定

思考

你的学生学到了什么学习技能？

他们应用了什么学习技能？

你如何支持他们的技能？

练习对学习的影响

"你不可能擅长你没做过的事情。"观察他人的行为对于建立一种技能或行为的模型很重要，但如果没有有意识的练习，你就无法建立自己的技能（想想你看过的所有烹饪/舞蹈/体育比赛）。同样，学生需要练习学习技能，以便能够流利、熟练地掌握和使用它们。大多数教师在教学中为指导实践创造机会。但是培养具有评估能力的可见学习者意味着要更进一步。教师需要让学生参与到有意识的实践中来，以便他们获得和巩固知识。这意味着必须教育学生知道实践的好处。正如我们之前所说的，具有评估能力的学习者能够超越低水平的依从性来引导自己的方向。

练习是学习的基础，尤其是在获得和巩固认知和运动技能时。大多数读者都熟悉马尔科姆·格拉德威尔的"一万小时定律"，该定律声称，专业技能源自投入实践的时间。然而，我们要理解他所指的实践是有意识的练习，那不是简单的死记硬背，而是有难度的、需要学习者去努力的练习。换句话说，那不仅是工作，而且是很难做的工作。一个篮球运动员不仅仅是通过在一个安静的体育馆里从罚球线上投出无数的罚球来获得专业知识。他会通过在球场上不同位置的练习来提高对自己的要求，并在排除各种干扰时对自己进行测试。换句话说，他让任务变得更难。这让我们想起了武术偶像李小龙的一句名言："我害怕的不是练习过1万次踢腿的人，而是同一个踢腿动作练过1万次的人。"

但实践除了用于构建专业知识外，还用于其他目的。一些实践被用来形成自动性，使得某件事变得越来越流畅，并且需要的注意力越来越少。在最后一章中，我们提到了自动性的发展。自动性来自演练和重复。学习乘法、常用词、元素周期表、一个国家历史上重要的日期和事件——这些都是分立的技能和概念的例子，为更深入的学习铺平了道路。有许多非常适合形成自动性的演练技术，比如抽认卡、助记符、映射和总结。这些技能和其他学习技能具有很强的效应量（$d = 0.63$）。事实上，我们非常重视学习技能指导，所以我们将在本章的后面部分专门讨论这个话题。但就学生因素而言，他们最基本的问题是能够回答为什么要练习，以便选择正确的练习方法。

约翰·科维纳班上的三年级学生在选择练习语言的活动之前，首先要回答这个问题。科维纳解释说："这所学校的孩子们正在学习用霍皮语和英语说话和阅读。我们的语言就是我们的文化。我们希望年轻人能够与他们的长辈交谈，并了解传统文化。"科维纳每天都花时间培养学生的霍皮语技能，其中包括练习的时间。在开始合作和独立的实践活动之前，他们必须思考自己的目标。"你是在努力记忆还是在学习专业知识？"他问道，并提醒他们，"你们两者都需要。你们只需要知道你为什么要这么做。"老师有许多可用的活动供他们选择，并将其标记为"建立我的记忆"或"建立我的专业知识"。彼得决定集中来记忆，并选择了一个霍皮语词汇抽认卡游戏与另一个同学一起玩。弗雷迪在这一天选择了专业知识，并开始聆听一名志愿者用霍皮语讲述的民间故事录音。另一位同学也选择了专业知识，并选择用霍皮语在贺卡上给祖母写了一条短信，所用的语言框架是老师事先准备好的。科维纳与每个人都进行了简短的交谈，询问每个孩子的目标。彼得想要打破他之前在甲板上说出所有单词的时间，而弗雷迪将向他的老师复述霍皮语的民间故事。给祖母写信的学生爱丽丝会让科维纳先看一下信的内容，看看有没有错误，然后再放在信封里。"我不会说学生们的所作所为有什么不寻常之处，"这位老师说，"我想让他们知道原因，并会做出选择。当你知道你想从中得到什么时，练习会更有效。"

要想充分利用练习的作用，得确保其满足三个条件：有针对性、分散式和自我导向。通过演练来开发记忆时，有针对性的练习是很好的。本章后面讨论的反复阅读，是有针对性练习教学策略的一个很好的例子。在我们两个人工作的以健康科学为重点的中学，学生们在州和国家级别的活动中参与竞赛，这些活动包括医疗词汇拼写、应急响应、公共卫生信息运动和医疗摄影等。其中一个活动是为公共卫生准备的团队演示，必须定时并实时发布，以便与学生们开发的无声背景视频同步。这个话题每年都在变化。有一年的话题是寨卡病毒，一个由六名高中生组成的团队制作了视频，并为五分钟的演讲添加了脚本。他们进行了数周有针对性的练习，提高自己的口语技能，并为每句话计时。他们首先是使用完整的脚本，然后是笔记卡，最后在没有任何支持的情况下，他们对每一句话进行计时，这样演讲者就可以调整语速以适应节奏，并使自己的演讲与背景中的无声视频协调一致。也许最有趣的是他们排练的方式，把每个部分分成30秒的段落。只有当他们觉得自己已经掌握了第一部分时，他们才会进入第二部分。渐渐地，他们把较长的段落串起来，直到他们记住了整个演示。显然，这招奏效了，因为该队在美国获得第二名，并参加了国际比赛！

科维纳决定每天留出时间让学生练习语言技能，这是分散练习的一个例子。我们大多数人都从自己的失败中学到，临考前一晚临时抱佛脚很少能带来令人满意的结果。简单地说，分散练习比大块练习更有效（d = 0.71）。这种练习是在几天或几周内定期分配的练习，有助于习得新知识。没有规律的练习，会使已学过的技巧退化。不幸的是，太多的学生天真地认为，几个小时的高强度补习和每天短时间的准备活动一样有用。八年级的学生维克多在一次关于学习习惯的报告中这样解释：

> 就像学踢足球一样。我现在正在练习我的运球技巧。教练为我们准备好比赛演习。如果我只是在比赛前几个小时练习运球，其他时间都不碰足球，我就会被淘汰。学习计算机编程也是一样的。如果我前一晚想把它都背下来，肯定会失败。

练习的第三个条件是，只要可能，就应该是自我导向的。由学生自己设定的目标能够推动学习，而他人设定的目标却不行。一所中学的教师团队推出了"周一精通"的活动，为学生创造自我导向练习的机会。学生回顾前一周的学习结果，包括对课堂作业和家庭作业的反馈，并选择一个他们想重温的作业（或部分）。在课堂上的15分钟，他们修改答案并重新提交。数学老师贝丝·拉塞尔说，这在她的教学内容领域尤为有效。"他们每周临近周末时学到的一些内容更高阶。给他们一个机会回头纠正本周早些时候的问题，可以加强他们的学习。"一直在听对话的学生里卡多补充说："我喜欢看到（数字）作业上的正确题目数目发生变化。"他说："我们不会在这些方面打分，因为我们的课程成绩是基于能力的。我们只在单元测试中得到分数。但我喜欢看到正确题目数目的绿条越来越高。"

思考

在你的教学内容领域中，什么样的练习可以培养学生的专业知识？

什么类型的练习可以培养学生的自动性？

有哪些方法可以将有针对性、分散式和自我导向的练习结合起来？

教学生如何练习、研究和学习

高中老师有时以为，他们的学生在上高中之前就已经学会了学习。事实是，很多人都没有做到这一点，或者说，他们在如何做到这一点方面技能不足。到中学时，他们中的许多人就尝到了恶果，大量的内容知识压垮了他们，他们再也无法仅凭上课注意听讲就能过关。在这一节中，我们将介绍四种可以介绍给小学生的认知学习技能。当然，这些在中学也同样重要。然而，在学习的早期，就将这些技能作为学习的一部分引入，效果会更好。

● 记忆法

记忆法是一种帮助记忆的有效方法，该词源自希腊语"memory"（记忆）一词。例如，你可以依靠记忆法来回忆高音谱上的EGBDF（Every Good Boy Does Fine——每个好孩子都做得很好）。在学习指南针的基点时，迈克尔·桑德斯一年级班上的学生学习了助记符"永远不要吃碎小麦"（Never Eat Shreedded Wheat，首字母N、E、S、W分别对应北、东、南、西四个方向），以便从最上面顺时针方向联想正确的方向。但正如桑德斯先生对他的学生说的那样："我真的很喜欢吃碎小麦，所以我不喜欢用这句话记住方向。每个小组想出一个不同的记忆法来记住这些信息怎么样？"其中一个小组提出"No Evidence Sorry Writers——没有证据，对不起，作者"，另一个小组则建议"Never Eat Shaved Walrus——永远不要吃剃了毛的海象"。

● 图形组织者

视觉组织的信息可以帮助学生看到想法和他们正在学习的信息之间的联系。使用图形组织者作为学习技巧的关键是确保学生不是简单地模仿他们的老师。相反，学生需要得到信息，然后选择一个图形组织者，用其代表信息。例如，马可·希门尼斯四年级班上的学生正在研究州政府和联邦政府之间的异同。学生们阅读课本，观看视频，参与课堂讨论，并听到老师谈论这些。他们有很多信息，但希门尼斯知道，如果他们不学习，他们就记不住，更不用说使用这些信息了。他让学生们想想他们使用过的所有图形组织者，并找出一个他们认为能够捕捉相似点和不同点的图形组织者。卡洛斯选择了一个对比图，而娜塔莉选择了一个属性工具，她能用其命名每个因素，然后记录其在州和联邦政府中的使用情况。在希门尼斯先生的班级里，总共有六种不同的工具可供学生选择。

● 抽认卡

这听起来很老套，但抽认卡（以及数字化类似的Quizlet.com和Chegg应用程序）可以帮助学生记住信息。当然，他们需要做的不仅仅是记住信息（但记住依然很重要）。岛袋宽子·马耶川所在班级的三年级学生使用了一款名为StudyBlue的免费应用程序，该程序允许用户创建包含文本、图片和音频的抽认卡。在对生物群落的调查中，学生们关注的是来自不同环境的不同生命形式。马耶川女士要求她的学生们制作一系列的快闪记忆卡，这样他们就能记住各种生物群落，这些生物群落的环境条件，以及生活在这种环境中的动物的种类。在这一过程中，她为学生提供了很多包括哪些内容的选择，而应用程序也为他们提供了如何包含信息的选项。在制作抽认卡的过程中，学生们学习了生物群落。在练习抽认卡的时候，他们会继续思考他们应该学习的内容。

● 摘要学习

写内容部分的信息摘要是另一种学习方法。重要的是，这并不是学生学习的唯一方式，但当他们写学习总结时，他们开始用自己能记住的方式处理信息。理想情况下，学生可以跨多个信息源进行总结。这为他们提供了一个整合想法的机会。不幸的是，通常学生们写的摘要比他们阅读的原始材料要长，而且他们使用的词和作者使用的完全一样。学生需要在资料中识别关键词，然后围绕这些关键词来自己造句进行总结。安德里亚·斯坦教六年级学生边读边总结。斯坦女士在要求学生们完成这项任务之前，自己先为学生们做了总结写作的示范。此外，她还会与学生们商量好时间见面，讨论他们写的总结。例如，在与雅各布会面讨论他对古代文明中女性角色特征的总结时，斯坦说："你对本周的总结写作感觉如何？"雅各布回答说，他认为自己写的总结写作有进步，他一直专注于中心思想。斯坦对此表示同意，并补充说："在这份摘要中，你有三个要点，和作者一样。在我看来，这是个不错的选择。你是怎么决定要这么写的？"雅各布回答说："因为我想我不能漏掉它们中的任何一个。我是说，在希腊，有些女人穿得像男人一样去看体育比赛。这是一个细节，但我认为这很重要，因为这不同于斯巴达的女性。"他们的谈话继续着，对于斯坦女士来说很明显，雅各布的总结帮助他学习并记住了她的社会研究课的内容。

引导学生自主解决问题

　　除了拥有认知学习技能，学生还需要培养解决问题、做决定和采取行动的意志力（动机）。然而，很重要的是要考虑学习者所知道的和他需要达到的学习目的之间的差距。如果一个学习者目前所知道的和为了解决问题而需要知道的知识之间的差距太大，那么他很有可能不会成功。为了跨越这段距离，教师提供了帮助学生解决问题的工具。例如，在本章第一个场景中，格雷戈里女士为阿丽莎提供了各种各样的模板，以便解决为他们将要制作的视频组织信息的问题。学习者的倾向和态度也会影响他们能否成功地解决问题。倾向是一种更普遍的特质；例如，一个经常与同伴合作的学习者很可能倾向于同伴学习。然而，态度更取决于情境；如果一个学习者回避独立的阅读时间而不回避其他活动，这可能表明他对该任务持消极态度。

还有与解决问题有关的倾向和态度。解决问题所需要的倾向包括愿意坚持、愿意寻求帮助、有求知欲和愿意寻求答案。然而，态度可能会对倾向产生影响。例如，在面对一项困难的写作任务时，保持一种固定型思维，会缩小学生解决问题的视野。正如前一章所指出的，一个人拥有固定的或可塑的思维并不是在所有情况下都是一致的。成长型思维是一种应对挑战的策略，不应该与努力和结果脱节。因此，关于如何解决问题所需的帮助和反馈的数量可能会因每个孩子和内容区域的不同而有所不同。学习者需要对他们的需求做出反应的老师，确保他们获得足够的成功来建立自信，帮助他们理清思路。对成功应该是什么样子的清晰和共同的理解有助于培养接受更高层次挑战的倾向和态度。

五年级学生尼尔对自己在科学课上的能力不是很有信心，尤其是在需要分析大量数据的实验室里。好消息是，他的老师艾琳·维特博正在

108

努力培养他解决问题的能力。在一项磁铁实验中，尼尔需要得出电磁铁强度与钉子周围绝缘铜线缠绕的数量之间关系的结论。维特博女士注意到他的困难，便来到尼尔的实验室桌旁，开始问他到目前为止都知道些什么，并让他列出自己的发现。几分钟后，尼尔就正确地推断出，他的数据表明，线圈越多，磁铁就越强。然后她重新叙述了他为解决这个问题所做的努力：

> 我想让你看看你是如何遵循科学程序来进行你的调查的。首先，你进行了多次试验，只更改了一个变量，即绕组的数量。你把自己的发现记录在表格中，这样你就能看到结果。然后你通过寻找模式来分析数据。你发现钉子上的铜绕组越多，你的电磁铁就能收集到越多的铁屑。你解决了这个问题，因为你遵循了一个系统。相信自己！

听到最后一句话，尼尔笑了："我知道，维特博女士，就像你常说的'像科学家一样呼吸和思考'。"

培养学生自主学习的倾向和态度是任何有爱心的教育者的首要工作。然而，这些必须是课堂结构的一部分，而不是简单的、孤立的、脱离任何学习环境的关于"坚持"和"心态"的课程。每当我们和孩子说话的时候，每当我们注意到或忽视了压力信号的时候，每当我们给学生判卷子或填写成绩单的时候，这些倾向和态度要么得以塑造，要么被摧毁。我们通过这些互动来传达什么是重要的，什么是不重要的。教学绝不仅仅是知识的构建。每一次互动都是一个加强学习者计划、组织和解决问题习惯的机会。持续关注学习成绩（分数），而不是掌握能力（学习），反过来连幼儿的心态都会破坏，还包括那些在学年开始时对自己的学习有积极动机框架的孩子。

创造应用学习策略的机会

> 培养学生自主学习的倾向和态度是任何有爱心的教育者的首要工作。每当我们和孩子说话的时候，每当我们注意到或忽视了压力信号的时候，每当我们给学生判卷子或填写成绩单的时候，这些倾向和态度要么得以塑造，要么被摧毁。

我们并不是说学习就是把自己藏在一个孤立的角落里。很多战略思维的制定都是在老师和同学的陪伴下进行的，尤其是要通过有意义的讨论。在他人的陪伴下，与他人一起学习，可以加深和扩展学习者很快就能独立完成的事情。阅读是求学的一个例子，通常被定义为一种完全内化的行为，然而在课堂上，阅读是依靠社会文化背景来发展的。几十年来，阅读理解策略教学一直是人们关注的焦点，最引人注目的是通过一系列研究来考察优秀读者的行为是什么。这些战略阅读者会有意识地、深思熟虑地制订计划，比如与先前的知识建立联系，形成和修改预测，并根据需要使用心理可视化技巧。但有人批评说，这些策略本身已经变成了课程。这些方法并没有按照需要应用到日益复杂的文本中，而是以分散单元的形式被教授和复述了多年。例如，一旦学生们开始学习监控自己理解的方法，他们就不需要再学一次了。相反，他们需要机会在阅读过程中真正地使用它们。

● 合作式推理

理解策略一经教授，就会在文本的讨论中得到证明。这些合作对话为学生提供了应用批判性思维的机会。合作式推理是一种用于培养关键分析技能的同伴领导的小型团队协议。老师在场是为了促进讨论，讨论通常以一个旨在鼓励批评立场的"大问题"开始。詹妮尔·洛班上的二年级学生读了一篇关于他们所在城市一个社区花园的信息文章。她使用的协议由克拉克等人开发，可以在图4.1中找到。在随后的小组讨论中，洛女士一开始就问她的学生："为什么这个社区可以团结一心？"她的学生一直在学习社会研究中的社区，他们用这篇文章来批判性地分析文本：

贾马尔：花园里的人做了各种各样的事情。

崔娜：好像他们不都一样……

贾马尔：对，有些人年纪大了，还有一些大一点的孩子。

阿尼莎：但是他们都帮了忙。例如，大孩子扛着沉重的东西……

崔娜：还有一个小孩子拔草。我在妈妈的花园里除草。

洛女士：你是说不同年龄的人都在花园里干活。

肯德尔：就像一家人。

洛女士：多说一点。

肯德尔：家里有老人、婴儿、小孩和成年人。

崔娜：社区也是如此。

贾马尔：在社区花园里，每个人都有工作。

洛女士：为什么这对一个社区很重要？

阿尼莎：因为那样就需要每个人都为社区付出。

　　洛女士对合作式推理的运用是她的小组阅读指导程序的延伸。合作式推理不是限制思考的传统提问程序，它为学生提供了批判性思考的机会，并让他们参与由同龄人的发言推动的讨论。

1. 课上阅读完课文后, 小组成员聚在一起讨论。

2. 老师就故事中一个人物所面临的困境提出一个中心问题。

3. 学生自由地向小组成员解释他们在中心问题上的立场。

4. 学生扩展自己的想法, 从故事和日常经验中添加理由和支持证据。

5. 学生互相挑战对方的思维和推理方式。

6. 在讨论结束时, 将进行最后的民意调查, 以了解每个人的立场。

7. 最后, 老师和学生回顾讨论, 并就如何改进未来的讨论提出建议。

图4.1   合作式推理讨论的7个步骤

选自克拉克等人的《合作式推理教学：扩展孩子们在学校里说话和思考的方式》

● 重复阅读

重复阅读是加深阅读技巧的另一种有效练习, 但不幸的是, 许多好心的老师误用了这种练习。重复阅读是塞缪尔斯首次提出的一种教学方法。在最初的阅读方法中, 反复阅读50到200个单词的短文, 接着默读几遍, 然后大声朗读, 直到达到足够的阅读速度和准确性。后来的努力包括来自成年人的纠正性反馈, 以及学生目标的设定和进步的自我监控。重复阅读教学已得到广泛的研究。许多关于重复阅读的研究已经使用一种称为荟萃分析的统计工具进行了进一步的分析, 荟萃分析用于计算多个研究的效应量。泰林对16项研究的荟萃分析被广泛引用, 并提供

> 通过重读来阐明对文本的理解是学生可以利用的工具。然而，他们需要真实的理由来重新阅读，而不仅仅是为了遵从。改变任务和目的为学生重新阅读提供了一个真实的理由。

了重复阅读之外积极影响的有趣信息。本研究揭示了几个基本的教学条件：第一，重复阅读是在已经阅读了文章的成人陪同下进行的；第二，重复阅读要求儿童阅读文本3至4遍；第三，重复阅读涉及纠正性反馈。最近对34项研究的荟萃分析证实了这些结果，这些研究是关于重复阅读对有学习障碍的小学生的影响的。李和尹发现，这对培养阅读流畅性特别有好处，当学生能够在自己阅读之前先听正在阅读的文本时，他们的阅读流畅性会进一步提高。哈蒂发现重复阅读教学的效应量为0.67，相当于在学校一年成长的1.5倍。

但是，重复阅读的潜力不仅仅在于能提高阅读流畅性和理解力，它还能培养重读的习惯。重读行为和重复阅读有两个相关的要素。第一，阅读最终是一个由学生引导的习惯。第二，重复阅读是一种旨在培养流畅性和理解力的教学程序。支撑两者的是重复这一要素。这些练习虽然做起来略有不同，但目标相似。

具有评估能力的可见学习者明白，通过重读来阐明对文本的理解是学生可以利用的工具。然而，他们需要真实的理由来重新阅读，而不仅仅是为了遵从。教授处于阅读早期阶段幼儿的教师，在用绘本与学生共同阅读的过程中，可以更多地引用文字。通过引用文字提出的问题对那些早期读者尤其重要，因为这些阅读者不会自然地去关注文字。埃文斯、威廉姆森和普速发现，儿童只有6%的时间在共同阅读时会看文字。如果没有问题能引起学生对文字和文本语言特征的注意，他们就无法知道重读用于增强理解的价值；相反，他们会依赖于他们在共同阅读之前就知道或能够回忆起的内容。这可以使听觉记忆优于文本中的调查和证据。

改变任务和目的为学生重新阅读提供了一个真实的理由。一年级教师莫妮卡·拉莫斯在用绘本《在一束光上》(*On a Beam of Light*)分享阅读时介绍了这段文字，她说："我要读一位著名科学家的故事，他叫阿尔伯特·爱因斯坦。我第一遍读这本书是为了让你们对他的生活有一些了解。"

读完这本书后，她说："现在我们要再读一遍，这次我想让你们听一听，寻找证据，看看这个故事是否可能是真的。"她改变了阅读的目的，帮助她的学生专注于叙事的非虚构元素。她的学生一致认为，这本书的大部分内容可能是虚构的，但最后一页提供了有关他的发现的信息。"告诉我你们在哪儿找到的？"老师问。一个学生回答说："这上面就有月球和宇宙飞船。"老师关注文字引用，接着说："你能摸到这一页上写着'月亮'的那个单词吗？"

格雷格·梁六年级英语班的学生正在阅读《奇迹男孩》。小说的阅读和讨论大多发生在小组文学圈，但老师保留了一些段落，来更仔细地检查文本。其中一段在书的三分之一处，涉及奥吉的姐姐奥利维亚。奥吉有严重的先天缺陷，他的姐姐回忆说，有一天晚上醒来，看到她的母亲站在奥吉的房间外看着他睡觉。在让学生默读这篇文章后，他要求他们再读一遍，这次要做批注。每个学生都有一份个人的文本副本，老师说："这是我这次想让你们集中注意力的地方。这篇文章有一半的内容都是作者在用描述性的语言描绘奥吉的母亲站在大厅里的样子。在书的页边空白处记下作者是如何用文字描绘这幅景象的。然后我们一起讨论。"在这两种情况下，老师都通过改变目的和任务为学生提供了真实的理由来重读。

梁先生理解重复阅读的价值，但他知道，如果学生们看不到目标，他们就会产生抵触情绪。他还知道，观众和表演是重读文本的真正动力，因为它们提供了这样做的目的。让观众在场的一种方法是开设读者剧场，它要求两个或两个以上的读者大声朗读课文。与传统的戏剧表演不同的是，剧本仍然存在，而其他元素，如道具、动作和灯光都不存在。其目的是用真实的练习来建立口语阅读的流畅性、韵律性和理解力，同时一直关注文本。马丁内斯、罗瑟和斯特莱克记录了二年级学生在参与为期五天的读者剧场中对这种方法的使用情况。研究人员记录了这些小组是如何理解剧本的，并指出"学生们自己就口头翻译展开讨论，这使他们对文本的理解又加深了"，然后他们回到文本中，就表演的细节达成一致意见。

梁先生运用了读者剧场的技巧，让充满对话的段落栩栩如生。"我想让他们在阅读的时候'听到'这些文字，"他解释道，"对话内容丰富、有趣，有时还令人心酸。我现在也在教直接和间接的人物塑造，对话是作者在写作中用于塑造人物的重要技巧和途径。"

其中一段对话发生在《奇迹男孩》后面部分，奥吉和四个朋友侥幸逃脱几个大男孩的殴打。老师见了五名学生，他们将在本周晚些时候为班级表演这个片段。老师说："所以你们已经读过这段，你们知道它是如何融入情节的。但让我们谈谈他们的情绪，以及作者是如何表现这一点的。"一名学生说："嗯，他们很庆幸自己逃了出来。"另一个人补充道："他们也都充满活力。"

"可是你们是怎么知道的呢？你们能回到课文中找出你们是从哪里得到这种印象的吗？"老师问。学生和他们的老师在一段有脚本的文字中对证据进行了注解，包括标点符号、"我们都开始笑了"之类的短语，以及作者对书中人物击掌、跑得上气不接下气的描述。他对学生们能够抓住这篇文章的情感中心感到满意。接着，他让学生们深入追踪对话，分配角色，并开始排练。两天后，这些学生用他们的"电台之声"将这一幕演绎得栩栩如生。

本章小结

　　具有评估能力的可见学习者知道他们要去哪里，并且有工具来进行学习。这些工具是一组元认知和认知策略，可以促进他们的学习，尤其是在面临挑战时。让学生掌握有效的工具是很重要的，但更重要的是让他们了解一些关于这些工具的事情，即：

- 不是所有的工具都能解决所有的问题；
- 他们可以选择使用哪些工具；
- 他们应该替换那些不起作用的工具。

　　培养学生对这些原则的理解需要教师为他们提供多种尝试学习工具的机会。这意味着学习者需要决定选择哪种学习策略。此外，随着学生对自己学习的责任感增加，教师必须为学生提供方法，让学生评估自己的学习，然后调整他们的学习计划，这可能包括选择新的或不同的工具。

　　在这种情况下，学习技能和刻意练习成为教学中重要的考虑因素。仅仅"覆盖内容"是不够的。相反，教师必须关注学生学习内容的方式，包括练习和反馈。除此之外，学习者的倾向和态度也至关重要，教师要注重激发学生的技能、意志力和兴奋感。

第5章

寻求反馈，认识到错误是
学习的机会

"我要把这个读给丹尼斯听。作家必须知道观众的想法。"

三年级学生拉里萨完成了一个富有想象力的故事的最后润色。她写了一个关于三个鬼魂的故事，它们解决了鬼屋里的一个谜题，她正在向她的写作伙伴寻求反馈。她的班级一直在阅读悬疑小说，包括《卡姆·詹森》（*Cam Jansen*）和《侦探男孩百科布朗》（*the Encyclopedia Brown*）系列丛书的选集，她渴望自己尝试一下这种写作风格。拉里萨和她的同学们已经计划好了他们的秘密，首先要弄清楚要解决的问题、嫌疑人，以及故事中的侦探是谁。拉里萨还了解到一部好的悬疑小说的要素，比如在结尾有一些线索，并确保故事中的干扰会把读者引向错误的方向。"这一切都必须有意义。"拉里萨解释说。

她班上的学生经常作为写作伙伴合作，互相阅读对方的草稿以提供反馈。拉里萨的老师玛琳·卡尔森为写作伙伴创建了一个指导他们反馈的规则（见表5.1）。"这不是评估，"卡尔森说，"没有得分。每个伙伴阅读的目的是，想看看这个解谜过程是否合乎逻辑。"

表5.1 小学生悬疑故事写作规则

悬疑故事作家的名字：_____

悬疑故事读者的名字：_____

	《足迹！》	《追踪者》	《从头开始》
情节	这个情节有一个很好的开头、中间和结尾，我都能看懂	大部分情节都讲得通，但我有一些问题	我感到迷惑
人物	对人物作了详细的描述	有些人物描述得很详细，但另一些则令人困惑	不确定故事里的人物，也不知道为什么
线索	有一些线索是有意义的	一些线索是存在的，但另一些却不见了	这些线索不合理
干扰	有一个很好的干扰使我偏离原来的思路	虽然有点干扰，但我马上就能想明白	没有什么干扰的事让我保持警觉
解决办法	最后一切都变得有意义了	多数的解决方案都是有意义的，但我仍然有疑问	这个谜没有以我能理解的方式解开
下一步	下次和卡尔森女士见面，完善你的故事	下次和卡尔森女士见面，解决有问题的地方	下次和卡尔森女士见面，解开你的谜团

卡尔森指着写作规则中的"下一步"说：

和写作伙伴见面后，学生要做的第二件事就是和老师见面。丹尼斯的反馈应该让她（拉里萨）清楚地知道她接下来需要在写作中完成什么。这对我很有帮助，因为我可以把时间花在需要的支持上，而不是从头开始。此外，这让我知道谁在给出准

确的反馈，谁需要更多的指导。一个不能给出准确反馈的学生

可能是一个还不明白成功是什么样子的学生。

拉里萨、丹尼斯和卡尔森女士班上的其他学生正在培养自己成为具有评估能力的可见学习者的能力。他们正在学习能够衡量自己进步的价值，而不是仅仅依靠教室里的成年人告诉他们什么时候成功。虽然卡尔森女士很勤奋，但她不可能给每个学生提供足够及时和具体的反馈。她知道她需要让学生参与这项工作。这意味着她的学生需要培养关注自己进步的内在能力，学会从他人那里寻求反馈，改正错误，继续成长和学习。这并非偶然，所以卡尔森也明白，她必须教授这些技能并为学生创造练习的机会。具有评估能力的学习者能从三个来源得到有用的反馈并获得成长：自我、同伴和教师。

在本章中，我们将重点讨论反馈作为学习的促进因素。教师提供的反馈类型，无论多么有意义，实际上都可能抑制学习，因此了解如何最好地利用这个强大的工具是至关重要的。接下来，我们将介绍那些为反馈创造机会的教师，这些反馈来自我们注意到的三个来源：自我、同伴和教师。反馈与我们在本章讨论的最后一个元素有相同的特点，即错误和挑战作为学习的必要条件的重要性。没有人喜欢犯错误，但我们在理解错误的本质时所采取的立场，可以说明具有评估能力的可见学习者与不冒险的人之间的区别。

反馈如何促进学习

能够可靠地评估自己进步的学生更容易接受大量的反馈。他们可以通过进行反思式的自我提问来利用自己的反馈过程，从而变得更加具有元认知意识。他们的同伴是另一个反馈的来源，尤其是当他们参与同伴评论时。教师是反馈的主要来源。但并非所有的反馈都是有用的。首先，反馈需要是及时的。令人惊讶的是，反馈很快就变得陈旧了。此外，反馈应该是具体的和可执行的，这意味着学生可以通过反馈来修正自己的学习。如果学生没有机会去采取行动，那么把你最好的反馈留给期末作业，就是在浪费你和他们的时间。

虽然反馈是重点，但重要的是要注意，反馈是否有效的最终决定者是接受者，而不是给予者。是学生来决定反馈是否可以被理解，这意味着教师必须调整反馈语言。如果一个学生不理解教师给出的反馈，那么反馈就是没有用的。毫无疑问，对反馈的感知受到学习者特有的文化和个人因素的影响。然而，一个主要因素是学生和教师之间的关系。祖博儒恩、马尔斯和缪伯恩对中学生写作反馈感知的调查发现，学生与教师的关系具有中介作用。虽然大多数受访的学生（80%）说他们喜欢收到关于写作的反馈，但

> 反馈应该是及时的、具体的和可执行的，这意味着学生可以通过反馈来修正自己的学习。

20%的人不喜欢。在持负面看法的学生中，65%的学生表示自己无视反馈的来源（教师），对反馈的价值漠不关心：

- "如果我对自己的写作感到满意，他们的意见就不重要了。"

- "很烦人。"

- "我真的不在乎。"

- "我真的对得到反馈不感兴趣。"

- "有些老师很刻薄。"

- "我不喜欢写作，（老师）真的很挑剔，所以我就说随便吧，然后继续写作。"

重要的是，研究人员发现，写作的自我效能低也会影响学生对反馈的感知。他们指出，"如果提高学生写作的自我管理是一个目标，那么不仅要对学生的写作提供反馈，而且要对他们的策略使用提供反馈，这就变得非常重要"。与其他关于学生对反馈的看法的研究一致，在这项研究中，对自己的写作感到消极的中学生并没有把老师的评论看作使自己成为更好作家的途径。一项针对小学生的相关研究得出了类似的结论。学生们画自己在教室里写作的图片，并讨论他们的看法。一些学生的负面看法是，他们与老师似乎是隔离开了，他们对自

> 反馈的目的应该保持不变——为了不断缩小目前表现与预期结果之间的差距。

125

己的写作感到焦虑，或者有身体或情感上的痛苦。

最好的情况是，反馈应该帮助学生更有意识地认识到自己在做什么，他们为什么这样做，以及他们可以使用什么解决问题的策略和过程来纠正、修改或改进他们的学习。仅仅提供策略指导是不够的，我们必须把反馈与学习者可以练习的自我管理联系起来，以衡量学生的进步并鼓励他们继续前进。反馈是学生目前表现和预期结果之间的纽带。

你的反馈应该解决三个大问题

反馈被称为教师所掌握的最未充分利用的教学方法。教师们经常说他们知道反馈是有用的，但他们提供有用反馈的频率却出奇地低，大多数情况下，反馈都是泛泛而谈的赞美（"你做得很棒！"），常常只有一两句话。反馈的效应量为0.73。它之所以如此有效，是因为其囊括了本书中详细介绍的许多可靠的方法。反馈的目的应该保持不变——为了不断缩小目前表现与预期结果之间的差距。为了做到这一点，教师和学生必须做到：

- 明确并共享对学习目的和成功标准的理解（第3章）
- 建立可以付诸行动的策略和过程（第4章）
- 衡量下一步行动的方法（第6章）

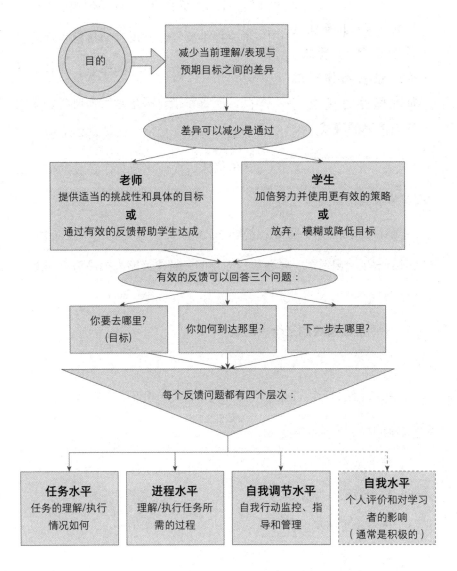

图5.1　一个反馈模型

选自约翰·哈蒂的《可见的学习：对800多项关于学业成就的元分析的综合报告》

> **反馈不应该被视为单向的传输模式，而应该被看作在教师和学生之间进行双向传输的模式。**

图5.1展示了一个反馈模型，用于向学生提供反馈，并反过来从学生那里获得反馈。毕竟，学生的作业、理解、疑问、误解和错误都是对教师自身表现的反馈。因此，反馈不应该被视为单向的传输模式，而应该被看作在教师和学生之间进行双向传输的模式。

缩小目前表现与预期结果之间的差距，需要教师和学生共同努力。教师帮助学生使用反馈，学生通过应用问题解决策略来提高努力程度。

● 反馈应该解决的三个大问题

记住，反馈的有用性是客观存在的。因此，我们提供的反馈应该针对学习者的三个主要问题：

- 你要去哪里？
- 你如何到达那里？
- 下一步去哪里？

第一个问题是通过学习目的和成功标准来解决的。了解成功是什么样子的反馈能让学生和老师一起朝着这些目标努力。例如，如果目标是对导致2011年福岛第一核电站核反应堆失效的因素做出详细解释，那么之前安全研究中遗漏的信息将是一个需要纠正的错误。当化学老师丹尼斯·伊格尔顿和学生沙拉讨论她的初稿时，他就是这么做的。"我昨晚看了你的草稿，你有了一个很好的开始，"他开始说，"让我们一起来看看这个，这样我们就能找出最好的方式来支持你的下一稿。"在确定了她最初报告中的优势之后（"你在论文的开头提供了对灾难的描述，为理解灾难的严重性设定了背景"），他把注意力转向了报告的清单。**"到目前为止，你的报告中缺少的是有关灾难发生前安全问题的信息。"**

伊格尔顿先生接着谈到第二个问题，即使用策略来解决差异。"那么，让我们花几分钟时间来谈谈你可能在哪里找到这些信息。列一个清单，列出要去看的地方，可以防止你忘记我们头脑风暴的想法。"他和沙拉花了几分钟时间讨论各种可能性，包括查看日本核安全委员会和国际原子能机构网站的信息。由于他班上的学生都在研究来自世界各地的核灾难，包括切尔诺贝利和三里岛，他在自己的课程学习管理系统（LMS）中总结了几项这样的资源。然而，沙拉在写初稿时忽略了这些资源。

伊格尔顿先生接着把注意力转向了第三个问题，谈到了沙拉接下来要做的事情："你下一步打算做什么？有一个计划是很重要的。你打算做哪些事？"沙拉说："那么，为了寻找安全报告，我还有一些阅读材料要读，一旦我把那部分写出来，我就会让其他没有在福岛工作的人来读，只是为了确保它有意义。"她笑着说："我想我也需要更好地使用这份清单。谢谢你，伊格尔顿先生！"说完，沙拉回到了她的研究团队。

● 四种反馈类型

我们并不是要把反馈过于简化成一个三步走的过程，而是要把其作为一个框架，使反馈尽可能有用。对于许多学生来说，如果没有"下一步去哪里"的反馈，他们通常会说他们没有收到任何反馈。当然，如果这个"下一步去哪里"的反馈是基于另外两个问题的反馈，那就更好了。根据学生和需要，反馈可能是四种不同类型中的一种或多种。这些反馈类型通常交织在这三个问题中。第一种类型是关于任务或成果的反馈。这种类型的反馈有时被称为纠正性反馈，因为它提供了关于任务的准确性或完整性的信息。伊格尔顿先生使用这种类型的反馈来强调沙拉准备了什么（内容）和遗漏了什么（事件发生前的安全问题）。伊格尔顿先生还提供了第二种反馈，即关于进程的反馈。在他的例子中，他专注于策略，特别是在确定沙拉可能使用的资源方面。伊格尔顿先生还展示了第三种反馈，即自我调节。他问沙拉，她会做些什么来支持自己对书面草稿的评论。沙拉指出，她会更仔细地查阅清单，并让一位同伴阅读她的下一个版本，看看是否有意义。

请注意，他并没有犯错误，没有将反馈局限于第四种类型，即关于自我水平的反馈。这些反馈通常以表扬的形式出现，并且是笼统而模糊的。他没有告诉沙拉："你有了一个好的开始！"却不再提供任何进一步的信息。这对沙拉来说是没有帮助的，而且会表明老师没有深入思考学生的作业。我们并不是说学生永远不应该受到表扬。但是自我效能是指对自己的能力和才能的信心。自我效能来自对具体情况的了解，包括已经完成的事情，以及接下来应该发生的事情。

我们之前提到过反馈是双向的，伊格尔顿先生对这个概念很熟悉。他把他看到的最常见的错误非正式地记下来，以便他能为第二天的教学做好计划。他告诉同学们：

> 我和你们中的一些人谈过，他们在把作业提交给LMS之前没有使用过这份清单。今晚我要修改在线协议，这样你就可以提交一份完整的清单和草稿了。这应该是有帮助的。我还将更新我在网上的资源。有几个学生提到他们使用了很多不在LMS上的资源。我列了一个清单，把它们加进来，这样其他人就可以使用了。明天开始上课时，我将看一下新的资源。

创造提供反馈的机会

你需要像授课一样仔细计划何时提供反馈。反馈来自三个方面：自我、同伴和教师。但在繁忙的课堂中，反馈有被搁置一旁的风险，因为其他相互竞争的需求会被允许得到优先满足。我们故意使用了"允许"这个词。反馈形成了学习社区的核心。老师讲课不能每小时占用59分钟。达到一些平衡实际上可以加快学习。请记住反馈的效应量是0.73。加速学生学习的回报是值得花时间去创造反馈的机会。

● 自我反馈过程

十二年级英语教师莫里斯·埃文斯在就一个有争议的话题进行热身讨论后，按下了"暂停键"。他给学生们提供了一个简短的写作机会，让他们在听到彼此最初的想法后整理自己的想法，然后再继续。其他相关的方法包括"定期返场"。在介绍了学习目的之后，四年级老师汉娜·伯奇会定期问学生，他们认为自己对这个话题了解多少，然后让他们在课程结束前进行自我评估。她笑着说："学生们通常会对自己所学知识的估计感到惊讶。学生很难了解到自己还不知道什么，所以这是一个很好的提醒，即使他们认为自己已经知道了所有的事情，也要继续关注接下来的变化。"简单地增加任务前和任务后的反思性问题，就能引发学生对知识和学习的更多自我质疑。

● 同伴反馈过程

　　同伴可以为学习者提供另一种衡量个人进步的途径。三年级就崭露头角的推理小说作家拉里萨明白让她的朋友丹尼斯对她的故事提供反馈的价值——丹尼斯可以帮她看看故事里的线索是否有意义。重要的是，她的老师玛琳·卡尔森把这种元素融入了这个过程。在课堂上，同伴评论常常被用作接收反馈的中间步骤。其中一篇评论，即在第7章中详细讨论的同伴辅助反思（PAR），用于帮助学数学的学生理解和解释他们对复杂数学问题的推理。艾米·迈尔斯在年初为她所有的六年级和七年级英语课的学生引入了一个同伴评论过程。"我的许多学生都是英语学习者。"她解释道。他们能够对某人的学习做出评论，可以培养学术语言技能，进而培养他们评判自己学习的能力。迈尔斯女士教授语言框架和指导性问题，供学生在网上或面对面交流时使用，以提供反馈。她将框架分为两个主要部分——内容和结构，并将反馈进一步细分为特定的优势和差距或进步的领域。这些框架储存在透明的塑料保护罩中，在教室的每张桌子上都可以找到，这样学生们就可以根据需要方便地进行查阅。我们没有期望在准备评论时所有的语言框架都得以使用，也没有期望所有的指导性问题都会用到。相反，迈尔斯女士的学生根据需要和情况进行选择。她的语言框架和指导问题可以在表5.2中找到。

表5.2　同伴评论的语言框架

内容："什么"	语言框架	引导内容评论的问题
内容优势 向你的同伴提供他们在内容上的优势的具体反馈，呈现信息。 他们应该继续做什么？	1. 我感谢你选择_____（提供的信息类型），因为_____（提供的具体信息如何加强他们的写作）。 2. 当你说"_____"（他们的原话）时，加强了你的论点，因为_____（为什么这句话会产生影响）。 3. 读者可以告诉你_____（什么信息是明确传达的）由于添加/阐述_____（提供的细节或例子）。	**写作目的：** **他们在说什么？** 他们处理了提示吗？ 他们的论点是什么？他们的立场清楚吗？ 展示的是什么信息？ 他们想让我知道/学习/同意什么？ 他们在写作过程中是否一直关注这个论点？ 他们会讨论一些被认为是无关紧要或离题的想法吗？
内容差距或增长空间 给你的同伴提供关于差距或内容改进空间的具体反馈，呈现信息。 他们怎样才能把这个提升到下一个层次呢？	1. 尽管你以学者的身份包括/提及_____（呈现信息的类型），我还是建议_____（信息的选择本可以更好）为了_____（这些信息将如何增进或加强写作）。 2. 你说得很清楚_____（清晰呈现的信息），然而，人们可能会因为你提到"_____（他们可能会引起误解的原话）"而相信_____（与论点或陈述相反的信息）。	**辩护和推理：** **他们是为自己的论点辩护还是解释自己的推理？** 他们是否提供了相关的例子或事实，还是完全基于意见？ 他们提供了最合适的文本证据来支持吗？ 他们是否用文字或例子来解释他们的选择？ 他们对进一步了解做了详细说明吗？

内容："什么"	语言框架	引导内容评论的问题
结构优势 向你的同伴提供他们在结构上的优势的具体反馈，呈现信息。 他们应该继续做什么？	1. 你的论点是_____（有积极的含义的形容词），因为_____（形成这种描述的结构因素）。 2. 我注意到_____（对结构有较强的理解和运用能力），这看起来很学术，因为_____（为什么看起来很专业）。 3. 你在语言上的选择如_____（与大学有关的单词或短语）真的_____（这对写作有什么影响）因为_____（解释为什么会这样）。	**看起来是什么样子的：很突出的是什么？** 他们使用正确的拼写、大写字母和标点符号吗？他们是否缩进新的段落并使用适当的间距？ **听起来如何：当你大声朗读时，你会注意到什么？** 有什么部分我需要重读的吗？它们与写作的时态一致吗？ （过去时：-ed /现在时：-ing /将来时：-will, would）他们使用了正确的动词时态吗？ (The dogs jump. vs. The dog jumps.) 他们有没有重复任何单词或句子？ 他们的想法有什么不对劲的吗？ 读书的时候，我是不是上气不接下气吗？ **读者参与** 他们选择了最学术性的语言吗？ 书写的语气清楚吗？
结构差距或增长空间 向你的同伴提供具体的反馈，包括信息的表达方式、结构上的差距或改进空间。 他们怎样才能把这个提升到下一个层次呢？	1. 这是一个很好的开端；然而，未来_____（改进采取的行动），你的写作_____（你的写作怎么受到了影响）。 2. 我注意到你_____（他们写作的具体陈述或想法）如果你_____（具体采取的行动），听起来会更专业，因为_____（这是他们写作的结果）。 3. 作为一名英语学者，我推荐_____（你推荐什么样的写作练习），因为_____（为什么这对他们的写作很重要）。	

选自：©艾米·迈尔斯，2016，健康科学高中级学院股份有限公司

教师反馈过程

从很多方面来说，这可能是最具挑战性的反馈机会，因为教师容易很快就感受到人数上的劣势。在30人或人数更多的教室里，管理时间的同时管理课堂可能会让人不知所措。课堂组织结构有助于组织时间。小学课堂通常每周使用几次工作坊模型作为阅读/语言艺术单元的一部分。这种组织结构为教师与个别学生讨论他们在阅读和写作方面的进步提供了特定的时间。当其他学生独立阅读或写作时，老师每次会见几个学生。中学课堂可能不采用工作坊模式，但同样可以花时间与个别学生进行讨论，与此同时，其他学生则在进行小组合作和自主学习。请记住，期望一个老师每次都能给每个学生提供个人反馈是不现实的。话虽如此，不能在同一节课内见所有人不应成为从不见面的借口。不妨这样想：分散式练习比分块式练习更有效。与其把一个学期的反馈挤进一个时间段，不如安排每周的反馈时段，定期与更少的学生见面。定期召开这些会议，在与家长和学生更正式地会面时，会积累并提供更多有价值的数据。

二年级教师塞缪尔·奥巴杰在与家长见面时使用会议记录。他解释说："我喜欢让学生积极参与会议。会议记录对我和学生来说都是一个很好的记录，当我们和爸爸妈妈交谈时，我们可以参考一下。"奥巴杰先生在他的笔记表格上留出一部分，让学生们写下他们下一步的目标和承诺。这位老师说："这是一个很好的问责措施，可以确保我们履行对彼此的承诺。我需要确保我的学生们知道，我不仅要对他们负责，还要对自己负责。"

何时征求反馈

你如何知道何时寻求反馈？以我们的职业生活为例，很可能你要给某人写一封措辞谨慎的电子邮件。你是否将邮件草稿发送给了你信任的人，让他们先帮你看一下？如果是这样，你就是在寻求反馈。也许你这么做是因为，邮件里提到的信息很复杂，你想在发送之前确保它是准确的和完整的。或者，你不确定你想表达的语气是否与信息相符，需要别人帮忙确认其有没有被误解为严厉的、轻率的或令人沮丧的。再或者，你可能会怀疑电子邮件是否是正确的沟通渠道。你想问问他人，拿起电话和收件人讨论一下是否会更好。无论如何，你之所以寻求反馈，是因为你的经验和自我质疑让你向第三方寻求帮助。

自我反省和目标设定的一个重要方面是寻求必要的反馈和帮助。有趣的是，寻求帮助与无助无关，而是与赋权和能力建设有关。事实上，回避帮助与许多消极的学习结果有关，包括较低的成绩水平、无效的"按部就班"（不断出错），以及对自己的学习做出准确判断的能力较差。学生的求助行为包括要求解释以澄清理解，以及寻求支持他们学习的资源。

但是学生并不总是寻求老师的帮助或反馈。巴特勒和西巴兹研究了积极的师生关系在寻求帮助中的作用，指出"学生是否向特定的老师求助，关键取决于他们是否相信老师关心学生的福利"。当然，这是有道理的。无论我们多么清楚自己的需求，我们中的任何一个人都不太可能从一个看上去不那么关心我们的人那里寻求帮助。

寻求帮助是征求反馈的核心，涉及学术和社会环境。具有评估能力的可见学习者定期地寻求关于他们的学习和目标进展的反馈。但是，为了让学生寻求反馈，教师需要创造条件，让反馈能够蓬勃发展。这意味着在课堂上建立并保持一种强大的、充满关爱的学习氛围，让学生知道他们可以向老师和同学寻求反馈。

> 为了让学生寻求反馈，教师需要创造条件，让反馈能够蓬勃发展。这意味着在课堂上建立并保持一种强大的、充满关爱的学习氛围，让学生知道他们可以向老师和同学寻求反馈。

一年级教师惠特尼·埃里森致力于创建一个学习者社区。她使用的一种方法是公共汽车站——贴在墙上的一个标志。"我们每天都要做一些独立的任务，但并不是每个人都准备好了，"老师解释说，"在我给出任务的指导之后，学生们会评估自己成功完成任务的信心。他们尝试着去做，但如果他们需要反馈，他们有一个地方可以求助。我打开公共汽车站，需要额外帮助的人可以站在标志旁边。作为一个班级，我们的工作就是在公共汽车站'接'任何需要帮忙的人。"此外，她还负责监控公交车站，并根据需要提供额外的帮助。

一个人寻求反馈的意愿受到先前知识的影响。先前知识水平较高的学生寻求关于过程和理解解决方案的反馈，而先前知识水平较低的学生寻求关于答案是正确还是错误的低水平反馈。六年级的数学老师谢卡尔·阿里亚在小组数学教学中使用了各种各样的例子来培养同伴反馈。他的学生提出问题后，试图独立解决。阿里亚先生检查了每一个答案，然后选择了他"最喜欢的错误答案"—— 一个包含一些好的数学思想的错误答案。"我把错误的答案反馈给学生，并鼓励他们与其他学生讨论两个问题。第一个是找出错误发生在哪里，第二个是确定为什么我选择它作为我最喜欢的错误答案。"他解释道。阿里亚喜欢听他们彼此给出的反馈，尤其是他们如何解释、提出澄清问题，以及对所展示的数学推理进行推测。"作为一名教师，我从中明白两件事。首先，我要倾听他们的批判性思维是否成熟。其次，我可以训练他们在同伴反馈方面做得更好。我希望他们追求的不仅仅是正确的答案。我想让他们看到彼此能提供的价值。"

毅力也会受到影响。反馈通过为学生提供额外的支持途径来增强他们的毅力，而不是这种单凭努力是无法克服的徒劳的"按部就班"。我们相信在有关持久性的对话中这是一个被忽视的因素。如果没有同样坚定的承诺来创造寻求帮助和反馈的条件，强调毅力、成长型思维、勇气或任何相关的因素，都不会带来预期的结果。坚持和反馈是相辅相成的，培养前者意味着我们必须提供后者。

在本章中，反馈被描述为"我们作为教师所拥有的最未被充分利用的方法"。

你在哪些方面取得了成功？在与学生交流时，你在哪些方面需要改进？

把错误看作学习的机会

让我们现实起来。没有人喜欢犯错。你最后一次做某事失败是什么时候？你有没有在犯错的时候高兴地提醒自己："现在我有机会学习了！"没能完成某件事会让人泄气，尤其是在没有支持的情况下。然而，失败也可能是富有成效的，尤其是在失败之后还有进一步的指导和反馈。想象一下，如果教室是把错误当作学习机会来庆祝的地方，那么随着时间的推移，我们都可能学会欢迎错误为我们提供的学习机会。

> 坚持和反馈是相辅相成的，培养前者意味着我们必须提供后者。

卡普尔描述了四种可能的学习事

件：无效失败（无指导的问题解决）、无效成功（记住算法，但不理解为什么）、有效失败（使用先前知识找出解决方案，然后有更多的指导）和有效成功（将解决问题结构化）。在这四种情况下，无效失败产生的收益最小，因为学生的思维没有以任何方式被引导，他们只是希望发现应该学习什么。无效成功也价值有限，因为这种情况下的学生只依赖于记忆，但永远不知道为什么以及如何应用。学生没有进行知识的转移（南希后悔自己在高中数学上浪费了那么多年时间，她错误地认为，只要能记住公式，就一定能理解代数。谢天谢地，她终于遇到了一位更懂行的数学老师）。

现在让我们转向有利条件：有效失败和有效成功。卡普尔解释道：

有效失败和有效成功之间的区别是微妙的，却是重要的。有效失败的目标是为从后续的教学中学习做准备。因此，学生是否能在一开始就成功地解决问题并不重要。相反，有效成功的目标是通过一个成功解决问题的活动本身来进行学习。

有效失败和有效成功对学习都是必要的。在有效成功的条件下，学生被引导去解决问题（不只是记忆公式）。例如，在一节精读课上，当老师通过提出与文章相关的问题，从文字到结构再到推理，来仔细构建学生的理解时，学生接触的是一段复杂的文本，这段文本可以拓展学生的深层理解。但为了让学生具备评估能力，他们还需要经历有效失败。请记住，这些都是学生应用他们已经知道的知识来尝试解决问题的机会，并提供进一步的后续支持来完善他们的知识。这些都是微小却重要的失败，而不是那种让学生在挫折中想要放弃的令人心碎的失败。表5.3总结了学习事件的类型及其结果。为了扩展我们的精读例子，学生们有时会在同伴的陪伴下开始阅读复杂的文章，即使一开始并不成功。当学生有机会使用他们所知道的知识后，老师会加入他们，提供进一步的指导。

表5.3 四种可能的学习事件

	无效失败	无效成功	有效成功	有效失败
学习时间类型	没有进一步指导的无引导问题解决	不理解概念的死记硬背	有引导的问题解决，应用先前知识和为成功而规划的任务	使用先前知识不成功或解决了次优的问题，然后进行进一步的指导
学习结果	挫折导致放弃学习	在不了解任务目的或相关性的情况下完成任务	通过支架练习巩固学习	从错误中学习，并确保学习者坚持生成和探索更多知识以及解决方案
对……有用			表面学习的新知识牢牢地建立在先前知识的基础之上	深层学习和知识迁移
削弱了……	外力和动力	目标设定和寻求挑战的意愿		
促进了……			技能发展和概念达成	使用认知、元认知和情感学习技能

八年级英语老师凯文·科尔尼给学生们分发了卡尔·桑德伯格的一首名为《草》（*Grass*）的短诗，让他们阅读并讨论其含义。学生们熟悉拟人化的文学技巧，桑德伯格很好地使用了这种技巧。

草

把尸体堆积在奥斯特里茨和滑铁卢，

把它们铲进坑，然后让我来做——

我是草，我覆盖一切。

把尸体堆积在葛底斯堡，

把尸体堆积在伊普尔和凡尔登，

把它们铲进坑，然后让我来做。

两年，十年过去，旅客问乘务员：

这是什么地方？

我们到了何处？

我是草，

让我干活。

　　然而，即使他的学生能够识别出这首诗的文学技巧，他们也无法领会这首诗的深层含义。虽然大多数人推断葛底斯堡可能指的是美国内战中规模最大的一场战役的发生地，但他们对这首诗中的其他地方并不熟悉。科尔尼先生听着学生们费力地解释这首诗，然后和他们坐在一起，为他们提供更多的信息："诗中提到的其他地方是其他战争的战场。第一次世界大战、拿破仑战争……每一次都是一场损失惨重的战斗。"他继续说道："现在你们知道了，你们能找到这首诗的深层含义，并确定这棵草有什么特别之处吗？"换句话说，学生们经历了有效失败，随之而来的是新知识的短时间传授。

　　在掌握了更多的信息后，学生们又开始了他们的任务。在重读了几遍这首诗之后，爱德华多所在的小组第一个找到了答案。他们把老师请了过来。"我们认为这是墓地里的草。"爱德华多说。"告诉我更多的内容，"科尔尼先生说，"我想听一下详细说明，并给我一些证据。"学生们互相看了一眼，讨论了一下这个问题，然后转向老师。"就像一个军事公墓，那里有所有士兵的坟墓，"贝瑟尼说，"这是我们的证据。"德文特继续说，"他总是说尸体'堆得很高'，他使用'铲'这个词，就像掘墓人必须做的那样"。

如何帮助学生将错误视为学习的机会？

"我喜欢你们的观点，"老师说，"现在再深入一点。这些战争是怎么来的？他们有什么共同点？你怎么知道的？再次集思广益来解决下一个挑战。"在这节课的这个时候，学生们正经历着有效成功，因为他们正在利用新的概念来加深他们对文字的理解。

值得注意的是，这群学生下课后都说了些什么。贝瑟尼说，她的老师"给了我们时间去把事情弄清楚，而不是说我们必须马上做对"。德文特补充道："科尔尼先生总是藏着另一个办法。有时我试着找出线索是什么。我喜欢试着进入他的脑海。"这是一个具有评估能力的可见学习者的特征。没有错误的期望，没有把"正确"等同于"好学生"。更重要的是，学生们认识到，努力解决问题是学习的一部分。最妙的是，像德文特这样的人在有意识地审视学习的展开过程中，明显是在自学。

本章小结

　　反馈和挑战可以在促进学生学习方面发挥互补作用。我们为学生创造的反馈机会应该与三个途径相对应：自我、同伴和教师。从这个角度考虑——在一个学生犯错的环境中，他们需要沉浸在反馈中，以重新获得动力，进行战略性思考，并采取行动。在没有反馈或反馈无效的地方，学习者可能会陷入瘫痪甚至放弃。最糟糕的是，他可能会得出这样的结论：他最好谨慎行事，因为错误只会让他感到遗憾。正如我们在第1章中提到的，挑战（"既不太难，又不太无聊"）是一种高收益的学习方法。科尔尼先生所在班级的学生并不害怕一些挑战，部分原因是他创造了一些条件，使学习环境最适合承担一些学术风险。在下一章中，我们将看一看他和其他像他一样的老师使用的练习，以确保学生在自己的学习中是平等的参与者。

第6章

监控学习进度，调整学习

"我对这个话题了解不多，这让我感到有点压力。我需要问清楚问题并做好笔记，我必须学习它，而不是我的老师。"

这是瓦莱丽对老师在课堂开始时提出的问题的书面反思——"你对这个话题了解多少？你今天需要用什么策略才能成功？"

妮珂莱特·亚当斯所教授的九年级人文学科班上的学生，无论是单独还是与同学一起，都会定期进行自我提问，以回答课程中的基本问题和应对日常课程。如果他们要监控和调整自己的学习，这是关键。在这门关于墨西哥历史、文化、地理和艺术的课程中，亚当斯女士使用了一个基本的问题："当文明发生冲突时会发生什么？"在为期四周的课程中，学生们研究了早期占统治地位的墨西哥文明、西班牙征服期间发生的冲突及其对墨西哥社会和美国的持久影响。学生们阅读了《上帝保佑我，创世纪》(*Bless Me, Ultima*)，研究了前哥伦布时代和当代墨西哥艺术，并绘制了该国在过去400年政治边界的变化。

正如亚当斯女士解释的那样：

人文学科对学生来说很重要。我们整合了很多学科。不只

是历史、地理、英语，还有艺术、科学，甚至宗教。我在年初
介绍了两种类型的问题，供他们讨论，有时也让他们每天都回
答这些问题。一种问题关于我们正在学习的内容，另一种关于
他们如何学习。

亚当斯女士将这些问题粘贴在她的教室中，她的学生将这些问题粘
贴到他们的期刊的内页以供参考（见表6.1）。她通常会从每一栏中指定
一个特定的问题，但有时她会让他们选择他们想要回答的问题。

有一课是关于西班牙侵略对原住民的生活会产生怎样的影响，尤其
是带来何种疾病，复习完这一课的学习目的和成功标准后，学生阅读一
段《枪支、病菌与钢铁：人类社会的命运》（*Guns, Germs, and Steel: The
Fates of Human Societies*）节选，这篇文章记载了天花对阿兹特克人的
影响，这导致西班牙胜利。亚当斯女士要求她的学生以书面形式回答这
个问题："你对今天的话题了解多少？"然后进行讨论。瓦莱丽承认她
不知道天花是什么，但认为它一定很可怕。萨拉希补充了一些细节，解
释说："我知道这是一种已经不存在的疾病。我不知道它造成了什么，
但我同意它一定很糟糕，因为全世界都在努力摆脱它。"阿卜杜勒拉希
姆打起精神来："哦，是的，我们去年在《科学》杂志上就看到过这些！"
听着他们的对话，托马斯补充道："所以，如果有一种导致很多人死亡
的严重疾病，对西班牙人来说难道不会同样糟糕吗？"小组成员表示同

意，瓦莱丽把托马斯的问题加入了他们想要探索的想法列表。

表6.1　关于内容知识和学习的自我提问

关于内容知识的问题	关于自己学习的问题	
	课前	课后
• 神话、宗教习俗或文化习俗如何影响这个社会？ • 这些概念与今天的信仰和价值观有何相似之处或不同之处？ • 该地区的地理位置如何影响结果？人们对这件事的反应是积极的还是消极的？ • 那个时代的理想是如何通过艺术、音乐和文学来表达的？ • 种族、民族、经济阶层或性别差异和信仰是如何塑造这个社会的？ • 科技进步在这个社会的兴衰中扮演了什么角色？ • 冲突是怎么导致的变化，无论是积极的还是消极的？	• 你是怎么知道今天的话题的？ • 为什么这个话题很重要？ • 你今天需要使用哪些策略才能成功？ • 关于今天的课，你希望什么是容易的？什么会很难？	• 你们今天最感到困惑的是什么？ • 在今天的课上你学到了什么新知识？ • 今天什么策略对你最有效，为什么？ • 接下来你需要知道什么？你有什么问题我还没有解决？

在每桌都分享了一两个预期问题之后，亚当斯女士就开始深入讲解教学的核心内容。55分钟后，离下课还有10分钟，老师从列表中提出一个和内容知识有关的问题。"我们讨论了科尔特斯征服阿兹特克人成功的几个因素，比如先进的技术和阿兹特克人高昂的疾病成本。请花几分钟时间在你们的本子上回答这个问题：技术进步在这个社会的兴衰中扮演了什么角色？"

学生们一边写，亚当斯女士一边解释道：

我不能每天都看他们的回复。我每天见180个学生。但是我特别重视每节课选择5本作业来看。这让我知道他们在理解什么。但不只是我需要知道。每周五，我都会花更多的课堂时间在写作上。他们会重新阅读一周内的自我提问笔记，然后回答关于他们朝着目标前进的其他问题，他们还需要什么，以及他们实现目标的计划。在他们写作的时候，我有机会向更多的学生了解他们的学习情况。我花了一段时间才意识到，这不是"覆盖课程"（用手指做了个引用的动作）。学生需要深入学习内容，以确保他们看到自己的学习成果。

我们所知道的最有效率的学生是善于自我提问的学生。一个能够向自己提出问题并根据答案采取行动的学习者在通往成功的道路上是勇往直前的。这样的能力是通过大量的自我反省和自我质疑发展起来的，其效应量为0.64。自我提问很有价值，因为它可以成为监控自己学习并做出相应调整的催化剂。我们越能让学生主动地对自己的学习做出决定，他们的评估能力就越强。

> 我们所知道的最有效率的学生是善于自我提问的学生。

在这一章中，我们将讨论同伴之间的自我质疑和批判性质疑的价值，尤其是讨论时的质疑。进行提问和讨论的根源在于，对学习者所理解的事物有更深的认识。我们所有人都有过这样的经历，在自己对一个概念的理解上抱着一种幼稚的信念，但当我们试图和别人谈论这个概念时，却发现自己并没有很好地理解它。这种认知不一致可能让你感到不适，于是你开始深入了解更多内容，确保自己能跟上节奏。这就是具有评估能力的可见学习者所能做的——他们参与提问和讨论，以监控自己的理解，并根据需要调整他们的学习计划。他们准备好持有相互矛盾的观点，看到自己思维中的矛盾，并感到安全，与同学和老师一起大声探讨这些问题。本章的后半部分讨论了目标的设定和根据这些目标采取的行动。学生的目标设定也是一个强大的学习催化剂，因为学生掌握了自己的学习。

培养学生自我质疑能力的反思式提问

质疑自己的理解能力是一种元认知策略，有助于学习者进行自我调节。我们在前面的章节中已经讨论过元认知和自我调节，所以说，自我质疑可以让学生了解他知道什么和不知道什么，以及他如何在学习中前进。自我质疑作为一种学习技巧是很有用的，尤其是在学习新材料的时候。一个有价值的阅读理解策略是教学生暂停，并向自己提出问题，以检查自己对所读内容的理解。我们将在下一章重点介绍的交互式教学可以培养这种监控阅读理解的习惯。然而，在这一章中，我们将自我质疑作为一种让学生了解自己学习的方式来进行研究。

自我质疑是好奇心的一种表现。如果孩子认为他们正在学习的东西与他们相关，并且是有趣的，他们很可能会对自己和正在学习的话题提出更多的问题。这通常与探究性学习有关，尽管我们认为这个术语是有局限性的。我们经常看到善意的教育者开始探究教学单元，希望培养他们渴望在学生身上看到的那种好奇心。但是好奇和困惑并不是一回事。没有足够的基础知识，学生更容易感到困惑，坦率地说，当他们缺乏他们实际上需要的背景知识时，他们会对提出反思问题不屑一顾。当学生不知道他们要学的是什么或者为什么要关心它的时候，要想出一个创造性的解决方案几乎是不可能的。这就是为什么基于问题的学习整体效果如此之差，因为它太早出现在学习周期中了。基于问题的学习似乎收效甚微，总体效应量为0.15，同样，探究式教学的效应量较小。然而，当学生加深对一个话题的学习后，引入基于问题的学习，效应量上升到0.61。换句话说：你需要知道很多，才能提出可靠的问题，探索矛盾，探究和解决问题。这并不是说学生必须等待自我质疑的出现。经常使用反思性提示可以激活我们希望学习者熟练使用的那种提问。

一年级教师夏洛特·布拉登顿一直在使用"我可以……"的语句来帮助她年幼的学生监控自己的进步（"我可以……"语句也帮助学生理解成功的标准）。"但我花了一段时间才意识到，我可以把它们变成自我质疑的工具。"她说。布拉登顿女士贴出了"我可以……？"问题来鼓励自我质疑。"六岁的孩子还没有养成自我探究的习惯，"这位老师说，

"所以我帮助他们。"在学年的第二季度，她给学生引入了几个"我可以……？"的问题供学生使用：

- 我可以说出故事中的事件顺序吗？

- 我可以解释一下信息性书籍中使用的图片、表格和地图吗？

- 我可以把我读到的新信息和我已经知道的信息进行比较吗？

- 我可以把我读到的写下来吗？

布拉登顿女士解释说："每次我和孩子见面讨论阅读时，我们都会回到这四个问题上来。这些代表了我现在教授的主要技能，我希望我的学生能够将这些技能应用到他们阅读的很多东西上，而不仅仅是一个故事中。通过鼓励他们问自己问题，他们学会了用自己的理解来检查自己的学习。不只是我在向他们传授知识，他们自己也学到了一些东西。"

提高学生批判性思维的合作学习

学习在很大程度上是一种社会努力，当别人在尝试自己的想法并努力达成共识时，有机会倾听他们的想法是非常有价值的。参加小组讨论可以给学习者提供一个表达自己想法的机会，尤其是在试图向他人解释某件事的过程中，有时会产生新的见解。合作学习的效应量为0.42，这在很大程度上是因为合作学习中的任务结构是为了激发彼此之间的相互依赖。社会参与是合作学习的一项基本技能，因为学生与团队的参与是必不可少的。你将回顾第1章（见图1.1）中的参与性自我评估，这是一个有用的工具，可以促使你对团队的贡献进行自我反省。

但在合作学习的情况下，还有其他因素在起作用。除了学生的社交和情感发展，合作学习还可以培养批判性思维，增加认知参与，促进问题解决技能的使用。必须教成对或小组合作的学生认真倾听，考虑他人的想法，提出自己的观点，并达成共识。这些都不是无关紧要的，而是在与他人共事的一生中磨炼出来的。学生可以掌握，也需要学习这些技能。由于小组内的许多交流都是口头的，学生掌握这样做的工具是很有用的。责任性谈话就是这样一种工具，它基于三个承诺：

· **对学习社区负责在于学生如何与他人交谈**。当他们解决问题的时候，他们会认真而有礼貌地倾听，同意和不同意彼此的观点。学生可能会问："你能重复一遍吗？"或者邀请一个还没有参与讨论的团队成员谈谈他的想法或反应。

· **对准确知识负责在于他们讨论的内容**。学生们提供证据来支持自己的观点，并互相提问，比如："你能告诉我们你从书中何处找到这些信息吗？"一个负责任的社区的成员努力定位和分享准确的信息，因为他们明白团队的成绩取决于这些信息。

· **对严谨思考负责在于团队成员使用的逻辑**。学生们希望被问及他们的推理。他们可能会被问到："你能告诉我们为什么你认为这是一个重要的细节吗？"或者"我不明白你为什么要做最后的计算。你能解释一下吗？"

当学生们学会习惯性地互相问这些问题时，自我质疑的习惯就变成了合作学习的一部分。责任性谈话也能激发同伴的反馈。我们应该说，这些过程的出现并不仅仅是因为四个学生坐在一张桌子旁。我们想把合作学习和分享区分开来。学生的个人回忆和经历有一定的价值，但它们本身不会导致深层学习。分享目标、价值观和信念是基本小组工作的特征，但它们缺乏上述那种责任性谈话维度。在合作学习中使用责任性谈话的维度将注意力转移到批判性的倾听、思考和论证的使用上。

在课堂上，你可以通过什么方式培养责任性谈话？

如何使用责任性谈话使合作更有效？

● **跳出固有思维模式**

当学生们学会批判性和创造性地集体和独立思考时，自我质疑的习惯得到了进一步加强。要做到这一点，就需要他们养成能够自动运用所学知识的理性习惯，以便促进学习的迁移。学习迁移是学习的根本措施，因为学生能够将技能、概念和知识应用到日新月异的新环境中。这意味着他们需要设法解决促进他们思考的严谨问题。这些理性习惯可以通过使用质疑过程来引导，这一过程使学生思考已知的东西，寻找模式、推测、得出结论，并得出创造性的解决方案。图6.1提供了一个流程图和示例问题，学生团队在处理具有挑战性的文本和问题时可以使用这些问题。这些"跳出固有思维模式"的问题，改编自艾莉森·金的著作，这并不是从列表中挑选出来的孤立问题，而是为讨论小组提供了一张如何在每个阶段推进他们思考的地图。

娜塔莉亚·阿尔瓦雷斯–加拉格尔开发了一版跳出固有思维模式的问题，以培养她三年级学生的自我提问习惯。当她的学生们在合作学习中解决各种各样的数学任务时，阿尔瓦雷斯–加拉格尔女士会时不时地停下来提问。她解释说："我把它们叫做'思考暂停'，然后把一个问题发给所有人看。他们会停下手头的工作，互相检查，这样他们就能监控事情进展得如何，或者是否忽略了什么。"这些延伸的数学任务通常需要15分钟左右的时间，而且有大量的文本和数据供学生阅读。这些学生所完成的数学任务包括制订一个种植花园的计划，使最大数量的植物可以种植在一个固定的区域。学生们需要从他们收到的三份计划中选出最好的一份。他们还需要从几种不同的种子中进行选择，适合每一种种子的最佳生长面积都不同。在任务分配的不同时间点，老师会用一系列问

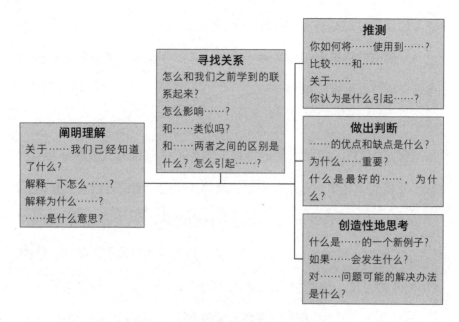

图6.1　跳出固有思维模式的问题

选自艾莉森·金《通过引导学生提问，促进学生的精细化学习》

题来打断他们的思考：

- **阐明你的理解**：我们对这个问题了解多少？要求我们做什么？

（对任务进行2分钟的初步阅读后提出的问题。）

- **寻找关系**：这个问题和我们在数学中学到的有什么相似之处？

（活动进行了4分钟后提出的问题。）

- **推测**：我们能确定什么？我们应该注意哪些错误？（活动开始

10分钟后提出的问题。）

- **做出判断**：我们是否可以消除某些东西？有什么想法是最好的

吗?(活动开始12分钟后提出的问题。)

· **创造性地思考**:如果种子更少,我们的答案会发生什么变化?
(活动结束时提出的问题。)

老师注意到,随着时间的推移,学生们的思维方式发生了变化。
她说:"我的一些学生总是急于尽快地解决问题,他们并没有真正地让
小组的其他成员参与进来。这些问题让他们放慢脚步,倾听别人的意见。
这也给了他们一种检查自己思维的方法。我也开始在他们的数学评估中
提出同样的问题,提醒他们数学和思考有关,而不是一个计算器。"

科学是一门重视论证思维习惯的学科。然而,如果没有指导和支持,
学生们不会轻易参与其中。六年级科学教师西尔维娅·罗梅罗所在班级
的学生在撰写实验报告之前,使用实验室的语言框架来讨论他们的结果
(见表6.2)。罗梅罗女士在年初引入了这些语言框架,将其作为形成讨
论的工具。"在过去的几年里,我在实验室里观察到实验小组之间大量
的信息交换。你知道的,类似'6号同学你写了什么答案'这样的问题
是为了完成任务,而不是为了学习。"罗梅罗女士重新调整了她的实验
室报告格式,以便把重点从罗列结果转移到批判性地思考他们为什么会
得出这些结果。论证语言框架的引入有助于学生进行更多的自我质疑。
托比是她班上的一名学生,他解释说:

罗梅罗女士让我们在实验室讨论之前和之后写下自己的反思，我们必须进行推测并提出反诉。我们每个人都建立了一个模型，这个模型是关于我们认为当水分子改变状态时会发生什么。比如从液体变成固体或气体时会发生什么。然后我写下我的假设。但当我们在实验室做实验时，我们必须测试每个人的模型，然后决定哪个模型是最准确的。科学不是为了证明你是对的，而是要找出什么是准确的。你必须把自己从等式中拿出来，这样团队才能真正得出结论。

正在听托比讲话的科学老师问道："你发现了什么？"托比说：

首先，格雷琴的模型是我们组里最好的。布莱斯真的帮了我，因为他问了我们所有人一个问题，关于水分子在改变状态时是否会失去能量。我甚至没想过这个。我们一直在想的都是分子之间的距离。所以，在我的反思中，我写道，他的推测帮助我思考了一个新的想法。

课堂讨论进一步促进了自我质疑和自我反思，其效应量为0.82，具有显著提高学习的潜力。然而，整个小组讨论并不是我们所熟悉的教师主导课堂讨论的"教师启动—学生回应—教师评价"（IRE）模型。这

表6.2 科学论证的语言框架

提出观点	我观察到_____，当_____的时候。 我比较_____和_____。 我注意到_____，当_____的时候。 _____对_____的影响是_____。
提供论据	我用来支持_____的论据是_____。 我认为_____（陈述）因为_____（理由）。 我知道_____是_____，因为_____。 基于_____，我认为_____。 基于_____，我的假设是_____。
求证	我有一个问题，是关于_____。 _____有更多的_____？ 什么引起了_____对_____？ 你能让我看看你在哪里找到的关于_____的信息？
提出反诉	我不同意_____，因为_____。 我认为_____的原因是_____。 支持我观点的事实是_____。 我认为，_____。 你我观点的不同之处是_____。
进行推测	我想知道如果_____会发生什么。 我对_____有一个疑问。 让我们看看如何为_____测试这些样品。 我们想要测试_____来找出是否_____。 如果我改变_____（实验中的变量），那么我认为_____会发生，因为_____。 我想知道为什么_____？ 什么引起_____？ 如果_____这会怎么不同？ 如果_____接下来发生了，你认为会发生什么？
达成共识	我同意_____因为_____。 如果_____这会怎么不同？ 我们都认为_____。

选自罗斯、费希尔、弗雷的《论证的艺术》。

种现象，卡兹登和许多其他人有所记录，通常是这样的：

教师：捷克共和国的首都是哪里？（教师启动）

学生：布拉格吗？（学生回应）

教师：正确！（教师评价）

虽然我们很高兴学生们正在学习欧洲的首都，但需要指出的是，这种交流并不是我们所说的课堂讨论。相反，讨论是学生探索他人想法的机会，在这个过程中，他们可以洞察自己的想法。课堂讨论可以由教师或学生来推动，但无论哪种情况，都要利用批判性思维过程，类似于合作推理和交互式教学中的过程（在本书中均有介绍），并与责任性谈话的各个维度相关联。苏格拉底研讨会和辩论是正式课堂讨论的两个例子。然而，更多的讨论是非正式的。在所有情况下，讨论在很大程度上都是由学生自己推动的，老师充当的是促进者和引导者，而不是指挥者。

从本质上讲，课堂讨论并不是由老师精心安排的。在真正的讨论中，人们会仔细倾听对方的意见，并立即做出反应，而不是由一个中间人来决定下一个发言人是谁。这意味着学生们需要掌握获得和让出发言机会的技能。我们记得在一次五年级学生的课堂上，一位技巧娴熟的老师温和而坚定地把话题转回到学生身上。在一次关于1765年印花税法案的讨论中，一个学生转向她发言。"谢谢你，但我不是你的听众。他们是，"

> 在真正的讨论中，人们会仔细倾听对方的意见，并立即做出反应，而不是由一个中间人来决定下一个发言人是谁。这意味着学生们需要掌握获得和让出发言机会的技能。

老师说着，把她的手从左往右扫了一下，"和他们交流，让他们能思考你的想法。"

除了学习如何进入和退出这样的讨论，学生还需要自我质疑和自我反思的机会。如果时间不是为这个目的而预留的，就很难做到这一点。一种方法是，在进入讨论的中心部分之前，在对主题进行短暂的热身之后，简单地暂停讨论。路易斯·埃文斯是一位九年级的英语老师，他说"按下暂停键"能让学生仔细思考。在讨论《你给的仇恨》(*The Hate U Give*)时，学生们思考了主人公斯塔尔的困境。斯塔尔目睹警察开枪打死了她儿时的朋友哈利勒。斯塔尔决定不出庭作证，同时她也意识到自己的文化密码发生了转变，因为她的两面性，作为一个来自压力很大的社区的非裔美国青少年，她以奖学金学生的身份就读于一所私立学校。

在对斯塔尔的决定进行了10分钟的讨论后，埃文斯先生要求学生们"降低音量，听听自己的想法。你现在在想什么？当我们开始讨论的时候，你们准备向同学们提出哪两个令人惊奇的问题？把这些都写在我为大家准备的在线文档上"。

不久之后，埃文斯先生把全班同学召集到一起，把问题投射到屏幕上。"你们想先看哪个？"他们认为克里斯特尔的问题是他们首先需要讨论的问题。她的问题是这样写的："斯塔尔告诉我们，这个标题来自图帕克的说明，即暴徒生活的意思是'你给小婴儿的仇恨让所有人都遭殃'。这对她的决定有什么影响？"

小组在这个问题上停了一会儿，然后安东尼奥说："斯塔尔在想她的社区有多混乱，她不想再为这个社区做出任何贡献。"

杰西说："告诉我你说的'贡献'是什么意思。"

"我的意思是有'不存在告密者'的期望。斯塔尔说了，带着信息去警察局并不酷。"安东尼奥解释道。

"好吧，我看得出来，但斯塔尔掌握的信息有助于破案。这是一场不公正的警察枪击事件。"马尔科反驳道，"对她来说，和他们合作不是更好吗？"

"我能理解你的意思，"詹妮尔回答，"但斯塔尔也有一段可怕的回忆，她在上小学的时候看到另一个朋友在开车经过时被枪击。这是某种创伤后应激障碍（PTSD）。"

最初提出这个问题的学生克里斯特尔现在说："我要提出这个问题——'暴徒生活'。我很想听听你们对这件事的看法，这对她的决定有什么影响。我总是听到那回声在我的脑海中回响，我想知道它是否也在她的脑海中回荡。"

罗拉接下来发言："我认为，图帕克是在评论这样一个事实，即种族和民族仇恨最终会损害我们的社会。"安东尼奥继续说道："并且代代相传。"马尔科仔细听着，补充道："所以斯塔尔自己的种族歧视经历让她走到了这一步。她感到了服从本能的矛盾，她总是避开警察。但她也感到了内心的压力，想知道自己是否能把这件事反转过来。这并不像我想象的那么容易。"

随着讨论的继续，埃文斯先生在黑板上做了笔记，记下了他们的想法。"在稍后的讨论中，我会让他们回顾这些想法，让他们再写一遍对主人公决定的看法。我想让他们看到，当他们互相倾听时，他们的理解是如何加深的。"注意这种课堂讨论的主要力量之一就是，教师能够"听到"自身的影响。教师能听到自己可能教得很好的内容是什么，什么内容需要再教，能够听到哪个学生说得流利，哪个学生在思想上存在挣扎，哪个学生需要支持。

思考

思考课堂讨论的教师启动—学生回应—教师评价模型。

如果教师在课堂中使用责任性谈话和合作推理，课堂看起来和听起来会有什么不同？

促进学生提问和讨论的目标反思

我们促使学生进行的提问和讨论必须包含另一个重要因素：目标反思。毕竟，如果学生掌握了所有这些元认知思维，却没有对其进行实际应用，以弄清楚他们所处的位置和前进的方向，那么我们就浪费了培养具有评估能力的可见学习者的宝贵机会。学生的目标设定应该与课程、单元或作业的成功标准相关。谈到目标，有两个因素需要考虑。第一个是学生的目标定位——他们为什么做他们所做的事，第二个是目标设定——他们做什么才能达到目标。目标导向可以是掌握或表现。马丁解释说："掌握导向关注的是努力、自我完善、技能发展、学习和手头任务等因素和过程。表现导向更侧重于展示相对能力、社会比较和超越他人。"换句话说，这就是"我想学习讲西班牙语"（掌握）和"我想在西班牙语考试中获得A"（表现）之间的区别。尽管表现导向似乎无害，但其往往会降低承担学术风险的勇气和冒险精神。这就是为什么当我们看到公开展示的数据显示了一个学生与另一个学生之间的对立时，我们会感到局促不安。因为一张显示每个人阅读水平的图表会加强社会对比。我们希望学生获得掌握导向，这与努力、学习和进步是正相关的。只要稍加修改，这个公共数据图表就可以报告每个孩子的进步和阅读的书籍数量，而不是个人当前的阅读水平。

目标设定——他们为达到目标所做的事情——是帮助学生衡量自己

进步的第二个要素。学生目标设定的效应量较高为0.50，能帮助学生成为自主学习的积极参与者。目标应该具有适当的挑战性（既不太难，又不太无聊），并且应该定期查看，以便激励和引导学生的重点和注意力。应该说，我们不赞同这样一种错觉，即每个学生在他或她的学习中起点都是完全相同的。现有的知识和技能水平意味着每个课堂上学生的起点都不同。设定目标应该着眼于进步，而不仅仅是结果。七年级英语老师西蒙·汤普森帮助他的学生设定和实现阅读目标。学生们在学年开始时接受评估，以衡量他们目前的阅读水平，汤普森先生会与每个学生单独会面，讨论结果。两个学生相互对照。比安卡的结果与目前的年级水平预期相符，而卡西迪的则明显较低。每次会议开始时，汤普森先生都会讨论结果的意义，然后把话题转到当前的阅读习惯上。比安卡比她的同学卡西迪读书更勤，这并不奇怪。为了帮助比安卡设定目标，他让她把注意力集中在拓宽她正在阅读的体裁和主题上。他把她的目标贴在班级目标表上："我的目标是本季度阅读两本科幻小说、一本诗集和三本漫画小说。"

当汤普森先生与卡西迪见面讨论她的成绩时，他还讨论了她的阅读习惯，发现她前一年连一本书都没读完。"听起来这对你来说是一个很好的目标。如果你愿意，我可以帮你选一本你感兴趣的书。然后我们见面，确定到某个时间你要读到书中的某个地方，等你读到这里后，我们再联系。"卡西迪选了夸梅·亚历山大的一本书，两天后汤普森先生和卡西迪又见面了。"我哥哥给我看了一段他的视频，名叫《不败》，我很喜欢，所以我借他的书看看。"卡西迪热爱篮球，她选择了《游戏手册：瞄准，射击和在这场被称为生活比赛中得分的52条规则》（*The Playbook: 52 Rules to Aim, Shoot, and Score in This Game Called Life*）。"另外，很多页面上单词不多，所以我想我可以读得更快。"她承认。她同意下周把前25页读完，然后和老师见面。

到第二个星期，卡西迪改变了她的目标。她对汤普森先生说："我把它改成了35页，因为上周我毫不费力地读了31页。"他改了她在图表上的目标陈述，以反映她的新目标。现在上面写着："我要读《游戏手册》，每周35页。"汤普森先生说："看起来你想创造一个PR（personal record，个人记录）。这就是你如何做到的。"她翻到了一页，上面有维纳斯·威廉姆斯的一幅漫画和一段引言，她大声地读给他听："我不关注自己面临的问题，我专注于我的目标，我试着忽略其他的。"然后微笑着离开了。

计划和组织调整学习

在学生学习制订计划和做出调整的过程中，自我调节进一步发挥着作用。教师可以要求幼儿为一些简单的任务做计划，比如思考完成一项任务需要哪些材料，或者不同的天气条件需要什么样的衣服。学术规划需要一定的组织水平，这对于完成更复杂的任务（比如写作）是必不可少的。有效的作家可以使用多种策略来规划写作，包括头脑风暴、列出想法、自由写作等。自由写作是一种定时写作练习，用于将列表转换成更连贯的文本。当九年级的学生科尔比写作停滞不前时，他使用了他在中学第一次学到的自由写作技巧。他的老师向他介绍了这样一种做法：首先，通过5分钟的头脑风暴，列出论文的主题和想法，然后再加上10分钟的自由写作。科尔比说："我的目标是尽可能多地使用我头脑风暴清单上的单词，并至少写100个单词。"他解释道："我不会太纠结于使用我列出的所有想法，甚至不会纠结于我是否写了100个单词。但这肯定能给我带来灵感，我不必一直盯着空白屏幕。"

四年级的学生珍妮制订了阅读计划。她说："去年，我的老师教我们如何先略读，再浏览所有的标题。这给了我关于我将要读到的内容的信息。"她的同学伊斯雷尔补充说："有时候我会把'标题'变成问题。"其他计划则是考虑所需的时间。十一年级的学生马库斯在英国文学课上读《大卫·科波菲尔》（*David Copperfield*）：

我们去年读过《织工马南传》（*Silas Marner*），所以我知道读狄更斯的小说需要时间。《大卫·科波菲尔》一书里有无数的角色。我们读这本小说的时候，感觉它最初写就时，好像是以连载的形式进行的。我要读25到27章，并准备在周四进行讨

论。我在日历上标示出来，以便留出阅读和注释的时间。这伙

计（作者）是按字领工资的。你知道吗？

珍妮、伊斯雷尔和马库斯有一些共同之处。他们不是简单地消化信息，而是有策略地规划如何理解信息，特别是当他们遇到前进的障碍或预期一项具有挑战性的任务时。换句话说，他们调整自己的学习。珍妮略读和扫读，伊斯雷尔将标题转换为问题，马库斯在阅读中使用时间管理和注释。他们的计划反过来又作为一种组织思维的方式，这是第二种关键的元认知技能。当我们提到组织时，我们并不是指创建某种物理环境（尽管这是一项很好的学习技能），而是构建模式——一种用来构建相关知识网络的心理结构。例如，当你读到有关马库斯阅读《大卫·科波菲尔》的作业时，你的某些知识元素可能也被触发了。**我对查尔斯·狄更斯了解多少？我为什么知道这是他最喜欢的小说？关于19世纪中期的生活，我知道些什么？我对当时的报纸连载了解多少？我是怎么读完一本很长的书的？**你能检索到这些信息说明了你的大脑对所有这些相关信息进行了组织。也反映了你自我质疑、监控和按需调整学习的能力。这就是记笔记和概念图对构建模式非常有用的原因之一。它

可以要求幼儿为一些简单的任务做计划，比如思考完成一项任务需要哪些材料，或者不同的天气条件需要穿什么样的衣服。

们将信息组织成类别，这样学习者就能更有效地检索信息。马库斯使用的注释是一项很好的学习技巧，因为这帮助学习者组织构建模式的信息。

● 记笔记

如果使用得当，对于年纪较大的学生来说，记笔记是一项非常有用的学习技巧。也就是说，记笔记的目的不是抄写信息，而是作为一种学习辅助手段来监控一个人的学习。康奈尔笔记最初是由康奈尔大学研究中心主任沃尔特·鲍克开发的，目的是支持法学院学生准备律师资格考试。他设计了一种巧妙的方法让学生记录信息，这样他们就可以用笔记来学习。该页分为三个部分（见表6.3）。主栏在右边，副栏在左边，两栏的底部是空格。学生在上课时在主栏做笔记，但在准备好学习之前不使用另外两栏。当他们上完课后，他们会在左边的副栏中列出关键的观点，然后在页面底部总结自己的笔记。

五年级老师米歇尔·汉普顿在水循环课上使用了康奈尔笔记。学生们观看了一个简短的视频，老师让学生在看视频的过程中在主栏做笔记，鼓励学生积极参与。课上讨论完视频的主题后，老师让学生们分组合作，寻找线索写进左边副栏。这些都是以问题的形式表达的，因为这样做的目的是在回答问题的时候能够涵盖笔记。弥迦的小组编写了以下内容:

- 什么是水循环？

- 水循环的四个阶段是什么？

- 水循环解释了什么？

表6.3 康奈尔笔记格式

线索	笔记
用于主要思想 可以用问句来表达 课后24小时内完成	• 上课时在这里记笔记 • 使用有意义的缩写和符号 • 留出空间添加额外信息
总结 这里记录了主要思想和要点。 这些都是在之后的复习阶段写的。	

选自波克 & 欧文斯的《如何在大学学习》

第二天，汉普顿女士开始上课，要求学生花几分钟复习笔记。在重读他们所写的内容后，他们盖上右边的一栏，并使用他们在左边一栏中记录的问题互相测试。在互相复习完信息后，老师要求学生把注意力转到笔记底部的总结部分："花几分钟时间写下关于水循环最重要的想法。这是一个总结，所以不要试图重复笔记中的所有细节。但你自己要想'关于这件事，我到底需要知道些什么'。"老师解释说：

我必须为他们做好这件事留出时间。他们并不是某天醒来就神奇地知道如何学习。但是我想让他们看到我们正在可控的时间有规律地学习，所以在单元学习结束前，他们就已经完全为测试做好了准备。

康奈尔笔记是一个很好的学习工具，但汉普顿女士使其更进一步，因为她想让学生养成监控自己学习的习惯，并据此做出调整。当他们在笔记页的底部写好总结后，他们会和同伴再次交谈。每个孩子都以昨天课堂上的提示为指导，评估自己解释信息的能力。弥迦对谢尔比说："如果满分是4颗星，我给自己2颗星。因为我能对水循环进行解释。我很擅长说出各个阶段的名称，所以在这方面我会给自己打4颗星。但是我必须看我的笔记来回答第三个提示。"谢尔比听后回答："你打算学什么？"弥迦想了一会儿说："我想我知道的还不够多。即使当我看笔记的时候，我也没有一个我能理解的好答案。所以我要请老师再解释一遍，我必须问一些好问题，这样我才能更好地理解。"

思考

自我调节、计划和组织可以帮助学生成为具有评估能力的可见学习者。

你如何在你的课堂上创造这些机会？

本章小结

　　培养一个具有评估能力的可见学习者的途径必须包括，让学生有机会进行反思式的自我提问，并延伸到与同龄人一起这样做。教师可以创造这些机会，从而帮助学生建立习惯，让学习者反思他们的学习。诸如此类的习惯会让学生参与到监控自己进步的活动中来。不幸的是，太多的学生陷入被动，因为他们已经学会依靠老师而不是依靠自己来衡量自己的进步。掌握目标的合作转移了学习的责任，因为学生要负责。如果这听起来有点像给学生赋权，那么你是对的。具有评估能力的可见学习者是被赋予权力的学习者。

第7章

认识到自己的学习并教导他人

"为了达到这个水平，我还要学习一项技能，然后我将为下一个挑战做好准备。"

加布里埃拉可能在谈论网络游戏，但事实上她在谈论她的电脑编程技能。这个七年级的学生选择学习编程作为她想要使用创客空间时间的方式。她所在的中学每周留出90分钟的时间让学生们进行各种各样的自主探索。她的一些同学在学校自助餐厅的创客空间见面，那里的大桌子上摆满了多种数码设备、工具、电池、硬纸板和塑料管。在那里，一些学生在修修补补，而另一些学生则有一个清晰的计划。加布里埃拉想用机器人做实验，但她发现自己不具备实现自己想法的技能和知识。"我给妹妹读了《工程师罗西·里维尔》（*Rosie Revere, Engineer*），我想给她做一个带着蜡笔的小机器人，"她说，"首先，我意识到我需要知道如何使用3D打印机，因为我必须制作一些部件。"她一边说，一边挥舞着一幅素描来展示她的想法："但我必须学会一些编程，比如如何让它移动。"在老师的帮助下，加布里埃拉找到了一个在线教程来学习编程的基础知识。"我已经学了序列、变量和循环，接下来我要做条件语句。"她解释说。然后她瞥了一眼智能手机上的时间，"不过，我得走了。今天时间不多了，我想把这件事做完"。

加布里埃拉是一位具有评估能力的可见学习者。她清楚地知道自己在学习过程中处于什么位置，从哪里获得帮助和反馈，以及自己的目标是什么。在线课程清晰和线性的特点有助于为加布里埃拉提供反馈，并表明她何时成功完成了一项技能。作为教育者，我们可以在面对面和在线环境中复制类似的过程。事实上，你很可能经历过这种情况。也许你参加了一个童子军项目，并不断进步，取得了徽章。或者你可能参加过一项运动，从掌握基本技能开始，然后学习更具技术挑战性的技能。或者你可能只是决定自己去学习一些东西，找到一些资源，然后全身心地投入其中（南希7岁的孙女和她的父亲正在系统地阅读一本关于打结的书）。

每一个例子都有一个共同点，那就是学习者对接下来要做的事情都有一种感觉，无论是进阶到如何获得下一个徽章，移动到检查表上的下一项，还是成功完成在线课程。他们知道什么时候他们学到了一些东西。第二个共同点是，有某种评估标志着你的成功。你可能为教练表演了一项技能，做了一个测验，或者打了个结，看起来就像书中描述的那样成功。本章的前半部分是关于评估的。但在你抱怨之前，要明白我们谈论的这些评估是专门针对学习者的。毕竟，我们怎么能在不花大量篇幅讲评估的情况下写关于具有评估能力的可见学习者呢？在本章的后半部分，我们讨论了另一个指标，那就是教导他人的能力。一个至关重要的衡量标准是，你的学生很清楚，"知道的标准是向他人解释的能力，而不是别人给你解释时的理解能力"。我们研究了同伴学习的重要性，并为学生提供机会，让他们互相传授他们所知道的知识。

帮助学生做决定的形成性评价

以学生的学习成果为衡量标准，形成性评价的实践已被证明对教师决定下一步的教学是有益的，其效应量为0.90，值得我们关注。然而，形成性评价的巨大作用并不体现在管理测验、测试或作业的过程中。其巨大作用表现为：（1）学生和教师是否理解结果；（2）教师和学生是否利用结果对未来的教学和学习采取行动。当学生成为等式的一部分时，形成性评价的效果就会被放大。换句话说，形成性评价不应该仅仅是为了教师能够做出决定（尽管这很重要），还应该是为了学生能够做出决定。这些结果应该是相互关联的，这样学生可以直接受益于所产生的形成性评价，并且教师的教学决策对学生是透明的。这就是为什么对报告的理解对这个过程如此重要。如果学生不明白报告的意思，他们就不能从中受益或采取行动。看一个孩子玩电子游戏，你就会明白我们的意思。他们如何知道自己是否采取了正确的行动？因为有明确的信号可以为他们的决定提供反馈。他们明白，他们可以调整技术，尝试不同的动作。

实施形成性评价的一种未被充分利用的方法是练习测试，在练习测

> 形成性评价不应该仅仅是为了教师能够做出决定，还应该是为了学生能够做出决定。

试中，学生通过小测验来了解他们对主题或话题的掌握情况。这些形成性的练习测试没有什么风险，不是学生成绩的一部分，因为这里的重点是通过练习来获得对学习差距的自我认识。形成性练习测试对促进学生学习有效性的荟萃分析给出了这些发现：

- 大量的练习测试并没有提高学生的学习效果，一次就够了；
- 与练习测试相结合的反馈可以提高学习效果；
- 初级和中级水平的练习测试都非常有用；
- 形成性练习测试的价值在于能够促进学生对结果的反思。

形成性练习评估并不局限于纸笔或在线测验。课堂听众反应系统是另一种形式，并具有提供即时结果的额外好处。六年级英语老师伊万·米兰使用听众反应系统，他可以在平板电脑上扫描学生的回答并显示结果。他的学生们一直在阅读《隐藏的秘密》（*Among the Hidden*），书中讲述了一个未来社会的故事。在这个社会里，食物短缺和干旱导致政府下令家庭不得生育两个以上的孩子，于是身为第三个孩子的卢克就必须被藏起来，以免被警察抓住。米兰先生提出了一些理解问题，让学生回答，这样他们就能判断自己对这本书的理解程度。在小说读到大约四分之三的时候，他的学生进行了一个有五个问题的听众反应测验，然后分析了他们的结果，并按照问题分组。安娜回答错了其中的两个问题，并对第四个问题尤其感到困惑。第四个问题是关于美国独立战争爱国者帕特里克·亨利的声明"不自由，毋宁死"的历史典故的。安娜选择与一群都跟她选择了同样问题的学生见面，这样他们就可以帮助彼此增加一些知识。安娜和其他几名学生在网上搜索了这句话，并阅读了相关背景资料。"哦，我现在想起来了！"她说，"我们去年在社会研究课上了解了他（帕特里克·亨利），对吗？"安娜和其他人重述了他们的背景知识，并将亨利的行为与小说中孩子们正在策划的抗议联系在一起。安娜后来说："当我读到卢克'在一本旧书里找到了它'时，我没有注意到。我喜欢他（米兰先生）的测验。因为它帮助我看到我第一次没有注意到的事情。今晚我要读第23章和第24章，所以我要找一些关于爱国的东西。"

对数据进行解释，更好地促进学生进步

学生拥有他们自己的数据，因此，学生应该学会利用他们的表现结果，而不仅仅是老师。然而，在实践中，情况并非总是如此，即使随着数字化成绩单的出现，学生更容易看到自己的进步。关于达成目标进度的个人数据不仅可以帮助学生对当前的学习做出战略性决策，还可以在他们准备迎接下一个挑战时向他们发出信号。一些最简单的方法是让学

生保存物理或数字化数据日志，这些日志可以以图形或图表的形式显示结果。对于小孩子来说，在方格纸上记录他们的进步可以帮助他们制订计划。例如，我们使用方格纸让学生看看他们在定时写作事件上完成了什么，比如power写作。学生们进行三次一分钟的写作练习，以提高写作的流畅性，然后再重读他们所写的内容。他们圈出拼写、语法或内容上的错误（这本身就是一种自我评估），并计算每一轮的字数。单词最多的被绘制成图表并保存在他们的写作文件夹中。因此，每个学生都能看到自己在一段时间内的进步，与此同时成为一个更流利的作家。

幼儿园老师温迪·孙在本学年的第一学期给班上的每个学生都发了一个阅读资料夹，这样他们就能看到目标，跟踪进度，并对新的挑战做出决策。学生们用各种各样的贴纸和印章来记录他们的成绩，老师则用他们的文件夹来开会。这位老师说："我把这份数据表（见表7.1）给他们，这样他们就能看到自己什么时候准备好换一份新的数据表了。"孙女士的学生诺亚在老师讲解数据表的时候，忙着在自己的数据表上盖章。"是这样的，"诺亚说，"当我得到所有的印章后，我可以得到一个新的数据表。我有（数着）一、二、三、四……还有四本书要读。在得到一个新数据表之前，我还需要再写两个单词。"孙女士笑着说："我去年开始用这些数据表，那时我们学校开始举办以学生为导向的家庭会议。我很高兴听到孩子们向他们的家人解释他们已经取得的成就，以及下一步的发展方向。"

表7.1　幼儿园学生阅读表

我可以说出字母表的大写字母

A	B	C	D	E	F	G	H	I	J	K	L	M

N	O	P	Q	R	S	T	U	V	W	X	Y	Z

我可以说出字母表的小写字母

a	b	c	d	e	f	g	h	i	j	k	l	m

n	o	p	q	r	s	t	u	v	w	x	y	z

我可以写出自己的名_____

我可以写出自己的姓_____

这是我自己能写出的单词：

1.	6.	11.
2.	7.	12.
3.	8.	13.
4.	9.	14.
5.	10.	15.

这是我读过的书：

1.	6.	11.	16.	21.
2.	7.	12.	17.	22.
3.	8.	13.	18.	23.
4.	9.	14.	19.	24.
5.	10.	15.	20.	25.

公共数据展示是有用的，但要在建立了信任的基础上进行并着重强调学生的学习进展。这些"班级状态"展示可以跟踪达到阶段性目标的学生人数。在一些学校，教师使用彩色圆点来跟踪阅读目标的进度，而不是成绩。这些数据包括读过的书的数量。然后，学生们可以把自己的努力与同学们的努力进行比较。七年级的学生杰克看了看黑板，说他能看出和班上其他人相比，他没有花那么多时间读书。"这个季度我只读了一本书。1～3本书只有几个点。大多数点是4～6本书的。"他转向了第二张图表，跟踪以目标为导向的进步。"今天早上我和老师一起看了我的作业，我的阅读目标完成了10%。但是有很多点在完成30%～35%的目标的部分。我得加快速度。"

● 我准备好接受新挑战了

同样可以跟踪年龄大一点的学生在其他技能和成绩上的进步。一些学习管理系统和电子成绩单提供了与班级相关的分数统计。例如，一个学生知道自己在上一个科学能力中得分居于班级排名的后20%，这比知道自己的成绩是C更有用。后者代表了根据测试标准的平均成绩，前者则提供了他的成绩在全班成绩中的排名情况。我们并不提倡按比例打分或公开展示成绩信息，而是暗示学生：鉴于班上80%的学生表现优于他，他对"平均"的看法可能有限。目前，这些课堂学习数据分析并没有得到充分利用，但它们为帮助学生了解自己下一步的学习提供了潜在的可能。在大多数学习管理项目中，需要老师来主动做数据分析。然而，这也使得教师能够培养学生解释数据及计划自己下一步学习的能力。

正如每一章所指出的，学生并不会很简单地就知道如何进行评估，追求将学生培养成为"自己学习的领导者"的教师在其中发挥了关键作用。在下一节中，我们将把注意力转向教师的教学技能，以实现培养头脑清晰的学习者的目标，这些学习者知道他们什么时候学到了什么，并准备好采取下一步行动。

思考

你将如何采用形成性练习测试？

你如何使用收集到的数据？

学生主导的评估

本书提到多种学生自我评估的实现形式，因为能够进行自我评估是一种强大的学习动机。它向学生证实了他们学到的东西。更好的消息是，教师可以给学生配备工具来决定他们自己的学习。在上一章中，我们讨论了学生在为彼此提供反馈时使用的一种评分方法的价值，三年级的学生可以用其来互相衡量自己写的推理故事的进展情况。评分方法也可以用于学生的自我评估。例如，马克·安东尼要求他的初中理科学生用一种评分方法检查他们自己的个人项目，强调他们认为自己达到的水平，然后将他们的自我评估附在项目作业后面。这种做法对于促进自我评估非常有用，可以帮助学生识别他们所学到的东西，以便他们教给别人，以及认识到未来的学习需求。

或者，自我评估可以以一系列问题的形式出现，促使学生评估自己的学习。高中商业营销老师詹姆斯·科顿在他给学生上的职业生涯和技术教育的第一节课开始时，就向他们介绍了他所谓的质量保证问题。"我们了解了质量保证的戴明循环过程（戴明循环的过程就是发现问题、解决问题的过程），"戴安娜解释说，她是该项目的学生之一，"计划、做、研究、行动。"戴安娜指着墙上的一幅大张海报，读着老师提的质量保证问题：

- **计划**：我有明确的目标吗？

- **执行**：我制定了一系列要遵循的步骤吗？步骤中是否包括了测试点，以确定这是否符合我的目标？
- **检查**：我通过测试发现问题的可能原因是什么？
- **处理**：我是否在修改我的计划并采取行动直到我成功？

戴安娜解释说，她的团队正在开发一种新的年鉴产品，并在他们学校销售，她是项目经理。她说：

> 我们制订了一个计划，并制定了步骤，比如调查学生关于价格的意见、他们想要的功能和他们可以不用的东西。然后我们得与负责年鉴产品的工作人员见面，分享我们的调查结果。但后来，出现了一些问题，比如我们没有分解数据，所以我们不能按年级告诉工作人员学生的回复。所以我们必须进入"学习"模式。我们没有通过负责年鉴的工作人员对我们的测试。

戴安娜的团队修改了他们的计划，与年鉴编辑和顾问见面，确定他们需要研究什么，然后重新设计了调查。"今天在课堂上，我们在计算数字，然后我们将安排另一个时间（与年鉴编辑）见面。这是我们向前推进工作之前要做的。"戴安娜说，"但奇怪的是。我发现这适用于很多项目，不仅仅是这个。我今晚有几何作业，我也要用同样的办法来完成。

戴明那家伙很聪明。"

自信评分是学生自我评估的另一种方法。年幼的孩子可以使用"从拳头到五根手指"的方法（从握紧的手到全部伸出五根手指）来表示他们在完成一项任务时所感知到的成功，比如他们对最近所学知识的认知水平。二年级老师利昂娜·西蒙斯在学年初向学生们介绍了这种方法。"我会教他们一些内容，然后进行检查。"她说，"就像我们在社会学中学习供求关系一样，我会让他们把手放在胸前，这样我就能看到了。他们会给自己打分——从一个拳头（不理解）到五根手指（非常自信），以此评判自己解释两者之间区别的能力。"老师说，到第一季度末，她的大多数学生都是在没有提示的情况下做的。"这里有一个例子。今天早上我和肯德里克就他的阅读情况见了面。他选了一个对他来说似乎有点牵强的题目。我肯定看上去一脸疑惑，因为他说'西蒙斯女士，我给自己5分。我已经知道很多关于照顾狗的知识（这本书的主题）。我妈妈说我们可以在我学会如何照顾狗之后再养一只。我想我能读懂，如果太难的话我知道该怎么做'。"老师微笑着耸了耸肩说："我怎么能反驳呢？"

● 比较自我评估

成功标准对于学生理解他们要去哪里是至关重要的，但它们也可以用来帮助学习者识别下一步要去做什么。跨学期或学年长期使用的成功标准有助于培养学生对学习的比较自我评估。这些是超越单个单元或学习主题的评分方法和检查清单，包含适用于类似任务的质量指标。其中最常见的是文本类型写作的评分方法和检查清单：记叙文、说明文和议论文。费拉佐让九年级学生使用比较自我评估，分析一篇年初写的文章和一篇年末写的文章。在学生回顾自己的得分后，他问了四个问题：

· 看看你在两篇文章上给自己的分数。总的来说，你认为哪篇文章写得最好？为什么？

· 看看你最好的作文的分数。你做得怎么样？

· 看看你另一篇文章的分数。你明年需要做的三件事是什么？

· 你希望英语老师明年在写作的哪些方面给予你帮助？

受到这种方法的启发，十年级英语老师萨尔玛·克萨达让学生们重新审视并比较他们本学年写的第一篇作文和开学九周后写的一篇作文。她使用了一种类似于费拉佐的形式，受"六至十一年级的学生智慧平衡考试议论任务写作评分方法"的启发，她制定了一个清单。她的学生熟悉这个评分标准，已经在他们学校的英语课上使用了几年（见表7.2）。

她的学生们写了一篇简短的反思文章，灵感来自他们在哪里看到了自己最大的进步，以及他们的目标是什么。老师还要求每个学生把对自己有效的策略和改进计划联系起来。大卫写道：

　　我提高最多的地方是引用和归因。我之前在这两个方面的能力很糟糕！直到我开始使用格式手册来正确使用它们。我需要改进的地方是，如何在论文中围绕自己的论点来阐述。我能看到我是如何跑题的。对我来说，能够提高我引用能力的方法是检查引用。为了不偏离自己的论点，我需要别人来读我的草稿，看看我是否把论点贯穿始终。这就像是我在使用一本"人类参考书"，而不是普通的纸质书。

　　比较自我评估可以为学生创造条件，让他们达到自己的"个人最好成绩"。就像运动员记录自己的个人记录，而不仅仅是赢得比赛一样，我们应该鼓励学生努力达到新的水平。正如我们在第5章中所指出的，我们作为教师的角色不仅仅是帮助我们的学生设定和实现目标，而是超越他们对自己的期望。马丁认为个人最好成绩在满足以下四个条件时最为有效：

- 性质具体；

- 对学生具有挑战性；

- 自我参照具有竞争性；

- 基于自我完善。

　　一年级老师达利斯·莫里斯在学生们建立视觉单词识别能力的过程中，让他们使用了记录个人最好成绩的做法。他的学生们每天都在和自

表7.2　议论文写作的比较自我评估

第一篇作文的标题和日期：	第二篇作文的标题和日期：
组织/目的	
陈述观点，清晰表达，围绕观点 4　　　3　　　2　　　1	陈述观点，清晰表达，围绕观点 4　　　3　　　2　　　1
使用过渡澄清观点之间的关系 4　　　3　　　2　　　1	使用过渡澄清观点之间的关系 4　　　3　　　2　　　1
有效的开头和结尾 4　　　3　　　2　　　1	有效的开头和结尾 4　　　3　　　2　　　1
从头至尾有逻辑地推进观点 4　　　3　　　2　　　1	从头至尾有逻辑地推进观点 4　　　3　　　2　　　1
清晰地回应反面观点 4　　　3　　　2　　　1	清晰地回应反面观点 4　　　3　　　2　　　1
论据/详述	
通篇整合了来自原始资料的综合论据 4　　　3　　　2　　　1	通篇整合了来自原始资料的综合论据 4　　　3　　　2　　　1
清晰地引用或归因 4　　　3　　　2　　　1	清晰地引用或归因 4　　　3　　　2　　　1
有效地使用详细陈述的技巧（个人经验） 4　　　3　　　2　　　1	有效地使用详细陈述的技巧（个人经验） 4　　　3　　　2　　　1
适合读者和目的的词汇 4　　　3　　　2　　　1	适合读者和目的的词汇 4　　　3　　　2　　　1
使用有效并适合的形式强调内容 4　　　3　　　2　　　1	使用有效并适合的形式强调内容 4　　　3　　　2　　　1
书写常规	
适量使用正确的句子格式、标点符号、大小写、语法和拼写 4　　　3　　　2　　　1	适量使用正确的句子格式、标点符号、大小写、语法和拼写 4　　　3　　　2　　　1

己比赛，使用写有高频单词的闪存卡。当计时器倒计时60秒时，学生们将单词分成已知单词和未知单词。学生们每天记录自己的表现，莫里斯先生总是问："今天谁破纪录了？"以此确认学生何时取得个人最好纪录。当胡安·卡洛斯举起手说："我今天对了45个，是有史以来最好的一次。"全班为他欢呼。

跟踪个人最好成绩的做法也适用于年纪大一点的学生。中学辅导员吉姆·奥尼尔利用个人最好成绩帮助学校里那些难以按时到校的学生。"我和学生及其家人一起制定出勤率目标，然后跟踪他们。对我的一些学生来说，这是因为他们意识到，随着持续上课时间的延长，他们的耐心也在增强。"高中毕业辅导老师莫妮可·路易斯在学生追踪他们的平均绩点（GPA）和课程完成记录时，使用了学术上的个人最好成绩方法。她解释说："有些学生的平均绩点很低，不确定自己能否找到出路。我们设定目标，共同跟踪进展，然后每次达到个人最好成绩的新水平时，都设定新的目标。我对他们中的许多人仅仅通过记录自己的收获就取得的成就感到惊讶。它将他们的注意力从与他人的竞争上转移开，并将他们的注意力转移到应该关注的地方——求得最好的自己。"

● 自我评分

课堂上常用的一种评估方法是让学生互相给作业打分。这在时间管理方面有实际的好处，但也有人认为学习是通过同伴评估过程进行的。当然，这种做法存在保密方面的问题，学生们也有可能取笑其他表现不佳的学生。学生们必须学会如何提供能够促进提高的反馈，精心营造课堂气氛，让错误得到庆祝，而不是成为耻辱的来源。

　　不太常见的评估方法是自我评分，即学生评估自己的表现。但是，给自己的作业和任务打分很有价值，因为这样做的好处主要是向前推进学习，并提示自己下一步需要做什么。在第2章中，三年级学生自己给拼写单词打分就是这样一个例子。萨德勒和古德考察了中学课堂上的自我评分和同伴评分。在同伴评分时，为了不影响同伴评分者，对学习者的身份进行了盲化。重要的是，学生们已经学会了如何使用评分规则，这是很关键的一点。恰当使用规则（在任务一开始），会让规则变得很有价值，因为良好的规则提供了清晰的成功标准。当规则进一步应用于同伴评分和自我评估时，它们会变得更加有用（然而，在评估之前就把规则给评分者，实际上是没有用的）。老师也独立地给他们的作业打分，检查其准确性，并提供进一步的反馈。研究人员发现，学生给自己和他人的分数与老师的评价相当一致，这表明这些学生很好地掌握了成功的标准。但在未宣布的后续测试中，给自己作业打分的学生表现优于那些参与同伴评分

> 学生们必须学会如何提供能够促进提高的反馈，精心营造课堂气氛，让错误得到庆祝，而不是成为耻辱的来源。

过程的学生。为什么？研究人员推测，虽然同伴评分和自我评分的元认知益处很大，但检查自己的作业可以促进更深刻的思考，让学习者对下一步做出更好的决定。研究中引用了一名七年级学生的话："一开始感觉很奇怪，但到最后，我意识到评分是另一种学习方法。"

四年级的学生埃内斯托所在的课堂经常使用自我评分。他解释说："老师还在检查，所以你不能就直接给自己打个A。"但他已经注意到了这对自己学习的好处。"上周我们进行了数学测验，我们必须得出答案并解释我们使用的推理。"他说，"但当我给自己的（卷子）打分时，我不得不给自己的一些答案打2分（满分是4分），因为我的数学推理能力并不是一直很好。"他给我们看一个例子："看，我得出了正确的答案（指着试卷），但这个问题要求我证明它，并使用推理。我画了一个带有小立方体的模型来展示我是如何得出答案的，但这只是问题的开始，并不是全部过程。这就是我开始的地方。"当被问及这对他的思维有何影响时，他停顿了一会儿，然后说："嗯，我知道我需要检查一下，看我是否能把它解释到问题的最后，而不仅仅是我开始的地方。"埃内斯托的老师珍妮弗·兰奇补充说："当我给他的卷子打分时，我看到了他同样看到的遗漏。所以我补充了一些反馈，以便他继续进行思考，直到问题结束。"

你认为学生使用自我评估和自我评分会对课堂有什么好处？

你有什么顾虑，又是如何减轻这些顾虑的？

熟练运用形成性评价和总结性评价

形成性评价和总结性评价在向学生传递学习进展的信号方面起着至关重要的作用，尤其是当学生积极地查看数据、做出战略决策和采取下一步行动时。这些形成性评价和总结性评价有多种形式，既包括定性措施，如评分方法，也包括带有数字的定量措施。检查理解的方法有很多，比如课堂反馈条、学生主导的会议、模拟问答、复述故事、项目和对问题的口头回答。但如果学生没有成为形成性评价过程的一部分，学习潜力就无法实现。十一年级的英语老师凯拉·特拉索通过在课堂作业中增加一个额外的问题，确保学生完全参与到决定自己何时学到了一些东西，以及下一步将采取什么行动的过程中。在回顾了成功的标准后，学生提交的作业和课堂反馈条可分为以下四类：

1. 我正在学习（我需要更多的帮助）。

2. 我几乎学会了（我需要更多的练习）。

3. 我学会了（我能独立学习）!

4. 我很专业（我可以教别人）!

特拉索女士的形成性评价体系向她的学生们发出了一个信号：仅仅知道一些事情是不够的，真正的最高境界是你还可以教别人。虽然不是所有的学生每次都能达到这个阶段，但他们心里都有一个超越自我的目标。他们明白，用威林厄姆的话来说：理解的标准是能够教导他人。此外，这种简单的进步促使学生衡量自己的进步，确定自己下一步应该做什么。接下来要做的并不总是关于推进到一个新的主题。更多的时候，是关于下一步学习者如何走向精通。

基于能力的评分体系

大多数老师会告诉你，分数是用来反映学生对某个概念或学科的掌握程度的，但深入研究后，你会发现公式中还有其他几个非学术因素。让我们以一个虚构的学生为例，我们就称呼他为鲍勃。鲍勃上课带材料了吗？带了。鲍勃交作业了吗？有时会交。鲍勃在课堂上表现合理吗？不。鲍勃这门课的成绩是多少？当然，你会说这些信息是不够的，你需要知道他的总结性评价是什么样的。然而，组织、遵从性和行为常常与学习评估混为一谈。这并不是说这些非学术指标不重要，而是当把学习成绩考虑在内时，它们会使信息变得模糊。在这种模式下，事情很快就会变得针对个人了，破坏了老师和学生之间的关系。鲍勃没有把自己的学习成绩和世界历史成绩挂钩，而是抱怨道："我的老师不喜欢我，他总是在找我的茬。这就是我失败的原因。"怨恨越积越多，鲍勃只会变得更愤懑，现在他的老师真的不喜欢他了。鲍勃的学习之路看起来越来越不乐观，与此同时，他继续指责别人。

为了结束这种消极的、最终徒劳无功的循环，越来越多的学校开始转向以能力为基础的评分体系。该系统注重对内容的掌握，取消了对实践和非学术行为的评分。健康科学高中已经使用这个系统10年了。学生只根据他们在总结性评价中的表现来评分，通常每个学期在4到6分之间。课堂作业和家庭作业被认为是对老师和学生的形成性评价，不计入课程成绩。当然，有些学生不做家庭作业（他们是青少年）。然而，随着时间的推移，大多数学生都明白了实践的价值是让他们掌握内容。

学生必须以70%或更高的分数通过每次总结性评价（该评价通常是测试、论文或其他复杂的表现任务）。没有达到这个基础分数的学生就没有完成课程，这向学生及其家人表明该生还没有达到掌握的程度。这些学生在午餐时间和放学后参加辅导班，必须在参加另一次考试之前完成家庭作业包（不管是第一次还是再次没通过）。通过对几千名中学生10年的观察，我们得出了以下结论：

- 随着时间的推移，大多数学生明白了自己积极参与学习的价值；

- 教师和学生之间的关系更健康，因为该系统消除了许多评分的主观性；

- 最开始采用以能力为基础的评分体系时，的确存在很多困难，学校需要定期重新回顾这些评分策略，以对其进行修订和改进。

这些年来，我们做出了许多改变，其中包括在学术成绩中增加一个单独但很有用的公民评分，加强期中考试和期末考试考察力度，以将本学期积累的知识囊括其中，以及改进家庭会议以争取来自家庭和学校的支持。那些在学年结束时没有完成课程的学生现在在暑期学校要面对这些问题。我们不会提供为期六周的学分恢复课程，因为学生亟须解决的是那些没有完成的课程。因此，一些学生暑期学校可能需要四天，而另一些学生需要更长时间。从以往的经历来看，与年龄较大的学生相比，我们似乎有更多的低年级学生因没有完成学年课程而修读暑期课程，这可能表明他们需要培养自律技能。我们从未表示在实践中以能力为基础的评分体系是简洁容易的。相反，这种评分体系麻烦而又困难。但我们希望学生能更深入地了解自己学习者的身份，以及他们下一步需要做什么才能成功。

提升思维的同伴学习

具有评估能力的可见学习者明白,他们可以使用工具在学习中进步,他们拥有的最重要的资源是周围的同龄人。学习通常是一种社会行为,就像我们和其他人一起学习一样。即使在数字空间中,与他人的虚拟接触也是至关重要的。演讲或写作的机会可以作为一种手段来表达自己对一个话题的想法。你有多少次在向别人解释自己的知识的过程中,对自己的知识有了更高的认识?这种对自己思维的重组被称为认知精制,当学习者互相解释观点并讨论他们理解上的任何差距时就会产生这种结果。

教室里的学习条件需要设置得能够进行同伴讨论。上课需要暂停,以便学生们互相讨论,这样一来,学生也可以养成与他人交谈的习惯。教师可以让学生进行同伴检查("花点时间和你的同伴检查一下,看看你们是否都有这个项目所需的正确材料"),也可以让他们进行更广泛的同伴协商。我们教数学的同事约瑟夫·阿索夫在他教的高中生中使用了一种称为同伴辅助反思(PAR)的过程。PAR实施的前提基于新手和数学家在处理难题时的差异。当新手匆忙地确定一个工具,然后只使用这个工具直到痛苦地结束计算时,数学家则在使用迭代过程解决问题,包括分析、探索、规划、实现和验证。在阿索夫先生的课堂上,学生们完成一个被认定为PAR问题的家庭作业题,学生需要写出他们的推理以及计算和解决方案。第二天，学生们和同伴交换PAR问题。每个学生检查同伴完成的作业题，并注释关于解题过程或答案的反馈。这个过程通常需要10分钟，然后学生们拿回自己的原始作答，在上面注释了新想法。随后，小组对反馈进行讨论，并在提交作业之前做出必要的修改。"这就是我们所说的数学思维，"阿索夫解释说，"学生们喜欢看到其他同学使用不同的过程解决同样的问题。这让他们明白如何才能更灵活地思考，以及与他人交谈有什么好处。"

有助于学生互相指导的有声思维

数十年来，教师一直用有声思维来为学生建立阅读理解策略的模型。有声思维的目的是表达一个人在阅读一篇文章时所做的内部认知和元认知决定。四年级的科学老师伊莎贝尔·富兰克林引用了科学教科书上的一段话，这段话是关于峡谷壁的不同层次的，它提供了数百万年来地质记录的证据。她用有声思维对自己读的内容进行有声思考，并说出她是如何做出决定的：

当我读这段话的时候，我很想把它写进我的科学日志。有两个原因在推动着我这么做。首先，我可以看出来这是一个重要的概念。有很多线索，比如文章的标题和支持它的照片。其次，我看到很多关于峡谷壁层的描述信息。我想要一张图，但是书里没有图表。所以我决定在这里暂停一下，在我的笔记本上自己画一个图表。我不需要成为一名伟大的艺术家。但是我需要把峡谷壁层按正确的顺序标记出来。经验告诉我，当我花时间在笔记本上画出这样的图时，我能更好地记住信息。

富兰克林女士的有声思维包括她为什么选择用这种方式记录笔记。坦白地讲，我们经常忘记与学生分享这一项。富兰克林女士还为他们创造机会，让他们尝试自己的专家思维，因为她知道，这种机制帮助学生意识到自己的学习，尤其是在教授另一位同学的过程中。她让学生进行有声思维来促进学生学习决策的转变。她提醒他们说："这不仅仅是简单的生搬硬套。像你们这样的学习者知道你们为什么要这么做。"富兰克林女士在她的教室里贴了一张鼓励学生进行有声思维的清单（见图7.1）。她给学生们提了一个问题，让他们和同伴一起大声思考他们知道什么，以及为什么知道。"峡谷壁的顶层是最新的还是最古老的？你是怎么知道的？"贝瑟尼和萨姆看了几次关于大峡谷岩层的90秒视频，然后贝瑟尼开始说道：

叙述者说峡谷的两边就像一本书，每一层都像书中的一个章节。他从来没有说过最外层是最新的还是最古老的。但是他说了一些关于在古海洋出现之前顶层就存在的事情。因为他说的是"……之前",我想这意味着他们是最新的。

萨姆继续说:

我也这么认为。我在想我们所学过的关于水是如何穿透岩层的知识。顶层是最新的,底层是最古老的。视频里没有明确说明这一点,但我们以前学过相关知识。当我在听他说的时候,我想起了那个信息。

☐　在你开始进行有声思维之前,让你的听众通读问题或全文。

☐　使用"我"进行陈述。

☐　解释你为什么认为自己是正确的,或者你是如何知道自己是正确的。

☐　大声说话,让你的同伴听到。

☐　不要说得太快或太慢。

☐　确保你的有声思维不会超过五分钟。

图7.1　学生有声思维清单

选自费舍、弗雷和哈蒂的《可见学习课堂的教学素养,K-5年级》

通过建立专家决策模型,并为学生创造机会来解释他们自己的学习,学生们变得更加熟练,对自己选择策略的能力有了信心,并对自己的学习有了认知。

交互式教学

交互式教学是一种非常有效的在文本中应用理解策略的方法，其效应量为0.74。学生们分组合作阅读，使用的文本被分成几个段落。每到一个停顿点，小组成员就他们刚刚读到的内容进行讨论，使用四种理解策略：

- 总结文章以获得主要理解；

- 提出有关文章的问题；

- 澄清不熟悉的词汇或概念；

- 预测下一篇文章将提供的信息内容。

一旦学生学会了交互式教学方法（通常需要几周的时间），学生就会掌握更多的控制权，将更多的注意力放在话语本身的性质上。

因此，第一次学习方法时使用的角色分配（总结者、提问者、澄清者、预测者）将被逐步取消，以便进行更自然的讨论。交互式教学的真正价值在于，它为小组中的所有成员提供了教别人的机会，反过来，也提供了由同伴来教的机会。

纳尔逊曼德拉学院六年级的小组在本学年的前几周，在所有班级中引入并加强了交互式教学。英语老师阿里夫·库里解释说："这种合作帮助我们把工作量分散到所有人身上，这样我们就可以全年都使用它了。"一旦学生了解了交互式教学的作用和步骤，他们就能更灵活地进行使用。社会学老师马丁·安德鲁斯经常将交互式教学与教科书中的基本阅读材料一起使用。"我们正在研究古代史，这些材料相当古老，比课本的其他部分更难理解，"安德鲁斯说，"说实话，我过去常常跳过这些，因为当我布置这些作业时，孩子们不理解。使用交互式教学方法为我提供了一个辅助工具。"库里补充说："让我感到兴奋的是，我听到我的学生们在进行交互式教学这样的对话，尽管我们并没有特别在用（这个方法）。对我来说，这证明了学生已经学会了技能迁移，而不仅仅是在做老师布置的任务。"

本章小结

　　本章的要点是，学生作为具有评估能力的可见学习者，要了解他们自己的学习，并能够互相学习。当然，必须教学生如何这样做，学生要学会如何利用他们提供和接收的信息。本质上，具有评估能力的可见学习者要学会反思和认识自我。他们开始明白，他们的学习是一段旅程，没有不好的地方，并且他们可以走得更远。要发展这种思维，教师必须确保他们的学生不完全依赖于成年人来获得关于需要额外学习或改进的领域的信息。相反，学生开始依靠自己，知道如何进行自我评估，而不是被动地等待老师告诉他们什么时候他们学到了什么。换句话说，他们是主动的。他们想知道自己的情况，以便能进一步提高。

　　如果老师布置的任务简单或缺乏复杂性，这些都无法实现。内容丰富且要求严格的任务让学生有机会去努力奋斗，去弄清楚他们还需要学习什么，以及他们什么时候准备好学习接下来的内容。当学生的学习是可见的，并且他们认识到有无尽的学习机会时，就会有这种效果。

第8章

心智框架与深度学习

　　我们的同事梅根·麦克拉里就是一位具有评估能力的老师。她是一名高中英语老师，她确保她的学生明白他们现在在哪里，又要去哪里。她的学生为自己设定目标，进行选择，评估自己的进步，并认识到下一步该学什么。正如你所能想象的，在这一切的背后，有很多教导、对话、咨询，有时还有一些哄骗。她开发的一个工具是单元跟踪表，这样老师和学生都可以交流关于学习地图的信息（见表8.1）。我们将重点介绍一些帮助学生提高评估能力的功能。

　　麦克拉里女士为学生们一个为期三周的学习单元提供了理论基础，该单元的重点是以救赎为主题，旨在与学校的基本问题"什么让生活有意义"一致，跟踪表的总体设计是为了向学生显示他们的掌握程度，如右栏中累计百分比（掌握进度）所示。她的学生每天都用口头、书面或视频资料来解释课程的学习目的。他们从事与注释、议论文写作和讨论有关的几项任务。每个学生在第一周后与老师见面，为自己设定一个额外的选择目标。

　　能力层次在该单元跟踪表的最后，学生决定他们想要达到的水平。麦克拉里女士提供了三个水平层次。第一个水平层次是简化能力，侧重于理解和分析单元概念和技能。选择这一水平层次并通过考试的学生成绩将得C，掌握进度在70%到79%之间。第二个水平层次是掌握能力，学习需要额外的评估技能，并能创建新事物。成功达到这一水平的学生对知识的掌握进度至少可达到90%。考虑到本单元的主题是宽恕、希望和救赎，麦克拉里女士为学生增加了一个可选的水平层次，以便他们深化自己的学习，尽量使自己的能力层级达到A级（服务学习的效应量为0.58）。B级（掌握进度是80%~89%）是给那些通过完成服务学习扩展而超出简化能力水平层次的学生，以及那些尝试过但未能完全成功达到掌握能力水平层次的学生。

这位英语老师指出，学生的决策让她有理由对学生个人进行咨询：

> 有时我的学生会选择将目标设置为达到简化能力水平，我会说"但我知道你可以做得更多"。鼓励是有帮助的，但有时我发现他们确实难以达到更高的水平。你必须和他们交谈，找出他们失败的原因，并帮他们解决某些困难。

麦克拉里女士在跟踪表中设置了信心评分，以培养学生自我质疑、自我监控和相关的元认知思维。学生的信心评分让她有机会与学生单独讨论他们的学习情况。这些跟踪表成为讨论、反思和采取行动的工具。当然，她的目标是让她所有的学生都为A级而努力。然而，她对青少年的研究表明，选择，无论是说出来的还是没说出来的，都是他们学习的一个关键因素。一对一的见面为她提供了讨论机会，帮助学生提高对自己的期望，超越他们认为自己能做的事情。

她的课堂经常是嘈杂而活跃的，学生们总是分成小组一起学习，有时也单独学习。老师总是在和一个单独的学生谈话，这是在一个有 40 名学生的教室里取得的成就。当她宣布"邮票城开放"时，学生们会检查他们的跟踪表，以决定是否该向她报到。

具有评估能力的可见学习者是在具有评估能力的学校中培养出来的。思考一下具有评估能力的可见学习者的技能和习惯。这些学生充分利用老师创造的机会来推动自己的学习。这些学生擅长解读数据，这些数据能让他们知道自己在学习中处于什么位置，以及何时准备好继续学习下面的内容。这些具有评估能力的可见学习者可以利用他们自己的自我评估，并用结果来指导他们未来的学习。他们得到的频繁的反馈（自我、同伴、教师）都增强了他们评估自己的表现和决定新目标的能力。他们知道如何解释自己的数据，并在同学的学习过程中起到辅助作用。

当然，这些学生不会神奇地出现在教室门口，宣布他们的评估能力水平。他们是由同样有技能的教师和学校领导培养的，这些教师和学校领导深刻理解

> 具有评估能力的学校所具有的心智框架是使学生成为自己的老师，因为学生深刻理解自己在学习中的作用。

他们想从学生身上看到什么。这些教师使用基于能力的评分，这种评分的重点是掌握，而不是服从。他们对形成性评价和总结性评价的使用并不仅仅是为了衡量学生和给学生排名，而是因为他们知道，这些活动主要是为学生们提供一种关于他们自己学习的决策手段。

表8.1　英语9第5单元单元跟踪表

为什么要学习第5单元：要知道个人（也许还有世界）是有能力改变的，这有助于我们联系和深入思考关于生命的文章和叙述。其理念是将这些知识应用到我们的行动、我们的人生道路和我们的世界观中。

第5单元内容：学习者将用各种文字和媒体（包括说明文/信息性的选择、TED演讲、纪录片等）分析救赎的概念，并探索宽恕、希望和救赎的复杂性。

序号	日期	作业标题和成功标准	掌握进度（％）	盖章
1		**学习目的**（整个班级和个人活动）我可以每天用文字和视频来解释第5单元的学习目的。	10%	
2		**重要问题讨论和五个单词活动**（小组和个人）什么使生命有意义？我能够回答重要问题，并且用5个词表达我的想法，并以此创造一个句子、成语或清点（练习单词选择）。	20%	
3		**注释说明文字并写出主张-证据-推论（CER）的回应**（个人）我可以注释说明性文字，并通过获得达到90％或以上的CER来证明自己的理解。	35%	
4（50%）		**学习者的选择**（个人）我可以……（教师和学习者将共同创建这个自我选择的目标。）	50%	

序号	日期	作业标题和成功标准	掌握进度（%）	盖章
简化能力水平（70%）		**第5单元能力#1**（个人）学习者必须证明第5单元概念、技巧、主题和问题（理解和分析）的基本能力来获得C。	70%	
掌握能力水平（90%）		**第5单元能力#2**（学习者的选择）学习者必须证明第5单元概念、技巧、主题和问题（评估和创造）的掌握来获得A。	90%	
延伸能力水平：在其他地方应用所学知识/服务学习（100%）		**延伸作业**（学习者的选择）我可以延伸自己的学习，通过在社区中应用自己所学加深对第5单元概念、主题和问题的理解（服务学习组成部分）。	100%	

成功标准信心评分 (1 –根本不自信到10 –超级自信)

作业编号	信心等级(1 – 10)	信心评分解释
1		
2		
3		
4		
第5单元能力水平		

　　最后一章是行动的号召。具有评估能力的学校所具有的心智框架是使学生成为自己的老师，因为学生深刻理解自己在学习中的作用。教师、学校领导和教育系统在培养这些学习者方面起着至关重要的作用。每一方都必须设法了解影响并做出相应的调整。具有评估能力学校的领

> 教育系统必须与学生、老师和领导共同努力，缩小学习机会的差距。这就需要关注公平问题，而公平问题的部分解决途径是完善我们构建学校的方式，使每个孩子都能成为可见的学习者，让每个孩子有能力进行深度学习。

导了解教学领导的价值，这种教学领导有助于培养能够实现这一目标的教学模式。最后，教育系统必须与学生、老师和领导共同努力，缩小学习机会的差距。这就需要关注公平问题，而公平问题的部分解决途径是完善我们构建学校的方式，使每个孩子都能成为可见的学习者，让每个孩子有能力进行深度学习。

帮助教师和学生发挥最大潜能

具有评估能力的可见学习者的教师们都是自适应学习专家。换句话说，他们知道班上的学生有着独特的优势、才能、挑战和知识差距。然而，他们并不奢望让所有学生在同一时间跨过同一条终点线。毕竟，教师的职业关乎人类成长，而每个人的成长速度很难会如此整齐划一。相反，具有评估能力的可见学习者的教师是在最大限度地发挥和加速人类潜能。加速，就是以不断增长的速度推动学生前进的行为，它需要动力。建立学习动机的催化剂包括有策略地、灵活地分组和熟练地使用形成性评价和总结性评价。

采用有策略的灵活分组方式进行教学

通过与各种各样的同龄人进行有意义的互动，学生的学习可以得到提高。这意味着有能力进行评估的学校已经废除了过时和无效的系统，这些系统使学生进入限制他们潜力的学习轨迹。大量证据表明，跟踪和进行能力分组虽然在财务和人力资源方面很昂贵，但对学习的影响很小，效应量为0.12。相反，这些不同类型的教室中有很多学生之间的互动，这些学生有着不同的天赋和能力。然而，这些互动应该被组织起来，这样学生才能从彼此身上获得最大的收获。当学生以小组形式一起学习时，主要安排是构建这些混合能力小组。大群体和小群体的异质性分组是合理的，有几个原因，包括维持社会关系、培养积极的行为、鼓励合作学习、发展学生的自我效能。而异质分组的成功也与教师对分组的高期望和灵活运用分组的能力有关。在对新西兰12所小学的研究中，干预组教师了解到高期望对学生学习的积极影响，如何在数学中使用灵活的分组，以及如何在学习中培养选择和学生决策。与对照组相比，这些课堂上的学生在数学成绩上取得了有意义的进步，这应该不会让读者感到惊讶。无论最初被认定为低等水平、中等水平还是高等水

> 大量证据表明，跟踪和进行能力分组虽然在财务和人力资源方面很昂贵，但对学习的影响很小，效应量为0.12。

平的学生，最终都有所收获。同样，当控制组教师获得类似的专业培训时，他们的学生也获得了同样的收获。

学生的学习是建立在人际关系、动机、对自我的期望、专业知识和老师的信念之上的复杂的混合体。简单地把学生分成不同的群体，然后期望最好的结果就足够了，这未免过于简单化了。有经验的教师在组织小组和完成任务时，会把所有这些因素都牢记在心里。关注学生的知识发展和他们如何学习的元认知知识是关键。使用灵活和异质分组来促进学习的教师知道，如果学生要互相学习，弥合小组内部可能存在的差距是至关重要的。五年级教师达比·韦伯有时会使用另类排名系统来组成小组。"我根据学生目前的表现列出他们的名单。我有一个列表，根据他们在最后一个教学单元的成绩对他们进行排名。我还有一个基于他们社交和沟通能力的清单。"她说。

韦伯女士将列表分成两半，然后通过将每个半列表中的学生配对来创建异质组（见表8.2）。在本例中，学生1和2（在第一个半列表中）与第二个半列表中的前两个（17和18）配对。这使得小组保持异质性，同时不会造成太大的差异。当然，教师也可以自由决定配对方式。比如，莉安娜和萨姆有过冲突，所以韦伯女士调整了一下，把她们中的一个调到下一个小组。这位老师说："另类排名方法让我更仔细地思考我如何进行分组，拥有多个名单使我不会只从学业进步的角度来看待他们。"

表8.2　另类排名系统示例

1. 凯沙	17. 鲁道夫
2. 阿图罗	18. 萨拉
3. 4. 5. 6.	19. 20. 21. 22.
15. 莉安娜	31. 费利西亚
16. 约翰	32. 萨姆

韦伯女士也根据选择进行分组。"我并不总是让学生同时做同一项任务。有时候，任务是多种多样的，学生们可以自主选择他们要完成的任务。"在性状变化的科学单元，韦伯女士通过豌豆植物介绍了关于DNA表达的几个阶段，用计算机模拟演示了飞蛾由于污染如何经历迭代变化，阅读了加拉帕戈斯群岛的雀喙是如何随着时间进行适应性改变的，还开展了相应的活动。"在接下来的三堂课里，他们会把所有这些都做完，但给他们选择完成的顺序也可以进行其他分组安排。"每个阶段都准备了便签，上面有一些问题，可以检查学生是否听懂了课程。她解释说："他们需要一起回答问题，因为这些都是简答题，而不是多项选择题。然而，只有他们成功地解决了需要书写的问题，他们才能进入下一个阶段。我阅读了小组的回答，并告诉他们是否能进入下一个阶段。

> **具有评估能力的可见学习者的教师是在最大限度地发挥和加速人类潜能。**

有时他们不能一次就完成任务，必须集思广益才能把所有问题搞清楚。"

具有评估能力的可见学习者需要从零开始培养。尤其是年纪较大的学生，他们已经学会依赖外力（主要是老师和成绩）来告诉他们自己做得怎么样。虽然这些都是有用的信息源，但还不够。学生需要了解他们的学习，并有机会采取行动。这就需要学校也具有评估能力。

支持学校行动和决策的心智框架

当然，个别教师可以培养出具有评估能力的可见学习者。我们在本书中介绍的老师都证明了他们对学生自我意识的影响。这本书中学生们的言行似乎有些理想化，但实际上他们都是真实的孩子。只是具有评估能力的可见学习者非常出色。他们表现出的洞察力和行为是我们难以想象的。现在想想，当老师和学校领导在体系中允许这些学习者茁壮成长时，会做出什么样的成绩。想象一下学习轨迹是如何改变的，以及学习是如何加速的。学生可以在允许他们主导自己学习的学校环境中茁壮成长。教师、学校领导者和学生需要共同努力。

● 教师

事实上，教师能对学生的学习产生如此强大的影响是一个非常好的消息。教师需要拥有一种心态，即欣赏一个人作为一个对学生学习有影响的评估者的作用。正如《可见的学习》和《可见的学习（教师版）》中所指出的，95%的干预措施在替代方案与学习无关时有效。本书所展示的效应量已经被证明可以促进学生的学习，这应该引起我们的注意。但这些方法都不是神奇的。有点好处并不能带来你所希望的结果。这些方法有三个维度：频率、强度和持续时间。无论潜在的力量有多大，任何"有效"的方法，如果只是偶尔、漫不经心地或短暂地使用，都是无法起作用的。但是，即使这样做了，仍然可能无法实现你想要的结果。这就是为什么知道一个人的影响是至关重要的。

正如第1章所讨论的，真正的试金石是你的教学对学生学习的积极影响程度。这和关于教与学之间关系根深蒂固的信念相冲突，虽然人们很少讨论这种信念。我们都听教师说过"都怪学生"之类的话，这让我们其他人怀疑教学是不是他们的使命：中学教师吹嘘有多少学生没有通过他的课程，因为他很"严格"；小学教师说"这个女孩的家人根本不在乎"，这就是为什么她没有进步；小学教师认为孩子小时候接触到的语言贫乏，因此有理由对学生不抱任何期待。教师的任务是找出学生目前的位置，然后推进学生的学习。毫无疑问，我们都有尚未达到预期水平的学生。这句话中有两个词很重要：尚未和预期。尚未意味着我们对他们未来的成长持乐观态度。预期的水平表示我们对所有学生都抱有很高的期望，不管他们起点是什么。这些教师乐于接受挑战，从不满足于低要求。他们的乐观和热情，以及他们在学科上的能力，使他们在学生眼中更有信誉。教师的诚信对促进学习有很大的作用，其效应量为0.90，相当于学生在校两年的成长价值。

深入了解一个人对学习的影响，可以进一步提高教师的可信度。本书引用的效应值是从大量的数据集中提取出来的，这些数据集通常包含成千上万的学生数据。但你也可以使用Excel电子表格中的公式计算自己的效应量。这些效应量可以通过学期以年度甚至季度计算出来。有些教师甚至是按单元来做，只是为了随时掌握进度。此外，这些效应量可以反映整个班级的成长情况，也可以反映个别学生的成长情况。预评估管理和后评估管理是获取所需数据的一种简单方法。例如，在一年中不同的时间，用相同的评分标准给作文样本打分，可以跟踪学生的学习进度，并向你反馈你的教学对他们学习的影响。一旦将数据输入到电子表格中，计算本身也就需要几个步骤。

我们不需要害怕去看，而是需要培养一种信念，相信反馈对于我们正在使用的过程是有用的。如果我们真的认为反馈对推进学生的学习很重要，为什么我们自己的反馈就不一样呢？此外，我们可以通过讨论我们自己的数据，为我们的学生树立反思思维、目标设定和自我监控的榜样。具有评估能力的可见学习者需要通过定期观察那些对他们的学习生活有帮助的人——他们的教师——来学习这些元认知习惯。

● 学校领导者

学校领导者在学生的学习生活中起着重要的作用，尤其是当他们把自己视为教学领导者时。这种身份对于学校改进努力的成功至关重要，因为全世界很多证据表明，学校内部的差异大于学校之间的差异。但要满足教师的专业需求，需要的不仅仅是为每个人灌输一个单一的教学模式。就像对待学生一样，我们需要把教师的成长而不是简单的服从作为我们的标准操作程序。我们将与学校问责模式进行比较。第一个是状态模型，第二个是增长模型。状态模型受到了批评，因为其一开始就错误地假设，所有的学校在某种程度上都是可以互换的，并具有公平的竞争环境。我们知道事实并非如此，因为学校在其服务的社区中面临着各种各样的挑战和优势。另一方面，增长模型把高预期作为一个常数，但设定的目标描述了稳步的进展和积极的轨迹。学校领导和教学指导通过将谈话转向成长模式来培养具有评估能力的教师。在这样做的过程中，我们更多地谈论学习，更少地谈论教学。这意味着听课的重点是学生在说什么和做什么，而不仅仅是教室前面的老师说了什么或做了什么。教学领导者需要向下看，而不只是向上看，来对正在发生的事情形成自己的深刻见解，并利用这些见解来促进对话和调整教师的思维。他们问：
"你为什么这样认为？"而不是说："我认为你应该这样做。"

我们获得的评估数据——基准和总结性评价——对我们作为领导者
已经做过和尚未做过的事情进行反馈。不要责怪别人。我们提醒教师，
不要把学生让我们失望的行为外化，也不要把其合理化。我们不能突然
用同样错误的逻辑把责任推给教师，而不反思自己的效率。再次强调，
要模仿你想在别人身上看到的。具有评估能力的学校领导者分享他们的
目标并讨论他们自己的进步。他们讨论他们用来解决问题的战略思维。
他们说，"我想要注意如何将数据解释为对你我的反馈"，而不是"这些
数据的含义是这样的。你打算怎么对其进行修正"。

正如学生和教师之间的积极关系很重要，学校里的成年人之间的关
系也很重要。当付出远远超过回报时，很难想象有任何模式可以持续。
然而，教师们经常被要求日复一日整天都这样做。教师应该有无限的耐
心和积极的态度，应该对学生的需求敏感并进行快速反应，并指导他人
的学习。但如果我们不为他们做同样的事，他们很快就会耗尽他们所有
的这一切。柏其讨论了吸引教育的概念，指出最有效的教师能吸引他们
的学生。吸引学生的教师能培养学生的信任和尊重，表现出乐观的态度，
并以一种能显示他们明显意图的方式表现出来。与此相反，不吸引学生
的教师对学生的期望较低，自我效能较低，并且悲观。他们是怎么变成
这样的？也许他们缺乏自我认知来分析他们自己的影响。或许他们自己

也很少感受到这项工作的吸引力。学校
领导者也可以有意地让自己有吸引力，
对员工表现出一定程度的乐观，并有意
建立信任和尊重。

> 具有评估能力的可
> 见学习者需要通过
> 定期观察那些对他
> 们的学习生活有帮
> 助的人——他们的
> 教师——来学习这
> 些元认知习惯。

● 教育系统

　　教师和学校领导共同努力开发出良好的教育系统，以确保培养出具
有评估能力的可见学习者。很重要的是，他们首先看的是学校的总时间
表。总时间表很公平，因为它极大地影响了学生们学习的机会，学生们
经常有不同的体验。学校应该取消昂贵却又无效的对学生跟踪和能力分
组的做法（d = 0.12），研究结果显示这种做法"对学习结果的影响最小，
却对公平有着深远的负影响"。被跟踪的低级别的学生很少能升入更高
的级别，因为他们接受的课程没有那么有挑战性，而且随着时间的推
移，他们与其他同学的差距越来越大——如果没有其他原因，只是因
为他们没有接触到能让他们赶上并前进的课程！尽管经过了几十年的研
究，跟踪技术仍然存在，而且进展良好。根据2009年美国教育进展评
估（NAEP）校长调查，最常被追踪的课程是数学。然而，这种差异令
人吃惊。阿肯色州的跟踪率最低，为50%；内华达州最高，为97%。我
们可以假设这种差异不是由于这两个州学生的本质不同，而是由于解决

问题的相对能力。相比之下，芬兰长期以来一直以其优异的教育成绩而受到尊崇。直到16岁，学生完成基础教育，该选择是继续学术学业还是职业后才开始跟踪调查。通过天分对学生进行能力分组这种办法也不是很好，效应量为0.30。与此同时，该方法真正的代价在于损害了一个系统中的认同感和外力，而该系统强化了对某些学生的低期望。那么多成绩差的学生在毕业前就自愿离开我们的高中，这有什么好奇怪的吗？许多中学教育工作者和学校领导会告诉你，辍学早在几年前就开始了。

思考　　根据第8章所提供的标准，你的学校在迈向成为一所具有评估能力的学校的道路上处于什么位置？

　　应该取消的第二种做法是留级。其效应量为-0.13，代表会对学习造成损害，因为这会导致任何早期的学术成果在两年左右的时间内都消失了。如果你对此持怀疑态度，我们想请你去了解一下5年前你们学校留级的学生现在的情况。如果他们发展得很好，那么也许你留级的努力是有效的。但如果他们没有，你必须改变以这种所谓的"帮助儿童更好成长"的事情。

　　与留级相关的一个问题是，留级重读成为唯一的干预措施。具有评估能力的教育系统开始采取行动，用积极干预取代留级。本书列出了学生层面的过程——设定目标、获取策略、评估进展等，这些是干预反应实践（RTI）。RTI的效应量受到反馈、数据和对影响的关注的推动，其效应量为1.09，代表了学校一年的成长比自己两年的成长还要多。对于已经表现出早期失败的学生，什么更有意义？是继续做同样的事情，还是集中精力寻找适合这个孩子的方法？

　　具有评估能力的学校能够做的最后一件事是，致力于使用学习的语言，尤其是与家长一起，以确保开发的教育系统能让家长更充分地参与孩子的学习。我们并不是说要家长自愿在工作室里整理贴膜海报，而是让他们参与到与孩子的学习对话中来。一个具有评估能力的可见学习者如果能和她的老师谈论她的

> 我们提醒教师们，不要把学生让我们失望的行为外化，也不要把其合理化。我们不能突然用同样错误的逻辑把责任推给教师，而不反思自己的效率。

进步，也应该能和她的家人谈论。由学生主导的会议改变了他们与家人的交流方式，因为老师在讨论中起着辅助作用。在你们学习影响的重要性的同时，也要让家庭学习。他们对孩子的学习生活有着巨大的影响。图8.1列出了教师和学校领导共同努力创建具有评估能力的学校的心智框架。

1. 教师/领导者认为他们的基本任务是评价他们的教学对学生学习和成就所产生的效应

2. 教师/领导者认为学生学习的成功和失败取决于他们作为教师/领导者做了什么和没有做什么……我们是变革者！

3. 教师/领导者需要更多地谈论学，而不是教

4. 教师/领导者将测评视为对自身影响的反馈

5. 教师/领导者参与对话而不是进行独白

6. 教师/领导者乐于挑战并绝不退回到"尽力"状态

7. 教师/领导者认为他们的作用是发展班级中/教师办公室内的积极关系

8. 教师/领导者使所有人熟悉学习的语言

图8.1 教师和学校领导的心智框架

选自约翰·哈蒂的《可见的学习（教师版）——最大程度地促进学习》

本章小结

具有评估能力的可见学习者拥有让他们成为自己老师的技能和意愿。他们学会了如何学习，而不仅仅是学习什么。但如果没有教师、学校领导和学校培养技能，这些学生将会在松散的环境中憔悴。他们依靠我们为他们指路。这本书是关于培养这些具有评估能力的可见学习者的，他们

- 了解自己目前的理解水平（第2章）

- 了解自己的目标，并有信心接受挑战（第3章）

- 选择工具来指导自己的学习（第4章）

- 寻求反馈并认识到错误是学习的机会（第5章）

- 监控进度并调整自己的学习（第6章）

- 认识自己的学习并教导他人（第7章）

我们不得不与父母的行为做一些比较。新父母必须面对的一个难以接受的事实是，他们的孩子总有一天会成年，会离开他们。因此，父母在孩子生命的最初几年所做的主要工作就是让他们做好离开的准备。作为教师，我们必须面对这样一个事实：在大多数情况下，我们的学生只会和我们在一起一个学年。因此，我们必须从开学的第一天就让他们准备好离开我们。这不仅仅是详细说明他们应该知道什么，而是如何让他们变得越来越具有评估能力，从而推动他们自己的学习。作为学校的领导者和教育系统，我们必须尽我们所能来支持教师实现这一目标。具备评估能力的可见学习者是"未来的证明"，因为他们准备好接受世界可能交给他们的任何东西。

思考

考虑一下你已经实行或计划实行的一些方法。考虑频率、强度和持续时间这几个维度。

你如何以最有意义的方式影响学生的学习？

高度参与的课堂：提高学生专注力的沉浸式教学

ISBN：978-7-5153-5752-2
作者：[美] 罗伯特·J.马扎诺
　　　黛布拉·皮克林
　　　塔米·赫夫尔鲍尔
定价：39.90元

入选中国教育网2019年度"影响教师的100本书"
入选江苏省如皋市教育局指定教师阅读书目
入选重庆新华2020年重点品种

◎ 美国教育界专家、马扎诺研究中心创始人倾情力作
◎ 长期占据美国亚马逊教育理论类书籍榜单
◎ 教师人手一本的实践教学指南
◎ 帮助教师更轻松管理课堂，帮助学生更容易融入课堂

内容简介：

　　本书涉及的课堂实践可以积极地影响学生的专注力和参与度。学生在课堂上的高度参与显然是高效教学的核心方面之一。如果学生不积极参与，他们就几乎没有机会学到课堂上的知识。利用本书中提出的实用性建议，每位教师都可以创造一个课堂环境，让学生对以下四个问题产生积极应答，让学生参与变成一种课堂常态：

　　·我感觉如何？　　　·我感兴趣吗？　　　·这重要吗？　　　·我能做到吗？

　　本书阐述了教学视角的根本性改变。"我感觉如何"关乎学生情感，"我感兴趣吗"关乎课堂吸引程度，这两个问题和专注力有关。"这重要吗"探讨学生如何将课堂目标与个人目标联系起来，"我能做到吗"说的是如何培养学生的自我效能感，这两个问题涉及长期的课堂参与，对这两个问题的解决，也为教师、学校开辟了新的教学视角。除了专注于教授学生学术内容，教师还应让学生意识到，他们认为什么是重要的，以及他们的思维模式如何对他们的生活产生积极或消极的影响。这种意识可以帮助学生学到更重要、更具影响力的知识。

作者简介：

　　罗伯特·J.马扎诺博士，美国教育界专家，马扎诺研究中心联合创始人兼首席执行官，著名演讲者、培训师和作家。他将最新的研究和理论转化为课堂实践，在国际上广为人知，并被教师和管理人员广泛应用。

　　黛布拉·皮克林博士，马扎诺研究中心高级学者，致力于为众多学校和地区提供教育咨询。作为一名课堂教师、教育界领袖和学区行政管理人员，皮克林博士在其整个教育生涯中获得了丰富的实践经验。

　　塔米·赫夫尔鲍尔博士，马扎诺研究中心副总裁，同时也是一名教育顾问。赫夫尔鲍尔博士在密苏里州堪萨斯城开始了她的教学生涯，后来搬到内布拉斯加州，在那里获得了地区杰出教师奖。

> ⊙ 每位主管都能够准确地量化出他们的目标并且把握住达
> 到这些目标的方式。员工能脱口而出"我知道对我的工
> 作要求"。

> ⊙ 大部分抱着很高的兴致参加工作的员工，由于不能得到
> 所需的工具来实现他们的工作理想，渐渐变得情绪低落。
> 好的管理者应该善于处理这个过渡时期，积极提供看似
> 次要的工作用品，有时甚至不应等员工主动去要求什么，
> 以免他们在"蜜月"过后就"离婚"。

> ⊙ 成千上万的关于应聘和聘用之后的职场表现的研究显
> 示，应聘者中性格特征、天分和才能与该职位十分匹配
> 的人在之后的工作表现会很成功，反之工作效果就会迥
> 然不同。

员工敬业度的价值

　　"花生"是一名美国退伍军人联合会的成员，在一家货运码头当工人。他的外形与绰号相去甚远：他总是头戴棒球帽，身穿蓝色运动衫，体格健硕，看起来与红极一时的NBA强力大前锋卡尔·马龙颇有些神似。

　　"花生"的经理卢曾经问他是否愿意接受一次关于"什么才是好工作"的调查采访。"花生"摇摇头。

　　"可是，'花生'，他们并不会问你关于公司的问题，"卢说，"他们只想了解你在这里的工作情况，了解你眼中的我以及我们的团队。你能接受采访吗？就当帮我一个忙。"

　　"如果是这样，那就不同了。""花生"立刻改变了主意，"为了你，我当然愿意。"

在和采访者交谈了几分钟之后，"花生"放松了许多，在谈及卢以及卢对码头发展所做的贡献时"花生"开始变得口若悬河，滔滔不绝。

"卢关心他的每一名员工，"他说，"他富有同情心，善于理解他人，对任何情况都有很好的控制力。他总是对我们很关照，每次遇到麻烦找他，他总能帮我们解决问题。"

面对采访者的每个问题，"花生"总是滔滔不绝地给予回答。对于诸如耐心听取码头上每名工人的意见、对工人的良好表现给予及时的表扬和鼓励、一丝不苟地调校设备、让因汽车故障无法出行的人搭顺风车、帮助工人解决个人问题等等有关卢的轶事，"花生"总是如数家珍。

"一名好的管理者，""花生"说，"不仅仅是一个高高在上，发号施令的人，而更应该是一个和员工一起摸爬滚打的人。**管理者不能只是一味强调权威和惩罚措施，而应该学会关心员工，关心事情的真实情况，指导员工处理工作中遇到的问题，乐于帮助员工解决困难。这才是真正的好领导。**码头前前后后换很多位经理，卢是我们见过的最好的一个，他确确实实与众不同。"

正如我们所看到的，"花生"对于优秀管理人员的评判确实有他的真知灼见，他的这些评判标准完全可以与世界上最大的员工意见和经营业绩数据库中的调查结果媲美。这些调查结果提到，处于工作前线的管理人员在整合团队、鼓舞士气方面比高层领导更为重要。工作勤奋且关心下属的管理者甚至能很好地激励那些最难管理的员工，最大限度地发挥他们的作用。像卢这样的优秀管理人员不仅帮助员工改善了生活，而且更准确地说，帮助他们提升了人生的质量，从而给企业带来了更大的底线成效。

发现并确定哪些管理机制能够提高员工敬业度，并能将其转化为效益，需要进行大量的调查研究。十多年前，盖洛普公司对企业如何管理员工进行了一次广泛的调查，结果发现绝大多数企业完全找不对方向。

为了发现有利于企业发展的管理机制，盖洛普公司专门组织了一支由社会科学家组成的精英团队，对公司数据库中100万个员工的采访记录、过去几十年里为客户所做的员工调查问卷中涉及到的问题，以及客户提供的有关各个工作组业绩变化的记录，进行了全面细致的分析研究，以求发现哪些问卷问题，亦即工作的哪些方面与员工的工作积极性相关度最高。最终我们发现，在工作中，有12个问题构成了雇主和雇员之间不成文的核心约定，通过分析员工们对这12个问题的回答以及他们日常工作中的表现，我们找到了正确的答案：只要企业满足了员工的这些要求，他们将全力以赴为企业做出最大的贡献。

伟大管理的12要素就源于下述12个问题：

⊙ 我知道对我的工作要求；

⊙ 我有做好我的工作所需要的材料和设备；

⊙ 在工作中，我每天都有机会做我最擅长做的事；

⊙ 在过去的七天里，我因工作出色而受到表扬；

⊙ 我觉得我的主管或同事关心我的个人情况；

⊙ 工作单位有人鼓励我的发展；

⊙ 在工作中，我觉得我的意见受到重视；

⊙ 公司的使命/目标让我觉得自己的工作重要；

⊙ 我的同事能够致力于高质量的工作；

⊙ 我在工作单位有一个最要好的朋友；

⊙ 在过去的六个月内，工作单位有人和我谈及我的进步；

⊙ 过去一年里，我在工作中有机会学习和成长。

（Q12 表述版权归属：1993-1998盖洛普公司，华盛顿特区，版权所有，违者必究。）

以上每一条都代表着有关人性最为基本的真理。每一个要素和工作表现之间的关系为高级管理人员描绘了线路图，在拥有着独立工作间、有序的项目时间安排、模糊的合作关系和不断改变的工作团队中发挥作用。这"12要素"通过1999年出版的畅销书《首先，打破一切常规》（*First, Break All the Rules*）得以广泛传播。这本书的成功源于对工作中存在的一些传统观念的质疑，并提出了相应的解决方案。汤姆·彼得斯曾这样写道："成功的管理者是一个企业的黏合剂。他们打造出一支支成功的团队，保证了公司业绩的蒸蒸日上。"

许多管理者都曾尝试制定一定的员工管理战略以增加企业效益。他们通常信奉一个简单的计算公式，越少的雇员=越少的费用，而根本不考虑生产率的高低其实取决于每个员工的敬业度。

盖洛普公司非常重视对员工动机的量化研究，并就员工动机对公司盈利能力的影响进行了长期的关注和分析。卢经理和"花生"对于这"12要素"的回答只是现有数据库中1000万份反馈中的其中两份。就这"12要素"，盖洛普公司在114个国家，用41种语言，对诸如电力供应、零售业、酒店、旅馆、医疗机构、造纸厂、政府部门、银行业、新闻机构等行业的员工进行了调查。与此同时，盖洛普公司要求提供尽可能多的与企业经营状况相关的数据，比如：客户意见、员工辞职情况、工作意外事故、生产率、员工病假情况、员工的创造力、销售业绩以及公司盈利能力等各方面的信息。将所有调查结果进行综合分析，"12要素"和各项经营指标可以告诉我们，员工的敬业度是如何影响着公司发展的。

与那些员工敬业度很高的公司相比，因为管理不善造成的员工敬业度不高，最终会导致人力资源流失，因此所遭受的损失占到了商业公司营业额的31%。

在一些较为稳定的公司中，员工工作态度消极的公司比那些员工敬业度高的公司的人员流动率要高出51%。除此之外，与员工流动率高的企业相比，员工流动率低的企业每流失一个员工所造成的损失会更大。企业老板只需花费一名刚入职的员工或一线员工年薪的20%~80%就可以替换他们，但如果要替换掉一个工程师、推销员、护士或者其他专业人士则需耗费他们年薪的75%~400%的资金。每年由于敬业度低而导致的员工流失成为企业经营中最大的损失源。

当我们把调查过的接近1000万个团队按照员工敬业度由高到低排序，并把他们从中间分开，再加以分析时，我们发现半数以上员工敬业度较高的团队比起敬业度低的团队成功的几率要高上一倍。如果将上述两组数据再从中间分开，成为团队数量相同但员工敬业度不同的4组数据，我们看到敬业度最高的团队的成功率是最低的那组的3倍，平均生产率要高18%，而盈利能力也要高出12%。

上述情况同样适用于整个企业。从盖洛普公司数据库中记录的企业的状况来看，员工敬业度高的企业平均每股收益比同行业的其他公司要高出18%。随着时间的推移，这些企业的发展速度也比他们的同行要快得多。员工的责任感绝不是企业能够取得成功的唯一原因。但是，大量证据表明，培养并保持较高的员工敬业度，是为数不多的、可由自身控制的、提高盈利能力的决定因素之一，这种方法也因此成为许多公司获得成功的关键之一。重视员工的工作状态，是管理者不可推卸的责任。不论主管的能力如何，如果他对员工的敬业度关注得不够，那他绝不能算作一个负责的管理者。

本书的每章会分别详细讲解这12个要素。为了配合讲解，我们为每一个要素选取了一位企业管理者的故事作为典型案例。自《首先，打破一切常规》一书出版后，盖洛普公司又收集了十倍于该书的数据，并借鉴了大量关于大脑成像技术、遗传学、心理学、行为博弈论和其他科学的研究成果和丰富知识，作为您手中这本书的资料来源。综合以上研究我们发现，企业管理者们最愚蠢的行为是千方百计榨取手中的"人力资源"以创造更高的工作业绩，却没想过应该尽力让员工们感觉到自己得到企业的尊重。本书还将证明成功的管理是可以界定的，有其规律可循，并阐明怎样才能激励员工高效地完成企业赋予他们的职责。

本书所讲述的12个故事的主人公只是千千万万当之无愧的成功管理者中的几个。他们并不是罗马神殿中全知全能、拥有奇迹般管理天分的神人，而是在成功企业中很容易遇到的，性情温和、果敢坚决的普通人。就像卢经理一样乐意去关注和改善像"花生"一样的员工的生活，并在此过程中推动自己的企业不断向前发展。

"一切都从管理开始。""花生"说。

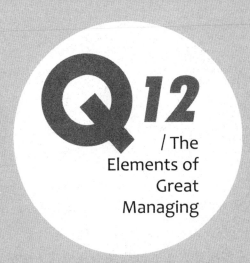

Q12
/ The
Elements of
Great
Managing

第 **1** 要素

我知道对我的工作要求
——明确共同的成果目标

每位主管都能够准确地量化出他们的目标并且把握住达
到这些目标的方式。员工能脱口而出"我知道对我的工
作要求"。

经典案例

位于达拉斯机场以南的温格纳海蒙酒店（Winegardner &
Hammons' Hotel）不久前遇到了问题。酒店配备的各种设施与酒店
内部预期的财务收入水平不符。运营费用甚至超出收支预算100万美
元。然而，该酒店是个不错的地方，酒店的大楼只建成了4年，为万
豪集团的旗舰店之一。

鉴于达拉斯的这家酒店的经营状况，公司上层决定招聘一位经
理，以激励员工完成本职工作。最终，温格纳海蒙集团公司旗下假
日酒店（Holiday Inn）的经理南茜·索瑞尔被选中，2003年8月，她
正式走马上任。

看中南茜·索瑞尔的人是肯特·布鲁格曼，温格纳海蒙集团公
司前任总经理，现任高级副总裁兼人力资源部主管。在一次访问中，
他出席了索瑞尔主持的一次会议，对她印象极其深刻，甚至被感动
得流下了眼泪。**"每位主管都能够准确地量化出他们的目标并且把握
住达到这些目标的方式。"**布鲁格曼说。他认为温格纳海蒙酒店需要

同样清晰的目标。

起初索瑞尔充满了激情，但她后来也承认刚来时对于改善酒店经营管理的进程过于乐观。事实上，她初来乍到，便被一片质疑声包围，一位雇员甚至向另一位同事偷偷打趣新经理身材矮小，实在不够体面。由于索瑞尔曾经管理的假日酒店的规模在集团内部的排名中不如温格纳海蒙，许多人因此更瞧不起她。

索瑞尔为了改革酒店而开始逐个了解她的员工，试图寻找那些支持她的人。为了获得更多人的帮助，她重新从社会上招募与她的管理理念相近的主管，同时尽力驱除人们脑中那些业已形成但被她认定是阻碍目标实现的观念。

"以前我们给员工毫无创新的常规工作提供了过多的奖励。"她说。酒店落入了运营陷阱，人们不用努力想办法使得酒店取得更高的收益，只要遵循既定的工作程序就可以得到报酬。从前台接待到班车司机再到餐厅服务员全部都是这样的工资机制。据布鲁格曼所说，这样的工资机制形成了一种"间接补偿体制"，分散了员工为公司目标做贡献的注意力。

在奖励员工方面，以前的奖金制度以考察员工工作过程是否符合标准为基础，索瑞尔停止了这种做法，开始实行一种以考察员工为酒店所创造的效益为基础的新的奖励制度。她的改革首先体现在温格纳海蒙酒店的薪酬合同中的奖金条款上——为那些可以提高酒店经济效益的人加薪。出人意料的是没人愿意接受这一重大改革举措。人们强烈地反对新条款并且说道，"你是在开玩笑吗？我们可从没做过这种预算啊！"

这些改革措施很大程度上改善了酒店经营，但却使得索瑞尔在酒店更加孤立。"他们都在想，'这个西部来的邪恶女巫正在拼命整治我们'。"索瑞尔说。

这些或许是因为新经理的工作风格不被接受，索瑞尔也承认她纠正别人错误的能力比她获得别人认同的能力要强，或许是因为"不求有功，但求无过"的企业文化在酒店长期大行其道，或者两者兼有。在到新酒店的第一年，索瑞尔只有少数几个盟友。无论是工作中还是生活上，员工们都和她保持一定距离。"最初的一个月，当我走近员工时，他们就立即停止谈话。"索瑞尔说，"我就想，难道他们不觉得我是来帮助他们的吗？"索瑞尔的计划并没有产生多大效果。

在索瑞尔事业的最低潮，一位经验丰富的部门主管找到她，对她说："我愿意听你指挥，但我真的不知道你的方向在哪里。"

理论支持

为了调整团队员工们的工作目标，酒店管理者必须面对一个最基本，但有时又是最难最大的挑战：怎样团结所有人的力量来实现利润的持续增长？在亚当·斯密的《国富论》中，有一段关于自由市场经济的标准解释："这是合理分工协作的结果"，如果"一个人抽取钢丝，另一人将它捋直，第三人负责切割，第四个人磨尖针尖，第五个人碾出针眼"，如此一来，这个团队比"孤单独立"的一个人劳动生产率要高200倍以上。

企业要实现高效率，必须以员工的紧密合作为基础。伟大管理的第一个要素就是明确员工努力的方向——我知道对我的工作要求。在调查中，我们发现在这一项上得分最高的公司生产率最高，利润率最高，甚至员工的创造力也最好。在生产率方面比一般企业高5%~10%，企业的客户满意人数多出几千人，工作中的意外伤害也要少10%~20%。

一个在许多商业部门都能看到的类似于意见箱的电子设备出现了，它是专门用来收集来自员工的意见的，比如关于如何降低企业运营成本等等。从那些已经被采纳的建议来看，在那些员工平均敬业度较低的公司里，每条来自员工的建议能够为公司节省大约4000美元。而在员工平均敬业度高的公司，每位来自员工的建议会为公司节省大约11 000美元。很明显地可以看出，敬业度高的员工会为他们的公司带来更具智慧的帮助。"我知道对我的工作要求"这第一个要素，在降低公司运营成本方面意义重大。

许多人对第一要素的理解的最大缺陷在于，他们误认为解决这一问题只需要一个极其简单的方法，那就是："如果人们不知道该做什么，我告诉他们就是了。"这话听起来给人的感觉就像是在旅行时，不懂当地语言的美国游客，虽然很慢很大声地对当地人讲英语，但是人家听不懂，那就是徒劳无功的。

"我知道对我的工作要求"并不仅仅是对工作的描述。从深层的角度讲，就是如何将某个人的工作与其他人的工作相协调，在工作环境发生变化时，团队员工的工作是否应该做些改变，怎样做改变。有人说，一个好的团队，就像一支爵士乐队，每个乐手在演奏自己乐器的同时倾听其他乐器的声音，他对其他乐器声音关注越多，整个乐队就协调得越好，而演出的效果就越棒。

举一个例子来说，几年前，一些来自"财富500强"企业的各级管理者们聚集在一起参加培训。"当时我在房间里走来走去，"培训师说，"希望你们介绍一下自己，告诉我你们的工作情况，以及你们是怎样通过努力工作来使公司获取更大收益的。"当时房间里有25人，其中只有5人能够说出他们的工作与公司利益的真正关系。短暂的成功运营使企业变得满足和自鸣得意，企业的管理层也变得臃肿起来，随着层层领导的出现，最上层领导与一线员工距离拉大，而公司的中层管理者对第一要素的理解普遍缺失，也就是说中层领导们不知道自己该做什么。其实处于任何位置的管理者都应该经常问自己一个问题：公司上下所有阶层每位员工的工作是否都具有促进公司发展的实际意义，而且实现了相互协调的一体性？不幸的是，这个问题只有在最初处理削减成本的方案时受到管理者关注。

今天，团队合作的魅力仍然体现在很多地方，比如航空母舰的飞行甲板上、职业篮球赛中、医院的手术室里等等。

很少有哪个工作环境像在美国海军核动力航空母舰的驾驶舱里一样，那里的人们能够特别清晰地了解自己该做什么。来自死亡的长期威胁可以帮助人们集中精力，形成独一无二的团队紧密合作，那些身处风险相对较小的商界人士应当从中好好学习一下。

有一段海军训练的视频显示，一位飞机弹射器操作员过于靠近一架已经开足马力咆哮着准备起飞的EA6B"徘徊者"（电子反制机），他的生命处在危险边缘。其实，令人瞠目的危险隐患到处都是。飞机的螺旋桨在白天都很难看清，晚上根本看不到。喷气机排出的气体能灼伤人或者将人吹入海中。如果一根阻拦索突然断了，它就会在甲板上抽打，任何被它碰到的东西或人都会被劈成两半。甲板上的所有人都随时有可能被失去控制的飞机撞得粉身碎骨，而四周放置的炸弹和导弹使这一切变得更加可怕。

尽管在航母上工作的危险性极高，但真正发生的事故却很少。社会学家称航空母舰为"高可靠性组织（HRO：High Reliability Organization）"。HRO可以做得这么好的原因有很多，但是究其根源在于每个人都知道自己该做什么，并且意识到自己所做的工作是团队中不可或缺的一部分。这就是第一要素在实际行动中的体现。

让我们来看看能从职业篮球比赛中学到些什么吧！

当球员们第一次加入到一个球队时，他们可以学习怎样打各类比赛，因为教练的各类战术已经被画在纸板上。教练通常在实战中观察比赛形式，并为队员讲解如何排兵布阵，如何防守对方球员，研究者称其为"显性知识"。但是，每个篮球迷都知道，在战术板上演练战术是一回事，而在实战中执行教练的意图又是另一回事。它要求的远不止是每位球员只了解自己的职责就可以。一支球队想要取得好的战绩，必须要求球员们仔细观察队友们的打球方式的细微差别和风格特色。篮球，就像一位体育评论员说的那样，是一种"需要化学反应的运动"。这类"隐性知识"，即敏锐地发现其他球员的风格，"是书中读不到，老师教不来的；它只能通过一次次实践领悟到"，"只能通过真正的共同训练来积累经验，当球队的每位球员积聚下足够的有关队友的隐性知识，整个球队才能保持同步，打出配合"。

在位于达拉斯机场以南的万豪集团的酒店里，他们既不打篮球，也不在停车场降落喷气式战斗机。但是，南茜·索瑞尔需要员工们明确自己的职责，加强团队合作意识，这才是他们取得成功的关键。经营一家酒店同样是一种"需要化学反应的运动"。

解决之道

1. 不要进行业务指示，而是用共同目标说话。

索瑞尔发现她必须重新开始与员工团队的对话，"我只能靠自己。如果他们不知道我要做什么，他们就不会清楚地知道自己该做什么。"

她召集了14位部门主管开会，在会上，她多次说明和强调改善财务状况的紧迫性和她本人在过渡时期的职责。"我们同在一条救生艇上，"她告诫他们，"只要我大喊一声'冲啊'，我们都必须向同一个方向努力。"

在和员工的谈话中，索瑞尔总是想方设法将酒店的五个理念和目标传达给他们："为顾客创造非凡的消费体验，为员工创造舒适的工作体验，为酒店创造更高收益，提高酒店内部服务质量和促进公司的向上发展。"如果一项服务或者某个环节不能达到目标，可能整个计划都会失败。一些员工不能理解甚至表示反对，于是有些人在其他公司找到新的工作或是留在酒店得过且过。比如，索瑞尔提到，"我们有一位负责客房清洁的员工，对于客人的抱怨表现得漠不关心。"

虽然索瑞尔的工作态度坚决、立场强硬，但员工们也渐渐发现，如果自己努力工作达到更高的要求，他们的经理也会慢慢变得容易接近。"刚开始时，她看起来特别强势和不近情理，她总说'这么做很荒谬，你们都应该那样做。'"酒店的销售行政助理仙农·斯茂说，"许多人因此产生过抵触情绪，他们认为：'这是我们的财产，这是我们的酒店，这是我们工作的地方。'"

最终，双方都平静了下来。"人们花了不长的时间就接受了她。"酒店的客户服务主管布兰登·欧柏说。斯茂还说："我们所有人都敞开了心扉，南茜也是如此。对我来说一切变得透明，'好的，你说出了你怎么看这些问题，我也会说出我怎么看。让我们共同努力吧。'之后我们之间的关系变得好起来。"

当员工们了解索瑞尔后，他们才发现她能够为了实现既定目标表现出惊人的意志力和非凡的奉献精神。为了更好地和讲西班牙语的服务员和维修工人沟通，她坚持学习西班牙语。"她的孩子还小，可是她坚持每天早上六点上班，一连几个月，就为了要弄明白为什么酒店的业绩会下滑。"欧柏说。尽管面临严峻的挑战，她总能保持清醒的头脑。她立场坚定、观点鲜明，但对任何人和事都能公平对待，并且从不大声嚷嚷。

2. 给他们勾勒到底想要得到什么样的结果。

索瑞尔和她的员工团队和解之后，仍然有一大堆事情要做，而且大部分工作都是非常琐碎的。灯泡烧坏了，桌子有刻痕，有些椅子摇晃不稳，大厅的瓷砖开始裂了。"你必须变得十分挑剔。如果你不能，工作中的瑕疵就会慢慢遗留下来并开始累积。"酒店的总经理助理麦克·科塞说。

"我们从最基础的开始：按时上班，各就各位，将一切准备工作做好。"酒店的维修主管泰瑞·郝格说，"接着，在之后的员工会议上，我们提高了其他一些方面的预期目标。然后我们不断地努力，而且预期的增长也越来越高。"

酒店的员工必须按照酒店管理层制定的一份细致入微的规章制

度办事：接待员一定要绕过前台的桌子，以一种更为亲切的方式把房间钥匙交给顾客；不要只告诉顾客电梯在哪里，要陪同他们去乘电梯；清理浴室时不能浪费水，不使用房间时关闭一切电器；当发现酒店设施或者物品损坏时，写一份维修报告；在酒店任何地方看到垃圾都要立即捡起放入垃圾箱；各个办公室的钥匙统一交由前台管理；员工上下班时都要进行打卡——任何人都不能例外。

如此细致认真的工作帮助酒店在基础检测中得到了很好的成绩，索瑞尔来酒店的第一个月该项测试的分数是59分（百分制），而九个月后竟达到了95分。贴在楼梯上的标语时刻提醒员工——"这只是我应该做的"。

事实上，究竟什么是"非凡的客户消费体验"很难被具体描述。但是它的实现肯定**有赖于不断提高员工的工作目标，在达标的过程中提升公司的服务质量**。索瑞尔开始逐渐拓展员工职责的范围。比如，在接待处工作的员工不仅要做好看管客房钥匙、刷信用卡等本职工作，而且要主动去想每位客人有可能需要什么帮助。"我的工作是招待客人，我会推己及人地对待他们，"酒店的客户服务代表布莱恩·尼勒说，"重要的并不是你做了什么，而是你如何做。"

部门主管们轮流承担一种所谓"大堂经理义务"：就是在前台最忙的高峰时段主动去照顾客人，询问他们是否需要帮助。（大家一致同意，并承诺互相监督，如果有人玩忽职守，他将再连值三班。）他们为排队等候的客人提供咖啡，为客人指路，帮助客人提行李，如果很多客人同时到来，他们就要投身到接待工作中。

当被问及什么时候最能体现出酒店的团队精神时，员工们提到了下面这个例子。

因为酒店的位置与机场很近，很多由于航班延误、天气状况不好等原因滞留达拉斯机场的乘客都会选择在这家酒店住宿。这些乘客通常不会备齐所需的化妆品、睡衣、换洗衣物等等。

"你可以想象酒店突然来了175个没有提前预约的客人，"财务总监菲沃尔说，"他们同乘一辆巴士来，同时登记入住酒店，同时需要就餐。"那么多人不可能很有秩序，他们先挤在前台一起登记，然后扎堆在饭店点餐，最后全部涌向日用品分派处去领牙刷、梳子这样的生活必需品。

有时在其他场合，某些客人或者某位重要人物可能有些突发情况，比如一家知名集团的首席执行官想要在酒店召开一场庆功会，在将近2000名员工面前，他发现自己忘了打领带。他的妻子也束手无策，因为天色已晚，商店都已经关门了。"我立即摘下自己的领带给他，"客户服务主管欧柏说："他们归还我领带的时候还送来一封长长的表扬信，对我们的服务表示赞赏。每当我读到这封信时，我都会觉得精神振奋。"

"当员工们高兴地跑来向我报告成绩，客户的评价卡片开始点名表扬谁时，我知道酒店真的被改善了。"索瑞尔说，"我们并不需要派人到酒店门外招徕顾客，我们宁愿把这份时间和精力用在研究酒店内部管理和提升服务质量上。"

当员工们的工作效率越来越高、酒店的效益越来越好的时候，他们越来越为团队取得的成绩而自豪，同时他们也了解并由衷欣赏索瑞尔。酒店内部的**员工敬业度发生了质的飞跃**，在温格纳海蒙公司旗下的31家酒店的员工敬业度排名中，它从最初的第25位上升至第6位。在盖洛普集团数据库的所有酒店行业员工敬业度排名中，该酒店也跻身到前10%的行列，它所处的位置和它在第一要素上得分的排名是十分接近的。

酒店的财务状况同样变得让人乐观。随着员工敬业度的提高，酒店渐渐能够保持平均每晚125美元的价格。"虽然我们涨价了，但我们依然运营稳定。"销售总监斯曼尔说，"当我们刚开始努力改善经营时，我们只有两次客房全部住满。可在2004年，我们必须回去认真查看数据资料才能告诉你我们住满过多少次，因为次数实在太多了。"当索瑞尔接管这家酒店时，酒店平均每年超出财务预算将近150万美元，销售情况改善之后，酒店每年反而能节约预算50万美元。

索瑞尔一直强调，她的成功完全归功于与她共同工作的团队。当谈论到团队所取得的成就，比如在说到菲沃尔被评为温格纳海蒙公司的"年度最佳财务总监"时，索瑞尔激动地留下了眼泪。"我真希望他们能分享到成功的喜悦，"索瑞尔说，"'年度最佳财务总监'！那感觉太酷了！"

"她是真的把客户和员工的利益放在心上的人。"欧柏说。

在酒店成功改革之后不久，索瑞尔在万豪集团全球经理大会上受到一致认可。她被邀请上台接受"全球领袖奖"，奖励她所做出的通过不懈努力使员工敬业度发生了质的飞跃的贡献。

在节假日，索瑞尔也发现了些小惊喜，比如圣诞卡片如雪片般飞入她家。"现在每位员工都会送她贺卡，"欧柏说，"我们经常和她开玩笑。她曾经和我说，'我第一年来这里时一张贺卡都没收到。'我告诉她'那时可没人喜欢你'。"

/ The
Elements of
Great
Managing

第 **2** 要素

我有做好我的工作
所需要的材料和设备
——让员工工作得安全、舒适

大部分抱着很高的兴致参加工作的员工，由于不能得到所需的工具来实现他们的工作理想，渐渐变得情绪低落。好的管理者应该善于处理这个过渡时期，积极提供看似次要的工作用品，有时甚至不应等员工主动去要求什么，以免他们在"蜜月"过后就"离婚"。

经典案例

里奥克拉鲁工厂，距离圣保罗市172公里，隶属于欧文斯康宁公司。这家工厂大力宣扬，只有提供足够的原料和设备，才能使员工们安全、舒心和高效地工作。对此我们并不感到惊奇，因为他们的工作危险系数很高。按照当地居民的话说，在生产条件较恶劣的情况下，该厂员工所体现出的积极性、创造性以及参与精神堪称团队合作的典范。

如今，欧文斯康宁公司主营其他建材产品和复合材料，而且公司的主要收入来源于此，但公司最初却是靠发明和生产玻璃纤维起家的。里奥克拉鲁工厂从1971年就开始生产玻璃纤维。由于制作工艺一直没有新的突破，生产流程多年来变动很小。熔化后的玻璃在轨道中流动，玻璃熔液在重力、压缩空气，以及已经硬化的纤维原丝的共同作用下，透过轨道下方的2400个小孔，被拉拽成更多的纤维原丝。此后，经过水雾的冷却以及涂有特殊化学物质的辊筒的缠绕，这些细丝最终由易碎的玻璃变为富于弹性的玻璃纤维。

尽管最基本的生产工艺没变，许多生产的细节却在员工的提议下改变了不少。"工作中的人必须要知道自己需要什么。"恩尼奥·韦特恩说。他是一位经验丰富且从不摆架子的总经理，已经在这里工作了27年。韦特恩带领手下10位经理和70名员工负责整个企业日常维修和设备保养，每天24小时从不间断。"一切都依赖于那个大熔炉。"他说。工厂的其他部门，比如负责把玻璃纤维织成玻璃纤维布的机械部门，完全可以因为一些机械故障让员工全部停下来检修机器，简单得就像员工们去吃个午饭回来接着开工。但是大熔炉可不行，让它重新启动一次成本相当高，所以必须保证它连续不断地运行。

里奥克拉鲁的工人们为改善工作条件而提出的建议范围广、数量多，从很具体又容易调整的细节问题，如加大安全眼镜的规格，到可能需要花费几年才能完成的企业重大改革问题，应有尽有。其实，员工能够提出这些建议的原因可以用第二个要素来概括：企业为员工提供保证顺利工作的一切资源。这一要素的重要性常常可以从它的反面予以证明，比如当某个企业的员工发现他们缺少重要的生产工具时，恼怒的情绪就会影响他的正常工作，因为他很容易就联想到这家企业根本没把员工当回事。

通常有两种方法可以帮助企业合理适当地解决员工必需的材料和设备问题。首先从纯粹的员工职责角度来说，企业必须保证员工能够拥有安全、舒适的工作环境。"毫无疑问，我们最先想到的事情就是员工的安全。"韦特恩说，"我们不断地问自己，'危险在哪里？'我们不仅在高温环境下作业，而且生产用的原料还是易燃物，如汽油，企业必须保证机器设备运行得最好最安全。"

另外，运行最好最安全的设备不仅可以保障企业的生产安全，而且会带给员工一种心理上的激励，使员工感到整个公司都在支持他的工作，提供给他所需的一切，这种激励的力量确实十分有力。"这是个把员工当回事的公司，在这里工作我感到十分自信。"桑托斯说。

就以拉丝工配戴的安全手套为例。在里奥克拉鲁玻璃纤维厂，玻璃熔液从成型台中流过，冷却后变成纤维原丝，拉丝工的工作就是将它们按标准切断，好让它们在下一道工序中卷成轴。如果工人们不戴手套，就有可能被坏损的玻璃碎片划伤手。而如果使用安全手套，他们就很难感觉到玻璃纤维原丝，因为每根玻璃纤维直径约10~15微米，大约等同于人类的一根头发。

"我们最初使用的手套并不舒服，后来安全保障部门把它换成了我们想要的那种手套。"工厂的一位拉丝工罗杰里奥·诺达利说，"我想要既能感觉到玻璃纤维原丝又能保证自己安全的手套。别看这个事情很小，可是对于我们来说却意义重大。"发明新安全手套的桑托斯也赞成这种说法："安全合适的手套能让你工作得更顺利、更起劲，你绝不用担心自己的手被划破。"

工人们使用一种形似梳子的红色金属工具把玻璃纤维从仍在运行的机器上分离出来。试想如果"小梳子"齿缝间的距离刚好是玻璃纤维的标准直径那将对工人们的工作有多大的帮助。"我们一直在试用不同的梳子，以求找到最适合的工具。"韦特恩说道。

当轨道小孔上方的吹管在对流过轨道的玻璃熔液喷射高压空气时，同样需要保持一定的平衡，成型专业技工瓦尔德米尔·帕斯塔尼奥这样说。如果吹管太细，喷出的空气力量不够，便无法清除小孔周围多余的玻璃熔液；而如果吹管太粗，喷出的空气力量就会过大。因此，粗细适中的吹管是必要的。此外，技术人员还在吹管把手上方安装了圆形的防护罩，以遮挡下方灼热的玻璃蒸汽，保护操作人员的安全。"整个工作成为员工和管理者通力合作的过程。"帕斯塔尼奥说。

说到其他能让工作变得更舒心的方法，桑托斯站起身来拽了拽自己的裤腿，指着膝盖处加厚的部分说："在日常工作中，我们经常需要跪着。这块加厚的补丁像护膝一样，让我们工作时更舒适。""我们好好爱护工人们，工人们也就好好看护大熔炉。"韦特恩说。

材料和设备方面哪怕一点小小的改进都可以大幅提高工人操作的安全性和舒适度。同样，生产中进行的适度改革，效果也可能被放大许多倍。里奥克拉鲁的工人们的敬业度很高，集中体现在他们总是想尽办法提高工厂的生产率。"能提高工作效率的主意就是最棒的主意。"韦特恩说，"一般来说，即使是很微小的一点改进也可以极大地提高企业的生产率。因为我们工厂的机器一天24小时，一个月30天，一年12个月都分秒必争地运转着。"

桑托斯补充说："我们都坚信如果企业能成功，我们会生活得更好。"

理论支持

那些我们从里奥克拉鲁学来的管理经验显然应该提供给1994年的广告业传奇人物杰伊·切特。在那一年，他推出的独特经营策略为我们提供了一个值得思索的商业故事，它告诉我们如果经理违背员工的心理需求，也就是违背了第二要素的实质，他的公司将会发生什么。

切特认为，如果人们摆脱传统的办公室式的工作环境，他们的工作将会更加富有效率和创意，另外，当时公司的办公空间有限，不能满足员工日常的工作需求。他决定将自己手下的员工"释放"，也就是说，员工们不再需要在洛杉矶和纽约市里那些如同教室的办公室中工作。《纽约时报》（The New York Times）评论说，"公司保持着一种创造性的不安状态。"这种管理方式曾经被当作一个重要的实验，人称"虚拟办公室"。办公室里没有了桌子、工作间和电脑。每位员工只领到一个小储物柜，可以存放有限的私人物品。公司希望员工们可以在任何地方工作——甚至可以不在这幢写字楼内——只要不经常在同一地点、同一张桌子前工作就好。

这次改革逐渐走错了方向。"没过多久，令人晕眩的时期到来了……广告公司充满了小股势力纷争，用小儿科级别的各种托词互相推诿，不停争斗，管理人员专横跋扈，员工们忿忿不平，公司内部一片混乱，工作效率极其低下。"《连线》（Wired）杂志的评论员沃伦·贝格尔这样描述道，"最糟糕的是，这里连该死的坐的地方都没有。"

实际上，这次改革完全失败了。

一位专栏作家发表了一篇文章，从另一个角度剖析了这项改革失败的关键问题。"当今的科技也许可以消除人们的私人空间，但这个举动显然违背了人类的本性。"他写道。事实上也正是如此。在2005年10月盖洛普公司针对美国的工作者进行的调查中发现，尽管"可以到户外工作"，但"有一间有墙的办公室（而不只是拥有一张工作台）"和"免受噪音干扰之苦"都能提高员工的敬业度，但以上所有因素在影响员工敬业度的程度方面都比不上使员工拥有"个人的工作空间"这一项。后来，切特的广告公司终于认识到了所有乌托邦式的社会行为规划者都会最终意识到的一个道理：人类的本性总是能彻底击败那些试图将其改变的妄想。"我的错误，"切特在接受《连线》杂志采访时这样说，"是没有认识到员工的情感因素，而它对工作的影响是确实存在的。"

切特的遭遇为我们提出了一个很有意义的问题，那就是怎样提高员工的工作效率。切特所违反的复杂人性法则，就是强行操控第二要素中提到的全部内容，并剥夺员工们使用它们的权利。工作时，他们的个人物品不光是包括完成工作所必需的各种实用工具，还有那些能给他们带来情感上的鼓励的其他物品。无论怎样，良好的情绪确实能保证员工的工作状态，并提高他们的工作效率。这种现象在电影中出现过，1999年的电影《上班一条虫》（*Office Space*）风靡一时，就是因为它生动地刻画了员工们在被人照顾、命令和欺骗时的激烈反应。影片中有一段情节是3名员工抱着难用的复印机，走到没人的地方用棒球棍把它猛击成碎片，他们所表现的情绪在上述调查中也得到了证实。在伟大管理的12要素中，工作压力的大小在很大程度上取决于员工是否拥有完成任务所必需的材料和设备。有数据显示，很少有什么比员工工作环境发生变化，以及由于后勤保障不足而导致工作进行不畅更糟的情况了。第二要素是使公司各个部门联系紧密、项目运行顺畅的首要前提，涉及到这方面的内容会在第8章再进行详细讨论。

生产工具和工作压力之间的联系，告诉我们一个充满希望的现实：人们还是想做好自己的工作，他们希望自己工作效率提升。

当员工们新加入某家公司时，他们会有大概6个月的"蜜月期"，一般来说，在这一阶段，他们的工作敬业度是很高的。因为他们都带有一定的新鲜感，不会有太多的负面体验来降低他们的敬业度。但是，半年过去后，员工的敬业度有一个明显的下滑，其中第二要素的缺乏所对应的敬业度的下滑是最为急剧的，几乎下降了一半。大部分抱着很高的兴致参加工作的员工，由于不能得到所需的工具来实现他们的工作理想，渐渐变得情绪低落。好的管理者应该善于处理这个过渡时期，积极提供看似相对次要的工作用品，在业绩提升时，主动向公司要求更好更贵的工具设备，并且随时注意发现提高团队工作效率的方式等等，有时甚至不应等员工主动去要求什么，以免他们在"蜜月"过后就"离婚"。

解决之道

1. 分析资源配置战略。

事实上，有关第二要素的许多问题并不是只有从总部批下钱来才能解决。在里奥克拉鲁，当地最大的问题就是电力供应的中断。巴西的夏季常有雷阵雨，雷雨中夹杂的闪电是造成电力供应中断的一大隐患，可是大熔炉除了必需的原料进行生产以外，电力就是它赖以运行的唯一能源。

玻璃纤维制造厂依靠里奥克拉鲁当地的高压输电线路网供电，它没有自己的发电站和连接城市发电厂的独立线路。"如果有人或什么东西碰倒或损坏了我们连接到城里的电线杆，那我们的生产就被完全破坏了。"经理韦特恩说。

达尔玛·阿尔塔儒吉奥是工厂以前的工程师，他认为工厂80%的产量损失是由电力中断造成的。"每一次停电，一分钟两分钟哪怕是30秒，我们悉心控制的玻璃温度就瞬间降低了。"他说。根据停电时间的长短，人们要花费几小时甚至几天才能使大熔炉恢复到正常的温度，严重降低了工厂员工的工作效率和产品的总产量。如果企业正常运行，90%的原料可以顺利地变成玻璃纤维制品，但如果发生电力供应中断，就谈不上生产率了。"这是我们工厂面临的最严峻的问题。"阿尔塔儒吉奥说。

就像没有什么比停电对生产的威胁更强烈一样，对于企业来说，没有什么比团队合作精神更加重要的了。所有人都还清楚地记得，在1998年的圣诞前夜，工厂停电了。在家陪家人过节的工人们马上意识到工厂里问题的严重性。"人们竟然走出家门，不陪自己的家人而是赶去工厂车间重新开始工作。"阿尔塔儒吉奥激动地说。

"城里的所有员工们马上全部回到工厂，因为他们知道保证大熔炉正常运行有多重要，也同样明白重新启动大熔炉的工作是多么困难复杂。"韦特恩说。

圣诞前夜那次停电情况很不妙，停电时间长达3个小时。大熔炉那时刚刚被维修过并进行了一些技术改进，因此工人们还不太清楚它的缺陷在哪里。因为温度下降，导致玻璃熔液凝固在一根管子里而造成线路堵塞，工人们花了3天时间才使得玻璃纤维生产线路恢复正常，后来，公司就在管道的那些脆弱环节增加了特制的加热器，以防止它们快速冷却。"我们从那次停电中收获了许多经验。"韦特恩说。

当厂区发生断电事故，最先应该做的是开动厂房后面的柴油发电机，以避免因电力和温度不够而导致设备的严重损坏，但是要使机器正常运行至少需要10兆瓦特的电力。"大熔炉非常需要保持炉内的热量。"韦特恩说。如果冷却得太快，它就会收缩或者倒塌吗？"两样都有可能！"他肯定地说。

断电事故打乱了工厂设备的正常工作程序，原本工程师设计好的保持炉内热量和玻璃熔液正常流动的程序都形同虚设。如果工人们不能及时采取补救措施，断电持续时间只要超过10~15分钟就会对大熔炉造成严重损坏。虽然工人们采取了迅速及时的行动，为企业挽回了不少损失，但是断电导致的各种后果是人们无能为力的。"在那之后，"一位经理说，"我们只有哭的份儿了。"

终于来电了，操作间内的设备中存在着成千上万个隐患需要一一检查。**"这就是为什么责任感和员工的实际行动是如此重要。"**韦特恩说，"虽然我们有工作程序和规章制度，但每次断电后的情况是各不相同的，和既定的程序并不是完全一致。"

2006年，欧文斯康宁公司总部决定，在巴西的里奥克拉鲁当地修建变电站，以便从根本上解决电力供应不足的问题。韦特恩或许同许多管理者一样，面临着自己并没有能力立即解决但又事关企业存亡的重要问题，他能做的可能只有等待，但在等待的过程中，他用超强的意志力、坚定的信心和对员工的关心保证了企业内部员工较高的敬业度。

"我想，克服缺少设备或资源状况的关键在于，在某些危急的时刻，你一定要在你的工人面前出现，并且表现出你的责任感和意志力，比如，圣诞前夜的那次停电。"他说，"这就是我怎样得到人们尊重的，绝不是只做表面文章。"

"员工团队高度的责任感让我对自己的工作很有信心，"帕斯塔尼奥说，"工人们都对自己的工作质量负责，而不是照本宣科、敷衍了事，他们知道自己该做什么。"

2. 从珍惜公司员工开始做起。

韦特恩关于如何配置员工装备的问题有三个层次的考虑。第一，最重要的是员工的安全，韦特恩不断地寻找保护员工的更好方式，使他们远离大熔炉可能带给他们的伤害，滚烫的熔液或锋利的玻璃，或者其他物品从空中意外坠落，这些事故在多层空间的车间内时有发生。第二，避免员工被机器设备伤害，当停电时他们面临各种复杂的问题。"大熔炉遭到损坏确实对企业影响很大，但保证员工的人身安全绝对是最重要的！"他说。对生产率的关注永远是排在第三位的。比如他们要求拉丝工必须带上手套，虽然那样远比不上让员工徒手工作效率高，但安全总是排在第一位考量。

在过去的几年中，他们给升降机做了一些改进，避免了工人们带着工具坐升降机时，工具不小心掉下来的危险。他们还给玻璃熔液之间，也就是工人干活时的地方设置了热屏蔽，减少工人们在红外线照射下工作的时间。企业对于员工人身安全和选择合适的工具的重视，意义很特殊。已经有35年历史的里奥克拉鲁玻璃纤维制造厂也许没有最为先进的科学技术，但他们一直致力于更新改进他们已有的机器设备，韦特恩说到这些很自豪。

在其他方面，经理们认为他们对于第二要素的重视还体现在他们为每名工人提供个人工作所需的设备上。他们允许员工们从一大堆型号各异的对讲机中，选择自己最喜欢的使用；甚至还根据工人们的工作方式、个人特长和其他各种要求去修改工作软件，使他们工作得更加顺利。而韦特恩本人却没有享受这种奢侈的待遇。**"我们的工作内容总在变化，但是员工每天都在同一台机器面前做同样的工作。"**他说，**"我们必须将所有的程序都设置合理。我们确实没有办法让每个人都满意，但必须要遵循大部分人的意见。"**

实际上，一些操作人员每个月都会聚集一次，讨论有没有能使工厂生产运行更好的想法和建议。"他们从其他人那里收集来各种有关工厂情况的信息，然后亲自去核实那些情况，找出能够改进的方法，并且提出避免发生安全事故的建议。"阿尔塔儒吉奥说。

"我们给公司的建议都会得到认真回复。"诺达利说。

"这是家重视员工的公司，"桑托斯说，"这让我感到对自己的工作很自信。最重要的是，我知道当我到了退休年龄要告老还乡时，我的身上连一点擦伤都不会有。"

通过共同应付断电事故，共同想办法改善企业生产条件，里奥克拉鲁玻璃纤维制造厂的团队创造了很高的员工敬业度。他们逐渐认识到，他们可能不能完全依靠电力，但他们能够互相依赖，特别是在危机时刻。"员工们对工厂十分忠诚，"阿尔塔儒吉奥说，"在我看来，这才是我们企业最大的优势。"尽管断电事故可能威胁到既定的目标，但员工们对企业有很强的主人翁意识，对目标坚持不放弃，韦特恩认为，他们在断电事故发生时表现出令人尊敬的职业道德。

"我爱我的工作，因为我可以经常获得挑战自我的机会。在欧文斯康宁公司，你根本不用担心你会缺什么工具设备，这里什么都有。"帕斯塔尼奥说，这种感觉使他们相互信任。

Q12 / The Elements of Great Managing

第**3**要素

我每天都有机会做我最擅长的事
——发挥优势

成千上万的关于应聘和聘用之后的职场表现的研究显示，
应聘者中性格特征、天分和才能与该职位十分匹配的人在
之后的工作表现会很成功，反之工作效果就会迥然不同。

经典案例

史赛克（Stryker）公司推出了新型治疗系统，使人类在髋关节人工置换手术方面取得了突破性进展。

这项技术在几十年前简直是不可想象的。这个被称为"导航"的系统设计巧妙，外科医生们先把一个电子元件放进患者体内的骨盆和大腿骨之间，将它同传感器一起连接到医生手术时用的操作工具上，人们便可以在电脑屏幕上看到人工制造的关节被放置在人体内具体需要的位置，很大程度地帮助医生们解决了人工关节置换的位置问题，省去了医生煞费苦心的估算。

如果能将人工关节成功地置换到患者体内，他就能做一些简单的动作，坐下或者上楼梯等等。在传统的外科手术中，髋臼外壳——新的大腿骨股骨头连接盆骨的地方——可能很不容易被置换到准确的位置，因而导致患者术后运动幅度反而缩小了，甚至有可能成为致使髋关节脱臼的隐患。这就是史赛克公司推出的新治疗系统所要解决的问题，他们声称取得了突破性的进展，事实上，这项既满足患者需要又十分具有商业价值的新技术，综合了当代医学和科技手段的新系统极有可能给患者们带来福音。人们一度对它的推出十分期待。

2004年，史赛克公司的这套治疗导航系统被医疗机构试用后不久，便遭到多位整形外科医生投诉并且被退回公司。埃米尔·萨尔弗斯塔尼博士是史赛克公司旗下位于德国弗莱堡的分公司的项目经理。他说："就在我们将这套系统交给客户试用的几天后，一些预想不到的情况发生了，当那些设备被人送回来时，我们根本不能相信自己看到的一切。"

"髋关节内的电子元件变成了碎片，电子设备也总是失灵，好像压根就没有正常过似的。"工程师戴特·泰施克说，"这套仪器怎么了？没有人能预料到这个装置在实际手术中会发生什么情况。"

解决这个棘手问题的重任落到了团队领导科劳斯·威尔特身上，他是弗莱堡分公司的副总裁兼总经理。他的团队工作人员小心翼翼地重新测试每个组件，为了提高抗压能力，这些组件必须在操作间经历反反复复的高强度实验。威尔特像装配一件产品一样重新召集人马，每位员工必须明确自己的责任，并且一丝不苟地完成各自的任务。如果任何环节稍有差池或者团队的某位成员出了问题，就有可能导致整个系统的失败，整个团队的努力也就功亏一篑。

在1998年并入史赛克公司之前，弗莱堡的这家公司名为莱宾格（Leibinger）。此前，莱宾格公司一直致力于利用三维X射线和核磁共振技术，研究开发电脑软件帮助神经外科医生更加科学地安排患者的手术。与史赛克公司合并后，弗莱堡分公司将他们的研究领域延伸至导疗技术支持下的实用外科手术工具的研发。

"我们推出的医疗系统包括一个指示器，还有外科医生手术时手里拿着的短棒。"威尔特说，"通过这个指示器，我们能够将患者手术中的实际情况和我们术前预测出的患者体内的画面联系起来。"

弗莱堡实验室的另一项研究是关于整形外科手术。整形外科手术一直是史赛克公司的一项重要业务。事实上，在普通医院中，髋关节和膝关节置换手术的数量一直要比脑外科手术多得多，特别是随着医疗卫生技术发展得越来越快，人们的寿命变得比以前更长，骨骼老化得却更早。史赛克公司一直相信，如果可以将电脑软件、追踪技术和还原图像技术结合在一起辅助骨科手术，将不仅为髋关节和膝关节置换手术提供更安全更科学的帮助，还会为公司带来一笔不可估量的财富。"史赛克公司认为我们的图像导疗系统会在未来的关节置换手术中发挥举足轻重的作用。"公司在2003年的年度工作报告中写道，"基于这一点，（除了膝关节导疗系统）我们还将发展髋关节导疗系统平台，它会辅助医生将患者手术切口变得更小，位置更加精确。"

如果你有机会观察髋关节置换手术的过程，你会发现手术时医生的动作虽然有时候很轻微，但在很大部分时间里，他们都在切割、打磨或者刮患者的骨头，甚至需要用锤子敲击它们。"那个场面特别残忍，"尤根·普洛斯说，他也是弗莱堡实验室中的一员，"其实那更像是在汽车维修间里修汽车。"

由于需要专业且复杂的设计，外科手术的辅助器械很少。在手术期间，人们通常会使用高压灭菌器，利用灭菌器内部产生的132℃左右的高压蒸汽将细菌杀死，当然这样做对患者来说也有一定风险。人们不但要注意保持金属工具在反复使用和多次高温消毒中完好无损，还要保证电子仪器的精准和持续正常地工作。

当史赛克公司终于研发出一套可以长期承受高压消毒的电子器械工具时，手术过程中对患者骨头的敲击为设计者带来了另一个复杂的问题：电子仪器会受到手术过程中医生敲击动作和高压带来的热量的影响。对于电子器械产生的这一系列问题，"事实上很难解决，"普洛斯说，"那时候我们也什么都不懂。"另外，反复加热并快速冷却使得电子器械工具上的按钮变形，并且导致金属架上的红外线传感器偏离原来的位置。

"如果你认为这种情况只是我们走的一段弯路，那么我们其实已经沿着弯路拐进了深深的谷地。"萨尔弗斯塔尼说，"对我们的客户和我们产品的市场来说，为新产品赢得信誉是至关重要的。"这个问题必须在产品进入市场之前解决。

弗莱堡公司的前途命运和如何解决这个问题紧紧联系在一起。由于问题的紧迫性，位于美国密歇根州卡拉马祖市的史赛克集团旗下另一个公司的工程师们也被要求为产品重新做改良设计。别人的协助固然让弗莱堡的工程师感到欣慰，但同时也加重了他们的心理压力。"我们知道我们只有一次解决问题的机会，如果我们失败了，就会严重影响集团在这里的生意。"普洛斯说。

威尔特面临的挑战是他需要整合一支团队，并且带领这支团队成功地将髋关节置换手术导航系统改良后重新投入市场。要想最终取得胜利，必须要求这个团队对目标有清晰的认识，团队成员拥有深刻的了解和信任彼此的能力。

理论支持

考量一名员工适不适合他的工作，或者当前的工作适不适合这名员工是许多经理面临的最复杂的问题之一。实际上，第三要素在12个要素中是最为深奥的。

第三要素有一个既直接又坦率的表述，对其做出的回答可以在很大程度上预测员工和整个团队的工作表现，即"在工作中，我每天都有机会做我最擅长做的事"。员工们只需凭第一感觉去回答这个问题，他们将这句话和自己的实际情况做对比后很容易得出结论。对管理者们来说，这个要素可以由一个简单的问题开始：谁在这个任务中会做得最好？经理们慢慢发现他们越深入研究这个问题，越觉得迷惑。在其他人失败的地方为什么某个人却能做好？是因为人们天资聪颖，或是后天学习，还是只凭他们无比艰辛的努力？那种做某件事的卓越能力可以靠学习获得吗？人们能够改变自己多少？需要多长时间才能完成改变？是将一名新来的员工培训成适应公司空缺职位的人选，还是反过来，根据你在面试中分析他的表现而分配给他你认为合适的工作？这些问题不仅涉及人类本性的研究，而且同历史、政治、法律法规、哲学领域的学者们坚持的各种观点——包括错误的观点，有着很微妙的关联。

关于人类潜能有这样一种观点，就是认为员工只要用心，加倍努力加上十二分的小心就能做好任何事情。这一观点看似正确但却潜藏着极大的隐患。"你可以做任何你想做的事情，拥有任何你希望拥有的东西，成为任何你想成为的人物。"20世纪初的励志作家罗伯特·科利尔说。这种观点从20世纪初到20世纪中期在心理学界饱受争议。持这一观点的代表人物认为人类个体的性格只不过是他为了适应环境，对自身所做的改变的总和。按照这一理论，人类的性格具有无限的可塑性。正如在巴甫洛夫的实验中，人们对开饭的铃声会不由自主地做出流口水的反应。"给我12个健康的婴儿，只要让他们在我自己制造的专业世界中长大，合理地培育他们，我保证随便挑选任何一个孩子，悉心培养，他都能成为任何一种专业人才——医生、律师、商人，当然甚至还可以包括乞丐和小偷，不需要考虑他们有什么天赋、兴趣、秉性、特长、才能以及他的家族背景。"美国心理学专家约翰·华生如是说。

事实上，你可以试想，公司领导不能太过强调某个人的个人能力或者个人成就，以免伤害到其他员工的工作热情，害怕他们觉得被排斥。**人与人之间秉性的不同其实具有非凡的意义，它不仅会带来更高的商业利益，而且促使人们找到更适合自己性格天赋的职业，并逐渐展开自己的事业。**现在有证据表明人类并不是生来就一样的，也不是具有无限潜力的。恰恰与此相反，每个人身上都集中了各种不同的才能，一个人能在成功路上走多远，要看对这些潜能的利用到了什么程度。现实并不是那句自欺欺人的"你可以做好任何事"，很显然，人人都面临挑战。

大部分关于人类智能的研究领域都理所当然地首先从运动员身上寻找答案。篮球运动员必须花费多年的时间去磨炼他的球技，调整自己的身体素质去适应比赛，训练自己三分跳投的能力。但即使以上你都做到了，你也不一定能顺利进入NBA打比赛，因为NBA球队联盟里的球员平均身高是6英尺7英寸，与这个数字相比，美国成年男子5英尺9英寸的平均身高确实差距不小。有没有人质疑过，除去常年艰苦的训练和学习不谈，休斯顿火箭队球员姚明的成功与他7英尺6英寸的身高的关系绝对是密不可分的。"身高不是靠教练教出来的"是句老生常谈的话。职业球员确实是天赋第一，努力第二。

越来越多的研究表明，在人脑的功能性上，不同的人的情况是不一样的。从最为直接的方法，即从解剖学开始，我们来分析一般人脑和拥有超凡智慧的科学家们的大脑有什么不同。最为有名的例子是阿尔伯特·爱因斯坦。1955年这位杰出的物理学家去世后，他的大脑被取出供人们不断地观察研究。在1999年，三位来自加拿大麦克马斯特大学（Mcmaster University）的科学家将学校收藏的爱因斯坦的大脑和普通人的大脑捐献出来以供人类研究。

一位教授在英国的医学期刊《柳叶刀》（*The Lancet*）上写道，"爱因斯坦在认知领域的杰出才能和他自己描述的科学思维方法可能与他的顶叶内部的反常结构有关。"

由此可以推断人类的总体情况，科学家们假设，"特殊的认知能力可能与人脑掌管这一功能的结构有关。"这句话的真正含义令人难以置信：由于人脑和人脑之间物理形式的某些不同，可能决定了姚明具有篮球天分，罗杰·马力斯拥有杰出的棒球才能，贝利具备在足球运动中天生的组织力和创造力。就像身体素质的优势能使得运动员获得冠军，员工的脑部结构可能决定了他在某方面天生就胜过其他人。"与生俱来的几何学和线性代数能力会在很大程度上影响着人们的思维、感觉以及行为。"史蒂芬·平克在他2002年出版的《空白的石板：对人类天性的现代否定》（*The Blank Slate：The Modern Denial of Human Nature*）一书中这样写道。

爱因斯坦的认知能力确实远远超出我们的正常范围。但"正常人"是怎样的呢？我们的同事和员工的情况是什么样？他们会在什么特殊的领域有天赋吗？人脑成像技术和死后对人脑的研究似乎都不足以回答上述问题，但用其他方法却可以得出肯定的回答，并且提供十分有力的佐证。

通过研究分开抚养的双胞胎的成长情况，研究者们发现，"遗传学，包括遗传而来的兴趣、教育、社会和其他环境压力，对我们怎样选择未来的发展道路有很大的影响，同样对我们是否适合选择的工作也有很大的影响。"南茜·西格尔博士写道，"一份明尼苏达大学的研究报告显示，一对双胞胎被分开抚养后，他们选择的工作在很多方面十分相似，比如工作的难易程度、运动技能和物质需求等。在其他研究中，双胞胎们还在其他方面表现出相同的趋向，比如'是否具有进取心'，'对待传统的态度'和'审美水平'；他们还有共同的爱好，比如喜欢做糕点或者公开演讲等等。"这些研究结果有力地证明了遗传确实是决定人类智商、性格、工作兴趣甚至个人癖性的主导因素。

根据以上的分析，人类本性对员工个人的主导作用逐渐变得清晰起来。对于总裁、经理和人力资源管理专家来说，问题就简单得多了。企业不会雇用蹒跚学步的孩子，他们需要的是业已成型的成年人。当应聘者出现在企业门口的那一瞬间，这个人的模式就被定型了。**成千上万的关于应聘和聘用之后的职场表现的研究显示，应聘者中性格特征、天分和才能与该职位十分匹配的人在之后的工作表现会很成功，反之工作效果就会迥然不同。**大部分经理认为自己的直觉就是真理，许多人说他们觉得通过应聘者的教育和各种背景就能了解这个人的性格特征。但是，大部分的决策者们并没有使用最为科学的方法去探究应聘者的内在秉性。

2001年盖洛普公司带来了他们的一项研究，这项研究由公司前主席唐纳德·克里夫顿带队开展，代表了盖洛普几十年来研究的最高成就。

盖洛普公司独一无二的"优势识别系统"（Strengths Finder）已经在全世界范围内翻译成18种语言，被200万人使用过了。它包含34个主题来解析人类的天性，比如"思维能力"，一种新的思考方式的倾向；"接受能力"，接收并处理大量信息的能力；"完成力"，一种引领人们不断向更高的目标高歌猛进的内在动力。这些特质相对来说比较稳定，光阴在一个人身上流过，而那些最能说明他性格的特质变化却很小，这进一步证明了人类天性并不是可以被周围事物随意影响而变形的泥巴，人类的性格是比较稳定的。他们有自己的弱点，也有自己的天分。**企业管理者让员工对自己天性认识得越清楚，天分把握得越得心应手，企业的工作效率也就越高。**

"和别人谈天赋其实是一种令人难以置信的谈话，但也看你怎么表现，需要你拿出时间和精力。"一位热心的管理者说，他长期使用优势识别的方法管理自己的公司，"我会提出许多问题：'你的天赋是什么？你在什么地方会觉得最开心？'还有'让我们看看你今天做了什么——我们把它们列出来。告诉你的一天是怎么过的。告诉我你每天是怎样利用你的这些天赋的。如果你不知道自己有什么天赋，你某某方面怎么样呢？'这个真的就是聊天，打破常规，以一种非常主动、热情的态度去和别人谈话，而不是用那种老套的方法，上来就说'你没有达到你的工作目标'。"

那些在个人事业上运筹帷幄的成功人士常常认为自己心里有种

不可阻挡的迫切要求鞭策着他们去实现"生活的召唤"或者"天生想要的东西"。在乔治·奥威尔的文章《为什么我要写作》（*Why I Write*）中，描述了这样一种他的真实天性："从很小的时候，大概四五岁，我就知道等我长大后我会成为一位作家。在我17岁到24岁这段时间，我试着放弃这个想法，但我有一种潜意识告诉自己这样做背离了我的天性，过不了多久我还是会平静下来专心写书。"

工作时，最理想的情况是员工非常享受自己工作的乐趣，而不是为了挣钱或者为了得到晋升而努力工作。当员工们谈及什么是最擅长的事情的时候，他们不会只局限于工作之内。当然，人们与自己职业，如推销员、教授或护士的紧密关系可能使这些职业成为人们自我形象的一部分。事实上，相比于具体的工作，人类的天分是种更加本能化的东西，它可以被你带到任何职位上，甚至跨行业。比如，一位天才的推销员拥有无与伦比的劝服能力，也许他做政治说客或者脱口秀节目主持人同样也会很成功。有很强沟通能力的大学教授可能很容易就发现自己也适合当一名顾问。实际上，那些换过多次工作的人谈到为什么他会选择做这些几乎毫不相干的工作时，他们认为，唯一将这些工作联系起来的要素，就是在不同的岗位上所体现出并得以利用的相同的个人天赋。因此，我们不难发现有表面上十分相似的两个人，都觉得自己"在做我最擅长的工作"，但所做的工作却截然不同——一位是银行职员，他喜欢这份工作是因为这份工作可以和城市里的人们密切联系；而另一位是投资者，他很难想象如果不能置身于股票、利率和贵金属价格的投资市场，他会有多失落。

为了达到团队合作的最佳效果，经理必须帮助每位员工——使员工在忘我工作时能够达到最佳体验，以此改变员工状态，发现他们自己最擅长的领域。员工们也必须认识到，只要他能在不损害其他人利益的前提下，完成由他负责的既定目标，则工作的过程，即他们是如何达到目标的是无关紧要的。人们认识到自己的天分和缺陷并不意味着事业的选择范围缩小了，恰恰相反，那只是说明每位员工都会在相对来说独特的方面获得成功，用自己的方式取得成就。

事实上，本书描述的12位管理者都是绝好的例子。他们身上的天赋各不相同，有些甚至可以说是截然相反。他们每个人都以自己的方式取得了成功，他们都在利用天分所赋予他们工作上的优势，而不是试图把自己变成其他人。每个人都该这样做。

根据员工个人天赋制定的人事策略创造了稳固的财务优势。几年前，盖洛普公司分析了一项报告，是针对2000名管理者提出的有关管理方式的开放式问题。该调查关注的是管理者是愿意拿出时间精力去纠正员工的"缺陷"，还是更愿意去帮助发现和发扬员工的天赋和优势。当我们把这份报告和这2000位经理所领导的团队业绩相对照后，我们发现表现最好的那些团队的领导者更倾向于将有限的时间用在将员工安排到更适合他们的工作岗位上，他们在配置人力资源时，更强调个人能力而不是员工的资历。一般来说，一个由更看重个人能力的领导所带领的团队取得优异成就的可能性，比那些不这样做的领导带领的团队高出一倍。

最近一项研究发现，关注员工的天赋并帮助他们发挥优势的公司比起那些不重视员工天赋的公司，员工的敬业度平均要高出33%，相当于平均每年多盈利540万美元。另一项最新的研究发现，那些感到自己天生适合做市场销售的销售代表比那些没有这种感觉的人销售总额要多11%。第三要素不仅是工作效率的保障，而且还是公司未来盈利能力的保障。在盖洛普公司的数据库中，"在工作中，我每天都有机会做我最擅长做的事"这项得分最高的前25%的公司比排名最后25%的公司平均利润率高出10%~15%。最近的一项研究分析报告揭示了这样一种情况：如果管理者本人的天资正好适合做他的管理工作，那么他所在公司将会比处在一般水平的公司销售多15%，利润高20%，员工缺勤率却低24%，员工流动的数量也要低13%。

尽管这些研究数据都证实了这一要素对企业发展至关重要，但只有三分之一的雇员对"在公司，每天都有机会做我最擅长做的事"的表述表示高度认同。对企业来说，盈利是最大的目标。为了能够获得更大的效益，企业管理者们想尽方法制定销售计划，谋划库存策略，树立劳动模范，开发宣传新产品等等，却很少有人注意到问题的部分答案就在企业本身。

解决之道

1. 发挥优势。

史赛克公司团队在工作上并没有任何的含糊不清需要明确的地方。"我们的工作过程规定明晰，"经理科劳斯·威尔特说，"我们工作最核心的目标就是这个产品，我们不断地改进它。这就给了我们这个团队足够清晰的方向，它指引所有人该向什么方向走，什么问题该问，什么问题不该问。"其实，髋关节置换手术治疗的导航系统的设计，最困难的地方并不是去理解什么必须要做，而是需要考虑承受手术的机械压力和杀菌消毒所带来的热量和压力，同时维持电子电路运行通畅。

"在此之前，没有谁的设计能同时满足这三个要求。"萨尔弗斯塔尼说，"只满足其中任何一个都是很简单的，比如把它改造得足够结实能够抵挡撞击和挤压是不难的，难的是不仅要同时照顾到三方面，而且要保证这三个方面都要在安全合理的数据范围之内。"

为了团队的整体利益，工程师们开始逐渐了解自己和其他人的天赋。"我们经常一对一地和工程师们开会，至少两三个月一次。"威尔特说，"在会谈时，我真的问对方，'你最擅长做什么'和'你怎么看你的工作'？我们试着帮助他们去了解自己。如果他们能说出自己最擅长做什么，我们就会把那个任务分配给他，那正是我们认为最适合他的角色。"在第三要素上，史赛克公司团队在盖洛普公司的全球敬业度调查数据库中名次位列前15%。

威尔特认为在弗莱堡的工作团队囊括了手术、电脑辅助设计、机械工程和研究等方面最优秀的人才。萨尔弗斯塔尼博士负责"结构化分析"，而他会认真全面地交流并且坚持到底。普洛斯是这一团队中最善于交朋友的人，他仿佛有一种"社交胶水"。他具有高度的工作责任感，"在工作做完之前他绝不会停下来，"威尔特说，"这使得他能集中精力保证项目的正常运行。"泰施克是实践证明了的天生的组织者。"如果我们这个团队超越了自己，那一定是因为他在背后鞠躬尽瘁。"迈克尔·波拜尼克则擅长解决设计方案在生产制造中的还原和实现的问题。

当团队需要重新设计系统时，威尔特还会需要乔塞路斯·蒙提祖玛。他是团队内部的幻想家和预言家，他的主意，比如在系统顶部装一架重力传感器，通过它能够检测到其他所有元件的位置，起先听起来有些荒诞不经，但之后却被实践证明"不仅是有用的，简直是最为必要的"。威尔特说："他对整形外科手术的理解相当深刻，甚至可能超过许多专业的整形外科医生。"在一般的观点分歧上，蒙提祖玛喜欢跳过去先做其他工作，泰施克则每前进一步都细心谨慎，这个团队找到了最理想的合作状态。

当被问及自己的天赋是什么时，威尔特说："我比较擅长分析复杂事物，留心观察员工的个人优势，努力将他们的优势整合起来达到最理想的合作状态。"他十分享受与史赛克发明的机器设备和其他团队人员共同工作的过程。"如果你只是将科学技术组合在一起，你会很快得出结果。"他说，"如果是将有技术的人组合，那时间就会久些。"

一旦他发现一线的所有关键人员各就各位了，威尔特就开始寻找团队中的漏洞。"我们将团队召集在一起开始工作后，就分析我们在做什么，然后就发现了我们缺什么，"他说，"我们在找大拼图的其中一块。同时，我脑海中有一幅图，每个人和他们的任务，以及他们最擅长的工作。**我们在人员表中仔细搜寻，从中寻找丢失的那块拼图，脑中不停地思考'谁最适合做这块拼图呢？谁来填补我们那时最需要的特殊的空缺？'**"

"想要创造一支高效的团队，"威尔特说，"不仅仅是将具有合适能力和经历的员工放在某个职位上以填补空缺。你绝不能将某个位置的工程师随便换成另外一位。他们擅长的事情真的非常独特。"而且可以说团队成员能力组合的好坏同他们的能力本身一样重要。

"要准确地找到一个合适的人才经常需要半年以上时间，"威尔特说，"有时候，我们十分惊讶地发现在应聘者简历上看到的东西与实际情况并不相符。曾经有过几次，我们雇了一些人，经过一段时间，比如一年或者更长时间之后，我们却分配给他一个同他过去工作完全不同或者本质上非常不同的工作。"举个例子，威尔特说到曾经雇了一位工程师作为研发部经理，后来却发现他习惯规避风险，同时却对工作中的每个步骤都十分细心。他的小心谨慎在项目刚开始时阻碍了他的顺利工作，因为那时有太多不可预见的可能性需要他一一研究，但在之后的阶段他却做得如鱼得水，因为将所有方面都关照到对于项目的进展十分重要。

为髋关节人工置换手术的导航系统寻找解决方案，面临着极大的内、外部压力，因此因才施用是至关重要的。

新成立的团队将一间会议室作为项目的信息收集和交流中心，接下来的半年中，他们有一半时间在这里同其他成员一起度过。他们称这间会议室为战争前线，"一个非常不愉快的地方。"威尔特回忆说。"每个人都认为那种气氛太紧张了，以至于我们都觉得自己身处于与那些问题的战争之中。"普洛斯说。

2. 通过问题的解答来完成成果设计图。

没有哪个问题容易解决。设备的每个方面都需要单独分析，大约有十个大问题必须要纠正。"逃离那种紧张状态的唯一方法就是加倍努力工作。"泰施克说。在检查之前坏掉的设备时，他们发现电子通讯线路是被外科医生烧断而损坏了。他们花了3个月时间才认定电容器上的胶水不够牢固导致与其他元件连接不够紧密。为了解决这个问题，他们利用定位焊接技术将电子元器件和医疗用的探针的柄封装在一起。在经过了无数次实验之后，他们终于发现了一种金属适合做按钮，这种金属经过高压灭菌器中的反复加热也不会发生膨胀。

于是，事情开始变得顺利起来。"这是我们开始系统分工和有条不紊地继续解决问题的转折点，"普洛斯说，"那真的是提升了我们每个人对于这个项目取得成功的信心，我们觉得自己正走在扫除障碍的正确道路上。任何方面的知识都派上了用场，实验计划也比以前收获更大，人们从所有的角度重新考量设备的设计。我们在系统的分工下进展越快，整个团队对于最终的胜利就越有信心。"

令萨尔弗斯塔尼感触最深的是他们将一群天才员工平等分工，组合成了高效的团队，并以整齐一致的观点对每个主要问题做出决定。"这是真正的团队合作，"他说，"我们团队中的有些人精通力学和机械学知识，有的在电子学上很有建树，有的人有很强的执行力，还有人善于制造出原本只存在于设计中的机械设备。将这些人聚集在一起本身就是最高明的安排。"

在解决了许多问题之后，团队决定不再试图同时解决所有问题，而是将所有待验证的解决方案组合在一起，形成一个样本原型。也就是说，他们不再逐个解决问题，不是像最初那样，从最关键的问题入手，一直发展到解决相对比较细微的问题。如果坚持那样做，整个团队要等到解决了所有问题后才能看到整个机器设备的原型。"最激动人心的是当我们第一次试运行的时候，"萨尔弗斯塔尼说，"我们将所有元件整合起来，第一次看到了机器的整体设计，最终我们为它所做的改良奏效了。"

就像本章开头所提到的痛苦的回忆那样，设计制造一套劳动工具是一件事，然而做一套要经历无数次外科手术和高温消毒后仍然看起来毫无损伤的工具又是另一回事。为了保障设备的安全性和可靠性，团队雇用了一些当地的学生，还做了一个机器人（波拜尼克的点子之一），将做成的设备样本原型还原到医院的真实环境中。这个机器人将这台原型连续不断地放进又拿出高温灭菌器，总共经过了600次加热冷却的循环测试。这台样本原型每天都要在不断变换的环境下工作，学生们将刚从高温灭菌器中取出的样本原型马上放入"撞击实验室"，模仿外科医生在手术中的敲打、重击等动作来测试其对这台设备的影响。"整个楼都在颤抖。"泰施克说。

即使经历了反复的测试，改进后的髋关节人工置换手术导航系统只比上级期望的时限多了4周时间。这台设备获得了极大成功。在经过高温灭菌后发光二极管会被点亮；在经过反复加热和冷却后，没有任何按钮和其他可移动的东西粘在一起；经过撞击实验后，机器框架没有一丝裂缝。在机器通过层层标准测试后，他们的工作也终于通过了检查。"我们真的百分之百地成功了——设备原型在测试时得到了满分。"泰施克说，"从产品品质上看，这个项目将我们整个电子硬件队伍提升到一个新水平。我们在这么短的时间内学到了这么多的东西，真的很奇妙。"

由于患者的骨头和手术中的所有器具上都设置了传感器，史赛克公司的髋关节人工置换手术导航系统能够准确地显示人的骨骼、手术器具和人造髋关节的所有细节，精确至七千分之一毫米。这套系统通过不同的颜色精确跟踪手术过程中手术刀位置，如：当手术刀移动路线歪曲时显示为黄色，进刀准确时显示为蓝色，而如果手术刀偏离太远则会变成红色，从而帮助主刀医生明确多少骨头需要移除，在什么角度下刀更合适。

弗莱堡公司的研发团队费尽心力开发出这套系统，为的是能为外科医生们的反馈提供快速、详尽和准确的回应，而这一次他们得到的来自医院的反馈是沉默——这是一种他们希望得到的，美好得让人安心的沉默。在医疗设备制造行业，当设备出了问题，投诉报告和机器设备就会被送回原厂，就像最初那套髋关节人工置换手术导航系统经历的那样。但是如果产品成功了，往往会很安静。他们说，在巴伐利亚人看来，**"不被骂就是十足的表扬了"**。或者，像美国人说的，**"没有消息就是好消息"**。

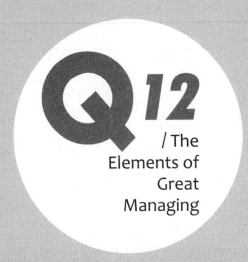

Q12
/ The
Elements of
Great
Managing

第 **4** 要素

我因工作出色而受到表扬
——认可与赞赏的魅力

不善于利用积极反馈的管理者们不仅无法提高他们的管
理效率，而且也影响了薪水本身的激励作用。

经典案例

　　格罗丝卡是科维泽市一家造纸厂的库房经理，而这家企业曾经是一家国营单位。国际纸业公司在14年前从政府手中购买了该企业的大半股份，从此这家公司就有了翻天覆地的变化。今天，随着波兰加入欧盟，市场进一步开放，私有化程度不断提高，这家企业已经拥有300多个不同的样式和品牌，行销几大洲，发展前景广阔。

　　但由于仓库所在的地下室缺乏必要的自然光线，这里存放的所有设备面临着非常严峻的挑战。不知道什么原因，格罗丝卡在2002年被造纸厂任命为该仓库的经理。在这个以男人为主的工作单位，她需要带领24名员工，以三班倒的工作方式为整个企业提供集装架、包装材料、塑料保鲜膜和厂区车间需要的黏合剂。这位瘦小的新经理，曾经梦想做政治家的女人，突然间得到了她一直想要的一个改善别人生活的机会，但这个机会却使她感到一些不安。

　　"如果你问我面对这个工作最害怕什么，或者可能有什么会处理不好，我只能说是人。"她用波兰语解释道，"我了解这里技术方面的所有细节，我只是有些担心我怎样才能管理好那些人，我要对他们负责任。"

她的担心是不无道理的。仓库里的员工们确实毫无组织纪律性，他们没有良好的责任感。仓库里没有电脑，要找什么东西只能去查物品目录或者干脆在纸上一条一条地找。这里没有团队精神可言，甚至根本没有可以让员工聚集的地方，无论是正式开会还是私下聚会。

事实上，当格罗丝卡最初把"认可"和"赞誉"的概念引进这个团队时，其他人确实看起来很反感。有一年秋天，企业的生产因为主要的机器设备更新升级而延缓了，相应地，仓库的工作量也小了，员工自己的空闲时间就多了起来。4位员工就利用这段时间将仓库集中整理了一下。他们主动地把物品目录整体核查了一遍，将零散的东西打包整理好，把工作的环境收拾得更加井井有条。

于是，格罗丝卡召开了一次员工会议，当众表扬了这4名员工，在她看来，这是他们应得的奖励。但是，让她颇感意外的是，她并没有在他们的脸上看到管理者最希望看到的，获得认可和赞许后的感激和微笑，他们只是害羞地垂着头说他们只是做了应该做的，并不需要这样的赞誉。在那次会后，格罗丝卡听到一些只言片语说，她在会上的评价扰乱了整个团队的关系，导致了人们彼此之间的嫉妒，还说她偏心，不能平等待人。

但是无论在哪个国家，当领导刚开始尝试着去赞扬员工，增加一些肯定他们的言语时，对于那些根本没这个习惯的团队来说，格罗丝卡碰到的这种情况是很普遍的。因为她的溢美之词在员工们看来是极为奢侈的，这些话语招来的嫉妒和怨恨远远超过感恩和激励。

所以当格罗丝卡企图将赞誉的习惯引入这个长期无人顾及的仓库团队中时，却得到了相反的效果。她需要的是针对这种情况做出更复杂的战略调整，仅仅迈出一步是完全不够的。

理论支持

格罗丝卡的团队想要完全发挥出自己的潜能需要做出许多改变，而最为关键的就是表现出对员工的认可和赞誉，也就是伟大管理的第四要素。即使溢美之词会让他们处境尴尬，窘相尽现，但如果没有赞扬和鼓励为他们提供动力，他们确实很难全情投入工作。

一般来说，从员工的角度来看，在大部分公司和团队工作中，赞誉言语都是十分匮乏的。在调查中，只有不到三分之一的员工对"在过去的七天里，我因工作出色而受到表扬"这一评论做出肯定的回答。在任何一家公司内，都有占总人数五分之一到三分之一不等的人认为自己的工作并没有受到肯定，他们会说："别说最近有没有受到过表扬了，我付出多少血汗根本就没人看到过。"

这种影响首先体现在员工们有"跳槽"的想法上：那些感到自己没有得到应有表彰的员工们在工作的第二年就离开公司的概率比其他人高出一倍。除了想"跳槽"，因在职员工每天工作激情受到影响，给公司造成的损失可能要更大。缺少第四要素的企业其实就等于缺少了10%~20%的产量和财务收入，以及大规模企业中成千上万的忠实员工。

在一家大型医疗集团下属的不同公司内，员工们在"认可和赞誉"这一要素上有10%的差别，就意味着这家医院的患者对医院服务的满意度有11%的差异。在另一家投资公司中，半数投资顾问认为自己的工作备受褒奖的部门同那些只有三分之一的人有这种感觉的部门相比，经营收入要高出11%——那可是几百万美元的大生意啊！一项涉及多家大公司的大型分析报告显示，肯定"认可和赞誉"这一要素的公司比一般公司平均高出6.5%的生产率和2%的员工敬业度。千万不能小看这2%，它最难培育却最能为企业带来高收益，员工敬业度的每一个百分点都等于世界财富五百强公司上亿元的销售收入。

一个简单的实验可以证明"认可和赞誉"对人们有多重要。几年前，一位教授在某家商业研究生院上课，那天他到得稍有点晚，当他走进教室时，学生们就已经像平常一样准备好纸和笔等待课程的开始了。

这位教授喜欢一边讲课一边在教室内踱步，在他解释错综复杂的生产和业务管理知识的时候，他总是缓缓地从教室的左边走到右边，又从右边走回来。那天，他依然如故，为了补回迟到的时间他很快就进入了状态，传授专业知识，同时开始在教室里来回走动。

随后，学生们注意到一件奇怪的事情。教授讲得越久，就越喜欢往教室的左边靠近。其实他根本不是有意的，他完全沉浸在他所讲授的知识中，完全没有意识到自己身体的这种趋势。但是，好像确实有种东西促使他总是向左靠近。到了快下课的时候，他几乎贴到了左边的墙壁旁，一种莫可名状的感觉将教授固定在教室一侧的狭小空间。

最后，一个学生袒露了真相。在他们等待教授来上课之前，这个学生决定用这个班的同学做一个实验，而教授将作为实验用的小白鼠懵懂地走进这间奇怪的教室。在讲课时他会发觉，当他慢慢走近教室的右边时，右边的学生们纷纷假装自己很无聊，不停地看手表或者低着头看笔记，而当他逐渐走近教室左侧时，左边的学生精神振奋，时而点头赞同，时而积极参加讨论，还不时为教授的精彩评论发出满意的笑声。**这种看不见的力量就是积极的反馈。**教室左侧的学生把握住了这一点，使得教授就像饥寒交迫的旅行者需要寻找壁炉取暖一样逐渐走近他们。

直到10年前，科学家才慢慢解开隐藏在教授的上述举动背后的大脑工作机制的玄机，人们在接受直接的积极反馈后都会表现出上述反应。1998年，伦敦的研究者们招募了8名年龄在36~46岁之间的男子来玩一款视频游戏，游戏的内容是在战场上驾驶一辆坦克，玩家需要一边射击敌人的坦克一边收集旗子。敌人的坦克可以还击，而且玩家只有"三条命"。如果收集到了所有的旗子，玩家就可以顺利进入下一关。玩家事先知道，只要他过一关就能得到7英镑的奖金。游戏开始10分钟后，研究者给玩家注射了含有微量化学试剂的注射液，以便利用定位发射X射线体层摄影术来监测受到胜利的心理激励作用后，人类大脑的表现情况。

结果发现，当人们通关成功，人脑内部的腹侧区纹状体就被激活了。腹侧区纹状体分布在大脑两个半球的中低部区域，有两个四季豆大小。神经系统学科学家认为，腹侧区纹状体和它周围的伏膈核一起构成了大脑处理奖赏信息的中心，一种叫作多巴胺的神经传送体（通过神经键传递神经脉冲的化学物质）能使人类感到开心，给人愉悦和满足的感受。参加游戏的玩家大脑中的数据显示"纹状体细胞外液中多巴胺至少提高了两倍"，和"静脉注射安非他明和哌醋甲酯后所得出的数值"差不多。

激励式的言语能够激活人脑中负责处理奖励信息的区域。盖洛普公司采访过的一位员工曾经将这种激励作用总结为："对我来说，受到表扬和认可就像点燃了我体内潜藏的那部分能量。那种感觉就像是，'哦，这次做得真不赖，但是你知道吗？我能做得更好。'它给了我不断努力，让自己做得更好的动力。"多巴胺所带来的愉悦似乎太过诱人，使得许多人为了一时虚幻的快感不惜牺牲生命。可卡因、海洛因、尼古丁和酒精之所以可以使人上瘾，有部分原因是它们可以通过人工刺激增加人脑中多巴胺的释放水平。

对企业而言，这种化学物质**不仅能让员工们在受到表扬后感觉良好，还对保持员工的记忆力和学习能力具有至关重要的作用。它会形成一种内在奖赏机制，促使员工们继续保持对公司有利、为领导和同事所认可的行为。**

上述大脑对好消息的渴求可以用来解释为什么注重"认可和赞誉"的团队会比充满怀疑和指责的团队创造更高的效益。在一项调查中，研究者观察了60个企业团队，将每个团队的成员在员工会议上的表现分为肯定的、否定的、以听众为中心的、以发言者为中心的、盲从的以及探讨的几类。将观察结果和这些团队的工作绩效相比对后发现，工作绩效高的团队在召开会议时，积极意见是消极意见的5.6倍，团队成员更愿意就某个议题相互探讨并能够兼顾自己和别人的意见（另一名研究人员在对婚姻所做的类似研究中发现，成功的婚姻中，夫妻双方积极评价是消极评价的5倍，这与上述研究结果不谋而合）。而工作绩效低的团队，员工之间消极评价是积极评价的2.8倍，以自我为中心的意见是顾及别人意见的29倍。那些举步维艰的团队中充斥着一种相互否定和自高自大的情绪，员工们思想狭隘，不愿接受别人的意见。而工作效率高的团队，员工思想开明、眼界开阔，能虚心接受别人的意见。这并不是说最好的团队就是一团和气，他们也就问题相互探讨，而探讨的前提是成员之间的相互尊重和相互信任，研究人员将此称为"有基础的积极性"。

一些企业老总对第四要素的表述提出质疑，指出"在过去的七天里，我因工作出色而受到表扬"的说法太过"极端"。他们想知道为什么一些有重大意义的认可行为，如颁发销售奖或在领导讲话中提出表扬不能延长到一个月或更久。事实上，这不是不可以，但是效果却会大打折扣。神经学研究发现，多巴胺的活动周期是以分钟计算，而不是按月份计算的。大量证据表明，人们在工作中，大脑处于时刻准备的状态，渴望并搜索着每一条来自外界的肯定的信号，尤其是意料之外的惊喜。

工作热情高的员工并不认为七天的限制是件困难的事。"我喜欢为我的老板工作的原因之一是，他是一个非常愿意表扬和鼓励员工的人。"一名销售人员说，"无论什么时候和老板谈起工作，他都会夸奖我做得不错。这看起来是件很小的事，但对我来说，却是极大的鼓舞。"

然而，这种鼓励认可的企业文化在当今社会却并不多见，这至少有两个方面的原因。其一，自私是人类的天性。比起赞赏别人来，人们更愿意受到别人的赞扬。其二，正如腹侧区纹状体负责处理积极的事情一样，大脑中另一部分则对消极的信息保持敏感。

因此，与表扬员工出色的工作相比，大多数公司和管理者会以更快的速度解决或掩盖出现的问题，对此，我们并不奇怪。在快节奏的行业，问题常常是在所难免的。如果不能有意识地在公司里培养认可和赞誉的习惯，负面的信息就会很快流传开来，正所谓"好事不出门，坏事传千里"。

如果一名员工满怀希望地等待着自己的举动得到别人的认可，而盼来的却是一片沉默，失望之情会让大脑中的多巴胺水平骤降，从而导致这名员工从此对出力不讨好的工作避而远之。即使这样的工作与工资挂钩，他也只是抱着"不求有功，但求无过"的心态，不会付出百分之百的努力。正如熊在寻找食物时不去没有莓果的地方，人们在工作时也不会做那些得不到心理鼓励的事。"工作中最差的遭遇莫过于自己的努力得不到别人的认可，"一名正面临这种困境的工作者这样写道，"每个星期五晚上我都会加班，而我们部门的其他人早早地就回家了。因为旁边的部门还有不少活没有干完，我便留下来帮忙，直到深夜。但是，没有一个经理因此表扬过我。"这名员工表示他以后绝不会这样做了。

如果员工在一个地方得不到认可，他就会另辟蹊径。例如，在公司草草做完普通报表的员工会在全美大学生篮球联赛的博彩办公室大显身手。另外，考虑到即使在电脑上赢了一局纸牌游戏也会刺激大脑中的多巴胺释放，得不到认可的员工在上班时间偷玩游戏便是再正常不过的事情了。

然而，对于自己在给予赞誉方面的吝啬表现，经理们，甚至高层领导们总是有自己的借口。一些管理者对员工们说："如果我什么都没说，就表明你们干得不错。"这种"没有消息就是好消息"的观念对机器，比如锄草机来说也许管用。而另一些管理者为自己的失职找到这样的理由："我并不善于夸奖别人。"也许这样说足够诚实，但如果以此作为不能履行管理者的一项基本义务的借口就让人无法接受了。这就好比如果企业经济效益不好，难道他们会为自己找"我并不擅长数学"这样的借口吗？

不善于利用积极反馈的管理者们不仅无法提高他们的管理效率，而且也影响了薪水本身的激励作用。对第四要素评价最高的那部分员工在同意"客观地说，我的工作成效配得上我的工资水平"的程度上，比那些最不能获得认可感的员工高2.5倍。

也就是说，只要你付出欣赏和感激，就能换回一片阳光。

解决之道

1. 赞誉，才能出成果。

给予员工认可和赞誉的最有效的方式在于发现什么对他们来说最有意义。为了找到更好地管理团队的途径，格罗丝卡开始逐个找员工们单独聊天。"我从倾听他们说话开始，他们最想要说什么，他们对那些问题怎么看，他们希望自己的工作怎样重新组织，他们最想要的是什么，他们工作时缺少什么物质条件……"她说，"同时，我把他们希望解决的问题一一记下。当我们再见面时，我给他们看一份报告，报告记录了在过去的一段时间的工作情况，解决了哪些实际问题。这同时也拉近了我们的关系。"她不去理睬那些对她不利的言论，而继续按照自己的计划行事。

由于这个团队对在公众面前获得领导赞誉十分敏感，格罗丝卡发现一对一的对话方式十分有效，不仅表扬本身对每位员工来说特别重要，而且这种方式不会招来无端的嫉妒和反感。"当他们刚刚开始转变，还不能适应在会上公开表扬谁的时候，每个人都对我说他们更希望和我单独会面。"她坚信她需要继续表扬他们，但她开始担心当表扬不能满足他们的需求的时候怎么办，"我从来不吝惜自己的赞美之辞，但是我怎样才能真正取得他们的信任，让所有人都开心？那真的太难了。"

"她会说这样的话：'姑娘们，加油，干得不错。真的超级棒！'"伊琳娜·克拉耶夫斯卡说，她是刚来仓库五个月的员工，"格罗丝卡是个看到任何人都很开心的人。她不像我的领导而像我的同事，不拘小节，没有架子。"领导和她的团队的感情可以用一种标志性的感觉来区分：他们用随意的波兰口语讲话和互相聊天就表明双方承认彼此建立了友谊。

当我们问格罗丝卡如果员工做得非常好，她怎么认可或奖励他们时，她用一只胳膊搂住安尼亚·哈菲克的脖子，吻了一下她的脸颊并笑了起来。已经在这里工作了两年的安尼亚·哈菲克说："她很容易接近，像普通同事一样。但她对我们的工作要求十分严格，不喜欢员工人云亦云。她并没有每时每秒严密看管每位员工，在讨论员工所犯错误的时候，从来不会抬高声调故意让人难堪。她教会我们正确的工作方式。"

仓库的员工们仍然在慢慢习惯着接受领导的表扬。即使这种表扬只是在私下里进行，他们还是会表现出害羞，认为所有努力只不过是自己应该做的。但当格罗丝卡发现员工们逐渐意识到"即使在公开场合得到领导的表扬，也不会要了他们的命"，而她鼓励的言语也已经开始发挥作用时，她的团队在慢慢发生改变。"有时他们有些害羞，但是他们的表情和眼神表现出他们的真实想法。"她说。员工们说他们比以前更喜欢帮助别人和感谢别人的帮助了，一种互相帮助、互惠互利的精神在原本没有任何凝聚力的团队之中建立了起来。

当最初在公开场合赞扬某人而招来了妒忌，并有人说她偏心后，格罗丝卡认识到了每次赞誉都必须辅以客观真实的事例才能让人信服，从而达到认可和表扬的目的。她在公开场合只会赞扬整个团队，比如在工作日志中，她会在每个周末的最后一行写道："感谢每个人让一切都井井有条！"

团队中的男人是最难管理的。"最初他们就像水泥一样顽固，"她说，"像水泥。"他们对她的女人身份不屑一顾，认为她会像以前的领导一样，滥用职权，随便对他们发号施令。他们把她的指示当做某个人的一时兴起而不是严肃、可靠的指导意见。她觉得他们想要将她拖进一场与他们对她的贬损评论做斗争的冲突中，但她拒绝上钩。"我假装自己没有听到和看到任何不利的东西。他们没有执行我的命令，我就笑笑之后再分给他们其他的活儿。我完全没有表现出任何愤怒的情绪。"

大部分波兰人信奉天主教，人们会很隆重地庆祝圣徒节。格罗丝卡还保留了很多和她的员工有关的重要日期的信息，她会在对员工具有重要意义的那天送礼物给他们。比如送自家栽种的鲜花或者其他象征友情的物品给女员工们。那男员工呢？"我会送心型的棒棒糖或者玩具熊给他们，或者一支钢笔，一些令人觉得惊奇或开心的东西，他们都很意外。"慢慢地，在她的努力下情况渐渐发生转变。"微笑和良言可以打开所有紧闭的门。"她说。

最近，她和团队中的一名男员工关系有了极大改善，"最终，我们开诚布公地谈了谈。"她说。尽管她急忙说明自己并不是心理学者，但格罗丝卡在把握人的心理上确实很了不起。她给这名员工分配了某项任务，然后总是赞赏他做得很好，给他加油和鼓劲，让他相信她对他的赞誉，并且会越来越按照她说的去做。"他为自己之前的行为向我道歉。他说他错了。我们一起坐下来为我们的未来干了一杯。"

她也试着鼓励她的团队认同自己的劳动，相信自己工作的价值，提醒他们如果企业没有他们，工厂将会立即停产并陷入一片混乱，他们同企业的其他岗位一样重要。她甚至向他们介绍她父亲常说的一句话："别理那些只会挑毛病的蠢才。"

2. 不只是表扬，还要有行动策略。

"站直了，"她告诉他们，"抬起你们的头，如果管生产的那些人冲你们大声嚷嚷，别怕他们，生产是他们和我们一起完成的。"

格罗丝卡为了走进领导的角色，花了两年的时间，每天连续工作12个小时。为了改变仓库的企业文化，她把电脑引入了工作间。她还提倡多方面多层次培训自己的员工，以使他们满足各种各样的工作要求。为了使员工们的工作环境更舒适，她申请资金建造了一个"社交空间"，包括一台冰箱、一台微波炉、一架碗碟橱、一张桌子和几把椅子。这些努力将团队的员工敬业度排名从盖洛普公司数据库的后25%提升到前25%。他们的评语也从"管理混乱"变为"真正的仓库"。这个显著变化吸引了国际纸业公司内部杂志对于科维泽分厂的关注，他们找到格罗丝卡和她的团队想对他们进行采访。

他们犹豫一阵，最后勉强同意。但当那篇报道登上杂志的时候，它立即成为对团队所有成员的最高奖励。他们承认从来没有预想到会有这么一天。"每个人都复印了一份。每个人都想要拥有它。"她说，"他们特别自豪，能以这种方式出现在杂志上他们确实无比开心。他们纷纷议论说这个采访真的不错，团队的努力没有白费。现在，他们开始重新看待自己的工作，认识到自己的价值，了解到他们的本职工作对企业多么重要。"

一天，上级领导沃洛兹米尔茨·沃德斯基在考察仓库工作时将格罗丝卡叫到一边，对她的工作做了一番评述。"他对我说，我做得真的太棒了，"她说，"我永远记得他说的话，是的，我会记住。这真的让我感到无比欣慰，也是对我在这里的长期辛苦工作的补偿，补偿了我付出的不懈努力和全部心血。"当她谈起多年来她一直希望能改善这里的一切，而今天真的实现了的时候，她的眼眶湿润了。

"我肯定是疯了。我对人际关系总是抱着积极的态度。"格罗丝卡说，"我知道有些人在背后对我的做法指指点点，但确实一点也不会影响到我。我有自己的处世哲学，并且可以说，正是这种处世哲学让我生存下来。"

格罗丝卡希望能够在企业给员工带来更多欢笑，她知道如果员工工作得顺心，回家才会更加开心。至于未来，"即使他们不再在这里工作了，我还是希望他们在回忆往事时把我当作一个好妈妈——一想起这里的时光，他们就会情不自禁地微笑。"

第 5 要素

我觉得我的主管
关心我的个人情况
——无微不至的关怀

员工们在多大程度上确认自己是团队的一分子，换种说
法，公司的凝聚力，或者"社会资本"有多大，决定了
员工愿意为公司付出多少努力。

经典案例

2003年4月，奎斯特公司任命有13年工作经验的拉里·沃特斯担任爱达荷瀑布市客服中心总经理，希望他能帮助该中心悬崖勒马，重新走回正轨。沃特斯欣然接受了这个棘手的任务，他马不停蹄，立即从蒙大拿州的海伦娜市出发赶往目的地。在沃特斯看来，这次上任既是一次挑战，也是一个机会。"在48小时之内，我赶到了爱达荷瀑布市，在一家宾馆住下来。"

事实上，在沃特斯到来前，当地客服中心就开始变得不平静。对这里的员工而言，任何变化都是值得高兴的事。沃特斯曾经来此进行过访问，他留下的只言片语让员工们备受鼓舞。在员工们的记忆中，沃特斯总是确保每名员工都能喝上咖啡，亲切地询问他们的兴趣爱好，真心地关注他们的生活。

现在，沃特斯以主人的身份再次来到爱达荷瀑布市，而对于当地客服中心而言，他们的时间已经不多。"我相信我能够将局面扭转，但我不知道我们离成功还有多远。时间对我们来说，真的是太宝贵了！"沃特斯说。

理论支持

　　面对挑战，沃特斯完全可以利用自己的权威，强行改变现状。"我们必须增加客户数量！"他可以这样命令他的下属。"带上这些电话，你们得多卖出几部！"许多管理者在遇到类似的困境时，常常求助于上述"捷径"，就像电影《十诫》（*The Ten Commandments*）里法老拉姆西斯宣称的那样，"言出必行，行之必果"。从短期来看，强制命令有时确实能够起到一定的作用。但是，如果一味依靠上级指示、物质激励、惩罚制度和严密监管等措施来提高团队业绩，效果是相当有限的。因为，员工由于对直接领导和同事的心理认同而产生的忠诚是所有企业都必须依靠的支柱。

　　对一名想要最大程度发挥员工作用的管理者而言，一个十分关键的问题在于员工们是否能形成一个富于凝聚力、善于团结协作、具有高度自我牺牲精神和强大工作动力的团队，换句话说，团队就是他们的家。这种态度就是伟大管理第五要素的精髓所在。它可以通过员工对以下陈述的评价来衡量，"我觉得我的主管或同事关心我的个人情况"。

　　一名成功的管理者应该具备影响别人情感的能力，许多管理者对此还不甚明了。美国著名的工业家亨利·福特有一句名言这样说道："我买的是一双手，为什么总是得到一个人？"也许企业可以通过各种规定限制员工在家庭、朋友和邻里上花费的时间，但却无法阻止人们对这些情感本能的需求。那些认为第五要素只适合在脱口秀这样的电视节目中闲聊，而与那些只看重经营业绩的经理们毫无关系的人应该对人类动机进行更深入的了解。

在工作中，与"一个完整的人"相比，"一双手"更容易被呼来唤去，被视而不见、被炒鱿鱼，或被认为是可有可无。有的人力资源部经理时常抱怨为什么有些员工迟迟不被解雇，他或许会说，"我很愿意守在门边，看着一张张哭丧的脸黯然离开。"如果他能打开心扉了解这些员工，他可能就会变得更加仁慈。员工们对这样的差别非常敏感，他们更愿意为那些把自己当作一个人，而不是简简单单的数字的公司努力工作。

一项研究表明，第五要素对奎斯特公司客服中心的重要性。研究人员想了解的是客服中心的工作人员是否会为提高薪水而弄虚作假。在工作中，员工们可以通过造假提高业绩，从而获得一定的物质激励，因此，公司所面临的问题是如何监控所有客服中心员工的工作情况。是安装设备监听工作过程，还是相信员工们会诚实工作，这让公司领导有些难以抉择。研究人员发现，员工们是否能感觉到公司"关心我的个人情况"在很大程度上决定了他们能否诚实地工作。"在实验中，我们注意到，要指导员工的行为，仅凭'良心'的作用还不够。"研究人员指出。与那些认为公司对自己关怀备至的员工相比，"很多认为领导缺乏公平和同情心的员工"会在工作中弄虚作假，并对此抱有侥幸心理。

对那些认为"自己在公司仅仅是一个数字而已"，而又不愿意弄虚作假的员工而言，辞职也许是一个让他们觉得对得起良心的选择。然而，这对公司来说，仍然是一种不小的损失。盖洛普公司在对众多企业进行调查，并对调查结果进行综合分析后发现，"被关心感的缺失"与"辞职"之间确实存在着紧密的联系。在辞职成了家常便饭的企业中，对第五要素认可度排在后25%的工作团队和前25%

的团队比起来，员工流失率平均要高22%；而在员工流失率低的企业中，这种差别为37%。在公司中，与领导和自己属于同一种族的员工相比，和领导分属不同种族的员工更容易辞职，而此时，来自领导的关心和照顾可以帮助弥补种族差异带来的影响。

为什么人们需要来自别人的关爱？这个问题其实触及到人性最核心的部分。习惯宗教学解读的人把"人性关怀"看成一种神圣的需要。圣保罗提倡"所有成员必须平等地关爱每一个人，有福同享，有难同当"；佛教的教义强调"普天之下，芸芸众生，只有彼此了解，相互关爱，富于同情心，才能建立真正的友谊"。在人性关怀方面，世界上的各大宗教几乎遵守着同样的原则。

作为一个群体的成员，人们的自我形象很可能会受到群体的影响，并深深地烙上这个群体的印记。正如《华尔街日报》所描述的商人们常常遇到的难题那样，"商业界有一种奇特而难以避免的现象，人们常常会根据毕业的学校或曾经参加的联谊会把人分为三六九等。如'某某学校帮'、'某某联谊会派'等等。"

但是，如果处理得当，公司内部可以形成一个个富于战斗力的新"部落"。尽管员工们来自不同的民族，从不同的学校毕业，拥有不同的文化、历史传统以及学历层次，他们仍然能组成一个统一的群体。在这里，员工们获得一种归属感和相互支持的幸福感，而公司也从员工的团结协作中受益良多。

对拉里·沃特斯和其他管理者而言，员工们在多大程度上确认自己是团队的一分子，换种说法，公司的凝聚力，或者"社会资本"有多大，决定了员工愿意为公司付出多少努力。**"社会资本可以增强企业的凝聚力，使企业不再是一群只追求自我利益的个体的集**

合。"丹·科恩与合作者劳伦斯·普鲁萨克写道，"社会资本可以增进企业成员之间的联系。**它特有的要素包括：成员之间高度的信任感、活跃的人际关系和社会网络、保持一致的观点和看法以及参与工作的平等感**。所有要素共同作用将个体凝聚为一个团队，有利于加强企业成员的信任与合作，促进企业各部门间的沟通与协调，发挥所有成员的知识和才能以及形成高度一致的企业行为。"

上述情况得以实现的关键在于企业成员在工作中能感受到来自其他人的关心和重视，而对此仍然不屑一顾的管理者们确实应该警醒了。"当我第一次做经理时，我才只有22岁。那时的我一门心思干好工作，只看重员工的工作绩效。"一位经理在接受采访时说，"我习惯给人下命令，现在想来那时真有点颐指气使的味道。我总是对下属说，'你必须怎么怎么样，明白了吗？'然后头也不回地走开。那时候，公司里有位年纪比较大的女员工，她常常对我说我是一个怪人。因为和她私交不错，我便邀请她坐下来聊天。我问她，'我想听听你的意见，为什么说我是个怪人？'她反问，'你以前难道没有听过诸如早上好、你的家人好吗、周末过得怎样之类的问候吗？'这次谈话让我感触良深，在之后的日子里也会一直提醒我随时注意自己的言行。"

解决之道

1. 制订"四步走"计划。

为了让奎斯特公司位于爱达荷瀑布市的客服中心重新恢复生机，拉里·沃特斯制订了一个"四步走"计划：关心一线员工的工作和生活、重视工作绩效、与工会进行直接和诚恳的对话、与手下6个经理中的几个保持距离。因为他担心这些每天向他汇报情况、手里管理着10~12个电话代表的经理们仍然保持以往的工作作风。

拉尔金·比乌查特是中心的一名经理，在中心最困难的时候，他常常安慰自己："这只是工作而已。"然而，他一直默默地坚持着，盼望有一天在一位真正的领袖带领下重整旗鼓。"拉里刚到中心的第一天，他将我们叫到他的办公室，对我们说，'现在我们在公司的11家客服中心中排名倒数第一。我们必须想办法扭转局面。'"比乌查特说，"他还告诉我们经理就要下到一线，与员工们一起工作。在随后的2~4个月里，拉里通过我们的工作表现和他对中心状况的判断对我们每个人进行了评判。"

"那时最让我感到吃惊的是，他竟然想要改变我们的心态。"经理马特·陶尔说。

沃特斯回忆说，在那天早上举行的会议中，他遇到了第一个巨大的挑战，"因为大多数经理并不愿意改变。他们的态度是'我们有自己的行事方式'。"然而，沃特斯不厌其烦地提醒着那些牢骚满腹的经理们。实际上，沃特斯已经决定，如果他们执意对抗就把他们调走，或干脆炒鱿鱼。对那些曾经被某个经理欺负的员工们来说，这无疑是一个好消息。"当我开完会准备离开时，我感到一种莫名的激动，"沃特斯说，"因为经理们被我的决定吓得够呛，许多员工都看到了当时的情况，他们已经感觉到改变就要发生了。"

沃特斯本想保留4名经理，他要求经理们改变以往那种粗暴的管理方式，学习有关电话系统的知识，并了解员工们失望的心情。结果，经理们一个个败下阵来。"对他们我是无能为力。当着我的面，他们说的很好听，可一转身还是老样子，根本没有改变的意思。"沃特斯遗憾地说。最后，只有比乌查特和陶尔通过了考验，其他4名经理被淘汰了。

随后，沃特斯经常召开员工大会或者与员工单独会面。在会议上，人们可以坦诚地直抒己见，为建立良好的工作关系奠定了基础。凯茜·贝格是客服中心的一名员工，也是当地美国通讯业工人协会（Communications Workers of America）的分会秘书。她在评价沃特斯时，充满了赞美之辞，"他是我的大英雄，"她激动地说，"他绝对是我的一切。沃特斯以他的坦率、真诚和言行一致赢得了大家的称赞。"贝格这样评价他。沃特斯每周二上午10：00都会与贝格会谈，几乎从未中断过。他从不隐瞒真相，他深知要改变中心的现状必须努力加强员工间的信任与合作，为他们提供有意义的工作，增强他们的成就感。而这不仅有益于中心自身，对整个奎斯特公司也具有重大的意义。

"在他的带领下，员工间的关系变得融洽，大家也乐于相互协作，中心的情况逐渐好转。"贝格说，"公司事务变得更加公开，员工们可以平等地了解管理层的动态。沃特斯表示，'当你遇到问题，可以随时来找我。我们可以坦诚地交换意见。'我从未见过像我们中心这样融洽的劳资关系，拉里赢得了所有人的信任。"贝格记得有一次一名员工向沃特斯诉苦，在沃特斯的帮助下，这名员工的怨气得到平复。那件事之后，沃特斯对贝格说："如果下次员工们再有委屈，在情况恶化之前请尽快来找我，我们可以一起想办法来解决。"

此后，员工和公司之间如果意见不合，贝格就会立即向沃特斯求助。由于沃特斯非常理解员工的所思所想，劳资双方很快就能达成一致，从而避免了更大的冲突发生。结果，在沃特斯就任总经理一年之后，爱达荷瀑布市客服中心的员工数增加了5倍，而员工投诉的次数比中心士气最低迷的时期减少了一半。

沃特斯刚到客服中心的时候，他惊奇地发现这里并没有将最新的工作业绩张榜公示。他做的第一件事就是改变这一现状。"说实话，办公室墙壁的装饰还不错，但竟然没有贴上公司的业绩榜！于是，在到任后的第一周，我就要求将业绩榜贴在办公室墙上最显眼的地方。我要告诉员工们不能做井底之蛙，必须知道自己的位置；要思考如何提高销售，如何提高客户服务质量，如何降低人员流失率，以及如何与别的客服中心竞争。此外，我还要在员工中培养一种对团队和事业的自豪感。"他常常用当时糟糕的业绩来激励员工，"我会指着业绩榜对他们说，'你知不知道我们的销售业绩在公司排名最后？你难道不觉得难受吗？'"

以绩效为中心的管理方式很可能会得不偿失，但沃特斯自有他的解决方法，这就是他在**管理上的秘密武器——对员工无微不至的关怀以及各种充满戏剧性、不惜自降身份的激励方法**。沃特斯常常身穿奇装异服或频出怪招，把员工们逗得开怀大笑，从而保持了良好的工作状态。例如，他曾经踩着轮滑，抱着吉他，在客服中心里边弹边唱（同事爆料说他其实根本不会弹吉他）；一次，沃特斯到附近的索尼克连锁店为大家买汉堡，他说服快餐店的工作人员借给他一件索尼克奶昔服。他回到客服中心后，身穿奶昔服给每个人分发汉堡。丽莎·罗伯茨是沃特斯从波卡特洛市客服中心挖来的一位经理，她还记得第一次和沃特斯见面时，他身穿一件"杰克船长"的衣服。于是，后来罗伯茨买了一套"海绵宝宝"（SpongeBob

SquarePants，美国动画片角色——译者注）的衣服送给沃特斯。

2. 别出心裁的激励方式。

在沃特斯众多别出心裁的激励行为中，最令人难忘的是他在奎斯特公司与MSN公司就互联网服务签订协议现场的举动。当时，沃特斯穿着印有MSN蝴蝶标志的巨大吉祥物服装在办公室里来回走动，活跃气氛。"你知道当时是什么情况吗？在那身重重的行头里，拉里只能露出自己的脸，他热得够呛，全身都湿透了，还不停地走来走去，给大家鼓劲。我们笑得直不起腰，甚至连接待顾客的力气都没有了。"贝格回忆说。

"沃特斯的这些举动让人们相信他是一个平易近人的人，"罗伯茨说，"而不是那种'高高在上，下属跟他说话时都得诚惶诚恐'的人。"

除了用这些花里胡哨的方法激励员工士气之外，沃特斯还是一位真正想要了解每一名员工，希望他们获得成功的领导者。"我爱我的员工，这不单单是说说而已，"沃特斯说，"我知道他们每个人的名字，甚至能说出他们爱人的名字。如果他们支持的橄榄球队输了球，我会跟他们开玩笑逗他们开心。每天早上见面的第一句话不是问他们'你昨天卖出多少产品'而是'昨晚你儿子的少年棒球联盟比赛结果如何？哪个队赢了？'通过这些对话，我能从员工们的回答中感觉到我们是一个团队，我们亲如一家。"

爱达荷瀑布市客服中心的员工们牢牢记住了拉里送给他们的两句箴言："一切为爱"和"每个人都是明星"。沃特斯常常站在大楼中央的桌子上，告诉他的员工们，他爱他们，相信他们都能获得成功。

而这些话在沃特斯来之前从没有人对他们说过。"拉里完全改变了我对奎斯特公司的看法，"史密斯说，"两年前，我对公司没有任何好感。现在如果有人问我，'你还在奎斯特工作吗？'我会告诉他们，'是的，我准备在这里一直干到退休。'作为一名奎斯特公司的员工，我感到非常自豪。"

改变管理方式、强调工作绩效、与工会建立伙伴关系、关心每一名员工、利用各种机会鼓舞士气，沃特斯的努力终于获得了回报。每天张榜公布的业绩逐渐好转，顾客满意度提升了5%，每次通话的收入增加了16%，销售能力提高了68%。由于以上原因，奎斯特总公司的领导们决定增加该中心的员工数量。以往由于减员而减少照明的大楼重新恢复了光明和活力。2004年3月，盖洛普公司对爱达荷瀑布市客服中心的员工进行了有关"12要素"的调查。让调查人员感到吃惊的是，就在一年前还对中心牢骚满腹的员工们如今却对他们的公司赞赏有加。结果显示，他们的得分在盖洛普北美数据库中位列所有企业的前30%。对这样一个工会组织力量强大的大型企业而言，确实是一件难能可贵的事。

3月的一天下午，奎斯特公司消费品市场部的执行副总裁鲍拉·克鲁格来爱达荷瀑布市客服中心参观。在聊天时，沃特斯指着旁边的大楼半开玩笑地说，"两年内，我要扩大中心的规模，把它作为我们的新办公大楼"。

"为什么要等两年呢？"克鲁格回答，"你们已经走上正轨，让我们着手开始吧。"从只剩下65名员工，唯一的办公大楼有一半空空荡荡，到如今发展为拥有两栋办公大楼，400多名员工的大型客服中心，沃特斯的团队确实创造了一个奇迹。鉴于他出色的管理才能，奎斯特公司将沃特斯晋升为地区总监，继续领导扩营后的爱达荷瀑布市客服中心。不久，该客服中心的销售业绩从此前的最后一名一跃成为公司第一。

"从倒数第一跃居正数第一，那真是一段惊险而刺激的经历。"罗伯茨说，"现在一切都在变得好起来，但我们不会忘记那段激动人心的岁月。"

Q12

/ The Elements of Great Managing

第**6**要素

工作单位有人鼓励我的发展
——提出不断进步的期待

鼓励员工迎难而上仅仅是帮助他们获得发展的一个方面，
而另一个很重要的方面在于发现不同员工的不同特长，
并为之提供发挥特长的机会。

经典案例

皮特·沃姆斯蒂克来自加拿大阿尔伯达省莱斯布里奇市，在15岁那年，他开始找工作。那时候，他根本没想到自己日后会成为很多人的行动楷模。就在这一年，一个和他去同一所教堂的人找到沃姆斯蒂克，这个人是当地一家饲料公司的老板，他邀请这个15岁的年轻人到他的公司工作，而他也成了沃姆斯蒂克的第一个老板。

通过和他的这位老板共事，沃姆斯蒂克看到一位面对逆境从容不迫、实事求是，乐于和员工打交道的经理。"有些人对老板的评价简直缺乏价值判断，"沃姆斯蒂克说，"我常常听到有人说'那个家伙又笨又蠢。'这根本就是胡说。每个人都很重要，都应该得到平等的对待，老板总是对我说'你必须懂得如何去尊重每一个人'。"

在沃姆斯蒂克加入该公司后的几年中，老板会经常问他一些问题。"我那时候十五六岁，他常问我，'你以后有什么打算'，'你现在在做什么'，'你为什么要上大学'等，有人说这是一种'苏格拉底式的假装无知'的问答法，但他也会非常实际地考察我学到了什么东西以及我的行事动机。"

在临近高中毕业之时，沃姆斯蒂克申请了几所大学并得到了录取通知。对于他要放弃现在稳定的工作，远走他乡的打算，经理也一直要求他考虑清楚再做决定。

"就在我高中毕业，念大学之前的那个夏天，"沃姆斯蒂克回忆说，"经理把我叫到他的办公室，对我说：'现在，请你考虑清楚是否真的要去上大学。你可以留下来工作，我可以付给你丰厚的薪水。在我看来，和上大学比起来，在这里工作更加适合你'。他不停地劝我留下来。我甚至有些不耐烦，想对他说'够了，别再说了！'"

经理持续不断地考验着这个18岁的小伙子的决心，问他大学毕业以后打算做什么，是否清楚为了念大学需要付出些什么。"小伙子，上大学可不是一件轻松的事，你知道现在念大学需要花多少钱吗？"经理问。

"我很清楚需要花多少钱。"沃姆斯蒂克回答。

"具体是多少呢？"

沃姆斯蒂克把他准备就读的大学的学费告诉了经理。让他没想到的是，经理随即拿出支票簿，为沃姆斯蒂克开了一张支票帮他支付学费。

"他一边撕下支票一边对我说，'明年夏天你会回来继续工作，没问题吧？我认为公司需要你这样的员工，你也一定会在这里找到适合自己的位置。我为你的决心感到骄傲。'"

在此后的时间里，沃姆斯蒂克的老板一直资助他念完了大学。老板的慷慨超越了金钱的意义，他的榜样作用让沃姆斯蒂克受用终身。"这真的让人印象深刻，"沃姆斯蒂克说，"他从小就接受正确价值观的教育。他只做正确的事情，这足以让你佩服不已。他对自己做的事情有非常清楚的思路。在他跟你谈话时，你一定会为他的魅力所折服而细心聆听。他的价值观深深地影响着我，我一直视他为行动的楷模。我在此后的工作中总是尽心尽力，努力不让他失望。"

大学快要毕业时，沃姆斯蒂克的老板将公司卖给了总部位于明尼阿波利斯的嘉吉公司，这是一家以农业产品和服务供应为主要业务的公司。在并购过程中，沃姆斯蒂克的老板推荐他留在新公司继续工作。20年后，沃姆斯蒂克已经成为嘉吉公司一位成绩斐然的经理，他仍然坚持着多年前从第一位老板那里学来的处事原则。

理论支持

古希腊诗人荷马在史诗《奥德赛》中有这样的记载，伊塔卡岛国王奥德修斯应好朋友阿伽门农的邀请参加特洛伊之战。在出发前，奥德修斯将妻子佩内洛普和儿子忒勒玛科斯以及全部财产托付给"一位忠实的朋友，并委托他代替自己掌管家事，保护自己的家人不受到任何伤害"。此外，奥德修斯还特别邀请他的朋友作为其幼子的保护人和老师，负责他的成长和教育。而这位特殊的老师也不负重托，"对忒勒玛科斯的培养尽心尽责，为他制定完备的课程，引导他走向光荣的顶峰。"

这位人生导师的名字叫孟托，他的形象代表了人类最基本的需求，而这种需求在当今的企业界表现得尤为明显。

个人导师的概念自古有之，直到今天，它仍以各种各样的形式存在于各行各业当中。如工匠师傅与学徒、博士生导师与博士研究生、大夫与实习医生。年轻的音乐家通过向富有经验的音乐家边看边学提高自己的艺术造诣，外科学生通过观察外科大夫如何做手术获得更多的经验。有些知识或技能必须通过与有经验的指导者朝夕相处，在他们的言传身教下才能获得，别无他法。而第六要素正是在这些事实的基础上总结而来，"工作单位有人鼓励我的发展"。

尽管导师的历史如此悠久，但他所拥有的榜样力量背后的神经机制直到20世纪90年代早期才被人们无意中发现。当时，意大利帕尔马大学的神经学家贾科莫·里佐拉蒂正带领他的研究小组在猴子的大脑上做实验。他们将精细的电极接通到猴子大脑内运动前皮质（该区域掌管计划和运动）的单个神经元细胞，并在监视器上观察这些神经元的反应。如果猴子做出捡东西的动作，连接电极的监视器就会发出"啪、啪、啪"的响声，记录下这些神经元的放电活动。

不久，一个奇异的现象发生了。研究人员发现，当猴子看到人们做某件事情，如吃甜筒冰淇淋、捡起一颗花生或葡萄干、抓起一根香蕉，监视器就会猛烈作响，显示猴子的神经元正在急剧放电，好像猴子在大脑里对人的动作做出了回应。而这时，猴子仍然被固定在实验台上一动不动。在场的人们几乎无法相信他们亲眼目睹的一切，甚至怀疑是机器发生了故障。"我们花了几年的时间，终于弄清楚我们所看到的一切。"里佐拉蒂在接受《纽约时报》的采访时说。经过反复的实验，里佐拉蒂的小组终于发现了这一奇特现象之后的秘密——猴子大脑内这些特殊的神经元细胞。他们将这些细胞称为"镜像神经元"。这些神经元分布在猴子大脑的关键区域，当猴子执行某个动作，或看到别人执行同样的动作时，它们就会被激活。

进一步的研究发现，人类的大脑拥有更加复杂和完备的镜像神经元系统。这个人类借以观察和模仿的神经机制可以帮助我们了解为什么打哈欠具有感染性，为什么新生儿看到别人吐舌头也会跟着吐舌头，为什么美国的男孩子们时常模仿他们喜爱的棒球运动员挥棒时的招牌动作。"它还解释了我们如何学会微笑、说话、走路、跳舞或打网球等许多问题,"2006年一期《科学美国人》(*Scientific American Mind*)杂志的封面文章这样写道,"在更深层次上,它提出了一种生物学动因,使我们了解他人,了解被称为文化的复杂思想交流,了解从缺乏同情到自闭症的社会心理机能障碍。"

对企业而言,这一发现也十分重要。它让管理人员明白,如果公司想让员工们较快地学会某种技能或遵守某种规范,树立一个榜样作为示范尤为关键。"依靠直观模仿,而非抽象推理的过程",里佐拉蒂说,"镜像神经元帮助我们领会别人的感情,理解别人的意图。"

第六要素指出,企业内部需要这种在人际互动中实现的指导或引领。尽管管理的所有要素都需要管理者与员工或员工之间的交流互动,与第一要素所需要的相互理解和协调,第二要素需要的后勤保障,第三要素需要的工作机会相比,第六要素对管理者在人才的培养和帮助员工的发展方面所投入的精力和情感则提出了更高的要求。正因为这个原因,再加之人们作为别人的导师时镜像神经元所发挥的作用,第六元素实际上促进了别的要素的实现。

可以想象,如果没有第六要素,管理的其他11个要素是很难发挥作用的。例如,在一家公司里,如果40%的员工认为经理或其他人对自己的学习需求和发展需求漠不关心,也就是说在第六要素不被重视的情况下,只有1%的员工会在其他11个要素的作用下对公司保持一定的敬业度。相反地,如果三分之二的员工认为工作中有一位"良师"鼓励自己的发展,那这个公司的员工敬业度就会很高,对公司抱有不满情绪的员工比例也不到1%。这些数据表明,不管一个企业是否通过自己的主页或人事部门提到,为员工的学习和发展提供足够的指导和帮助是企业最基本的义务之一,它都构成了员工与公司之间确定雇佣关系后的一种不成文的社会契约。

然而不幸的是，许多公司在机械地履行这一义务时显得有些过犹不及。这些公司制订正式的"导师计划"，由管理人员指派两人结成对子。殊不知"强扭的瓜不甜"，要达到预期的效果，还得保证这种交流在自然轻松的环境下进行。一名网络评论员不无讽刺地说："历史上这种非正式、非官方、在自愿的原则下由双方自由选择而进行的人际互动如今却变成一种为培训而培训的僵化的公司策略，甚至成为许多咨询公司向客户兜售的'灵丹妙药'。"

在公司里，经理常常是最先扮演员工的"良师益友"的人，但也不是唯一的选择。医生常由并不懂医术的行政人员管理，却向主治医生或有经验的大夫学习医术；年轻的新闻记者写完稿后往往交给编辑修改，而他们总是向经验丰富的记者学习如何捕捉新闻线索；音乐家在演奏时要听从指挥家的指挥，而他们则通过向前辈学习提高自己的技艺。

然而，尽管第六要素在人们事业的每一个阶段都发挥着重要的作用，但其影响力会随着员工年龄和工作时间的增加而减弱。超过半数的年龄在18~24岁之间，参加工作不到6个月的员工表示，工作中总有人关心和鼓励他们的发展。但是，在55岁以上的员工群体中有此表示的人员比例下降为25%，而在一家公司工作十年或更久的员工中，这一比例则降低到20%。这些数据并不意味着与高级管理人员或资深员工相比，指导者对刚参加工作的新人更加重要。但是，这也反映了一个事实，即与老员工比起来，公司更加重视为新员工物色工作上的"良师益友"。

基于镜像神经元模仿的机理，第六要素在公司不同层次的员工之间具有十分紧密的联系。如果高层领导有自己的指导者，那他就会更愿意指导别人，这种情况无论是对首席执行官还是一线员工，都同样有效。从平凡的上班族、主管甚至到CEO，都渴望在面临困难时，有人指点迷津。在"伟大管理的12要素"中，第六要素最能体现"观察和模仿"的作用。例如，一名全心投入公司事业的主管常常和他的领导有相似的看法和目标。同时，如果在下属身上发现为公司做贡献的愿望和能力，他也会感到非常高兴。

在企业中，经理对新员工的指导是最常见的导师和徒弟的关系，因为这最近似于孟托与忒勒玛科斯的关系。然而，正如第六要素提到的，师生关系应该有更宽泛的概念。只要在工作中对员工的学习和发展起到指导作用，能帮助他们获得成功的人都可以作为他们的指导者。而诸如朋友、教练、顾问、后援、辅导员、支持者等称谓都无所谓，更重要的在于员工是否觉得自己在公司中受到重视。正如一位对自己的指导者心存感激的员工对盖洛普公司的调查人员所说的那样："她极大地发掘了我的潜力，这些潜力连我自己都没有意识到；她鼓励我不断进步，推荐我到更高的职位工作；当我有时意志低沉，对工作拿不定主意时，她总是鼓励我说，'这样做你可能会遇到一些挫折，但绝不会失败，我会一直支持你，加油！'"

大量的定量研究表明，类似的情况还存在于其他各种行业当中。例如，在MBA课程中，学校常常安排二年级的学生为一年级的学生指导学习，这些一年级新生表示师兄师姐的指导让他们很快适应了新的学习环境和学习方法。指导者的经验越丰富，给予的帮助越多，被指导者的学习压力就会越小。经常不起作用的训练手册或计算机"知识管理"系统表明，信息（无论是不容置疑的客观事实还是非正式的个人建议）的有效传递取决于一种自然的人际渠道。"我们把工作看作人类的一种社会活动，与人类生活的其他方面相同，这种活动反映了人类对人际关系与合作、相互支持与信任、归属感、公平感以及认同感的社会需求和反应。"科恩与合作者劳伦斯·普鲁萨克共同写道，"但有的分析人士认为企业是一部生产商品、提供服务或制造知识的机器，或者说是一群以自我为中心、独立自由而又能整合个人意志的，为一个共同目标而奋斗的个体的集合。"

在20世纪80年代初期，波士顿大学的凯茜·克兰姆教授采访了美国东北部一个公共事业公司的年轻经理们，调查他们对自己职业的看法。她提出的主要问题是："你在今天的采访中提到的这些人里有没有人关心过你和你未来的发展？"在之后的采访中，克兰姆还向经理们了解了帮助他们的人的情况。

通过采访，克兰姆教授发现，在指导者的帮助下，这些经理受益良多。"这些年轻的经理们在工作中接受公司提供的支持、培训和保护，以及独自面对困难和具有挑战性的工作任务时，都会有人帮助他们熟悉公司内的处事之道和生存法则，为他们在工作上或职业生涯发展上提供建议、解决疑惑，帮助他们为未来的发展做好准备。"她这样写道。**同样重要的是，他们还能获得"社会心理"层面的支持——咨询、友谊、行动楷模以及对自己所做事情的正确性的确认。人们需要一种榜样的力量。这种榜样必须是富于耐心，而且并不那么高不可攀，他们能增强人们的信心，让一些看似不可能完成的任务变得不再遥不可及。**

通过以上的分析，我们已经了解到，在别人的帮助和指导下，人们的收获是显而易见的。然而，很多人也许没有看到，作为指导者本身，在帮助别人的同时也会有不小的收获。通过克兰姆教授的调查，我们可以对此有所了解。"可以这样说，我在工作中最大的满足是看到被我看好的人在公司获得成功并受到重用。"一家公司的主管在接受采访时对克兰姆说，"看到他们漂亮地完成工作，为领导和同事所认可，我会感到极大的欣慰。就好像看到我的孩子从大学顺利毕业，看到我的母亲在45岁时拿到学士学位，那种骄傲的心情溢于言表。因为你知道你对他们充满信心，你曾经为培养他们付出心血，他们在你眼里就像是自己的孩子。当你看到他们取得成功时，你会感到由衷的高兴。你会骄傲地告诉其他人，'你知道吗？我曾经是他的老师！'"

解决之道

1. 鼓励员工迎难而上。

2002年中期，皮特·沃姆斯蒂克被调往美国爱荷华州西布兰奇市，出任当地分公司经理，并担任公司猪肉业务振兴项目顾问。最近几十年，新的发展趋势改变了这一行业的性质，也动摇了该公司在行业中的地位。在这里，沃姆斯蒂克将作为领导者，凭借自己的经验和知识，帮助公司的猪肉业务恢复生机。

与以往相比，现在的猪肉生产更加科学化和集中化。如今，许多生产猪肉的大公司有自己的饲养场，甚至有的大型企业还有自己的饲料加工厂。"如今的猪肉市场已经由农村转移到工厂，由传统的家庭式饲养转变为企业化的大规模生产。"嘉吉公司的贸易专员马克·赫尔斯巴说。沃姆斯蒂克的任务十分明确，即恢复并提高嘉吉公司在猪肉行业的地位。而他所面临的困难也很明显，这个行业已经有了很大的变化，公司过去的业务已经不再适合行业的现实需要了。

因此，沃姆斯蒂克需要着手做的第一件事就是组建一支顾问和专家团队，总结嘉吉公司在猪的饲养、饲料生产以及金融市场方面的经验，以满足美国猪肉业务的需要。

建立一个团队并使之发挥作用，对沃姆斯蒂克的指导能力以及成员的人际沟通能力提出了很高的要求。"猪肉生产商之间的竞争相当激烈，"该团队十位顾问之一的麦克·阿斯特劳斯卡斯说，"此前的几千家公司如今只剩下50家，而就是这50家公司供应了占市场份额50%的猪肉。对公司的经营状况，他们总是讳莫如深。即使在建立合作关系以后，他们也只会告诉你必需的信息，而对于其他方面的情况，他们却守口如瓶。"

卢克·威尔斯是嘉吉公司的一名员工，当他被调到沃姆斯蒂克新组建的团队时，刚在公司工作了几年时间。沃姆斯蒂克和威尔斯参加了在爱荷华州立大学橄榄球赛之前举行的"汽车后挡板野餐"活动，该活动的举办者是公司最大的客户之一。此前，这名客户曾要求威尔斯对一些信息进行分析。"我们向他走去，他的身边聚集着很多人，"威尔斯回忆说，"我当时非常紧张。我刚跟皮特工作没多长时间。坦白地说，我对那时的工作还很陌生，我不知道我是否能做好。"

与这名客户的谈话结束后，沃姆斯蒂克将威尔斯拉到一边，对他说："我发现你刚才有些紧张。"沃姆斯蒂克试图帮威尔斯摆脱恐惧心理，建立信心。"我希望你像一个职业拳击手，"他继续说，"勇敢地迎接每一次挑战。被打倒几次并没有关系，但必须坚信，无论被打倒多少次都不会被打垮，我会一直在背后支持你。"

2. 发现员工的不同特长，提供机会。

鼓励员工迎难而上仅仅是帮助他们获得发展的一个方面，而另一个很重要的方面在于发现不同员工的不同特长，并为之提供发挥特长的机会。在这方面，第六要素与第三要素息息相关。

第 6 要素

对沃姆斯蒂克来说，如何解决团队中几名员工的分工问题，是他既作为经理又作为指导者遇到的一个难题。

其中一名员工名叫帕特里克·杜尔克森。对于他的职位，公司内部一直存在分歧，不知道他到底适合什么样的工作。"这个人不爱说话，但考虑问题十分周全。他常常因为太安静，不好交流而被人误解。"沃姆斯蒂克说。从事电子行业，做营业或销售，似乎都不适合他。"通过对他的了解，我相信只要让他专心从事自己擅长的工作，就一定能找到适合他的职位。"

猪肉生产很关键的一点是提高生产率。这中间有许多不可预知的变数，包括母猪的产崽量、猪快速生长的最佳环境以及良好的生产流程。如果这些方面得到改善，就能降低成本从而增加收益。综合考虑各方面的因素，沃姆斯蒂克将杜尔克森调到分析全球猪肉生产商如何提高生产率的职位上。在这里，杜尔克森很快就找到了自己的节奏。"纵观嘉吉公司全球猪肉业务，我认为杜尔克森是全公司最适合猪肉生产率分析专员这一职位的人员之一。"沃姆斯蒂克说，"他确实干得有声有色，我很高兴没有看错人。"

在杜尔克森看来，自己的成功很大一部分应该归功于沃姆斯蒂克的知人善任。"皮特总会抽出时间观察和了解你所做的工作，"他说，"不成功的经理往往只看到事情的表面，却不愿意了解更深层次的情况。"

赫尔斯巴出生在爱荷华州东南部的一座农场，在爱荷华州立大学取得动物科学学士学位之后，来到嘉吉公司工作。在这里，他的工作重心转向了对食品生产的数学分析。"我的数学很好，我也很喜欢分析数字，对数字抱有极大的兴趣。"他说，"当人们问我一些问题时，我总会告诉他们，'这些都跟数字有关。'"

为了成为一名销售经理，赫尔斯巴非常努力地工作。"我能感觉到他想通过充满挑战的销售工作以及帮助指导下属来保持工作的热情，但他对管理员工没有什么兴趣。"沃姆斯蒂克说。在赫尔斯巴被任命为贸易专员后，他和杜尔克森以及另一名专家组成合作小组。当公司要求这个三人小组拿出一些帮助猪肉生产商提高生产效率的新方案时，不可思议的事情发生了。通过使用一些专利软件和程序，如"猪只计划"、"母猪计划"和"市场曲线"等，赫尔斯巴的小组帮助生产商们预测不同情况下的现金流转及生产收益，以便生产商做出正确的选择，达到利润的最大化。"生产商常常因为一时的成功或失败而志得意满或情绪低落，而忘记了利润其实是从一头头猪中慢慢积累起来的。"赫尔斯巴说。

　　沃姆斯蒂克常常问他的下属一些问题，这些问题与当年他在莱斯布里奇市的饲料公司工作时的老板问他的问题有异曲同工之妙。"我真的很想了解你们，"他告诉他的下属们，"如果我没有搞清楚你们最适合做什么，我就无法帮助你们。"当有的员工选择离开，沃姆斯蒂克会主动给他们要去的公司或部门写推荐信。他解释说他这么做的原因之一是"做事就要做到底，不能只做表面文章"，而另一部分原因则是他为自己的下属能获得成功而感到由衷的高兴。

　　"最开始我还怀疑他问我们这些问题有什么别的企图，"阿斯特劳斯卡斯说，"但我慢慢发现，他是真心想了解员工。他对员工充满了感情，真正为我们着想。"

　　"他的问题总是恰到好处，提问的方式也让人易于接受，"威尔斯说，"员工们都乐于回答他的问题。"

　　如今，沃姆斯蒂克已经带出一支员工敬业度很高的团队。当然，成功不只源于他在团队中起到的良好的指导作用。员工们提到，沃姆斯蒂克能够迅速跟进并解决工作中遇到的技术难题；在明尼阿波利斯公司总部为自己公司的员工们争取利益；拥有将近30年的从业经验，说话办事已经非常有把握。"他很了不起，"阿斯特劳斯卡斯说，"他在这个行业已经干了这么长的时间，仍然一如既往地重视员工的所思所想。"员工们表示，沃姆斯蒂克在对待下属和生意上，一直保持同样的行事方式：真诚待人，合理办事。

如果要问沃姆斯蒂克为什么他会这样管理团队，当然，一个重要的原因是他不想让他的导师，也就是他的第一个老板感到失望。**当年老板的一言一行对自己产生了深远的影响，他从此学会如何关心和帮助下属以及他们的家人。**

2006年夏天，沃姆斯蒂克的团队参加了关于"12要素"的问卷调查。结果显示，他们的得分在盖洛普数据库中排名前20%，而他们在第六要素上的得分则名列所有公司的前10%。

"我们真正重视人的力量。我们为新员工提供良好的培训和指导。我们重视员工的潜力和未来发展。我们真正关注员工的敬业度。这些确实让我们受益良多。"在沃姆斯蒂克看来，凝结成一句话就是："我只想脚踏实地地做正确的事情。"

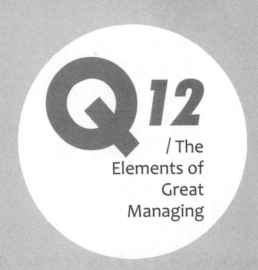

Q12 / The Elements of Great Managing

第**7**要素

我觉得我的意见受到重视
——一起制定实施计划

整合员工们的想法能获得双倍回报。首先，观点本身很
有价值；其次，同样重要的是，这些观点和想法是员工
自己提出的，他们更愿意去执行。接受、鼓励员工们提
出想法，也可以增强他们的主人翁意识。

经典案例

　　核磁共振成像技术供不应求，这也成了一种瓶颈，面临巨大的压力。这个技术需要四个方面的联合努力：护士、技师、麻醉师和放射科医师。在增加门诊数而不降低核磁共振成像质量的前提下，技师和护士合作的贡献最大。

　　缩短扫描时间这一瓶颈问题，需要商学院的师生出谋划策。随着成年病人数量的增加，扫描就会随着他们的需要而逐步改善。一次扫描需要持续30~60分钟，或许会更多。病人必须躺在那个地方等待检查。成年人一般都可以忍受，不会左右乱动。"对于儿童来说，检查扫描的时间的长短取决于儿童本身，还有天气状况。"技师克里斯汀·柏拉提说。每个病人的情况都不一样，而且病人对于治疗手段的想法往往是很复杂的。在儿童医院，做一个决定很困难，主要原因在于技师之间的相互猜疑、不尊重。他们只是对如何得出一张清晰的图片感兴趣，护士只是在整个过程中对孩子进行镇静安抚工作。技师只是希望在第一次扫描的时候就能得出清晰的图像。"从技师的角度来看，这是个安全问题。假设一个小孩曾试图使自己在扫描过程中镇静下来，并且护士已经给他做了镇静，但是扫描失败了。另一方面，如果小孩能够镇静下来待在那里，他们就有可能在3~4分钟内得出非常清晰的图片。那么，护士们总是在考虑一个问题："为什么要让我为了一个只有10分钟的检查过程而把孩子镇静两个小时呢？"

这也导致了两大阵营的对立，技师指责护士在扫描过程中独断专行，而护士也抱怨工程师咄咄逼人。双方都感到自己的专业知识没有受到尊重。由于关系不和，其他形式的合作也因此破裂。双方都不愿意主动帮助对方承担责任。技师总是在操作间看着扫描机器，护士们也一直待在医护室里。由于相互不沟通，因此当病人就医的时候，他们就互相推诿。

儿童医院副院长布莱登·基布内先后聘请了三位经理试图使这种情况得到改观，第三次最让人满意。

2001年5月，苏珊·威尔走马上任，她有着专业护士背景和6年的管理经验，却没有在所谓的放射科工作过。但是，她是一个非常特别的人，对医院工作十分认真。她需要学习很多东西，但是她的热情、兴趣以及人品都对她的工作很有帮助。

于是她就成了扫描成像部门的负责人。她感觉她的同事，也是她最为重要的搭档——主任放射学家保罗·巴比恩博士，并未意识到与她的合作关系，也不知该做些什么。而在整个医院，同样有许多人不了解她的这个部门究竟是做什么的。成像检查的时间不算太长，但她无时无刻不要求她的已经筋疲力尽的下属再多工作一点时间；但是那些最为优秀的员工大可以辞职走人，在加拿大或者美国的任何地方再找到份工作。

让病人等待就医是无论如何也不能容忍的。"我碰到了保罗，并且询问他我在第一年该关注哪些方面。"苏珊说，"他告诉我，'我希望你能减少等待核磁共振成像的人数。'我接着问他，'你在这方面工作了多久了？'他告诉我，'从我有记忆时就开始了。'"而在当时，整个行业内，患者等待进行麻醉性CT扫描的时间平均为27周。但对于核磁共振成像，时间足足有41周。她说，"那简直太恐怖了！"

对于技师和护士之间的紧张关系，她说："这绝对是个不可解决的文化冲突，是无法修复的。"

理论支持

管理层也遇到了实际操作中的一些问题，比如，儿童医院的影像机器检查，总是倾向于设计最佳的解决方案，却从不考虑团队成员的想法。尽管这里有一个被专家设置好的工作手段，并且能够提高扫描速度，大部分工作系统都是依靠人的意志来运行的。这就要求员工强烈地认同"在工作中，我觉得我的意见受到重视"，也就是伟大管理的第七要素。

为了理解这个要素，管理层需要理解目前这种矛盾和第七元素的冲突之处在哪里，要了解他们为什么需要吸取下属的意见。

航空公司，是最大的挑战者。一个熟练的飞行员的一生，就反映了员工的内心感受和工作服务质量的关系。

当空姐推着餐车走到乘客身边的时候，一名乘客问："还有热巧克力吗？"空姐说："恐怕没有了。"

乘客又问："那还有橙汁吗？"空姐点头，并且给他斟了一杯。就在这时，那个乘客提出了疑问："我不理解在飞机上为什么没有热巧克力呢？它们很容易保存，用它们更容易做出比咖啡更可口的味道。"

"我们之前是有的，"空姐把一塑料杯的果汁递给他并说道，"或许所有的航班司乘人员都喝过。不要问我，我在这里说话不起作用。"

数以万计的此类沟通交流树立了一个公司的声誉，要胜于其宣称的那样——"时刻把顾客放在首位"，"时刻努力去改进"。当几个月之后，盖洛普采用一套新的顾客敬业度度量标准进行依次探究性调查时，你不会惊讶于西北航空公司的得分垫底这个事实。同样，当"9·11"之后，拥有更高的顾客敬业度的西南航空公司的股票表现，优于其他缺乏善意的公司时，我们也不会感到惊讶。

纽约制造业也是一个供研究的好例子，因为公司对每位操控员的产量、次品率以及停机时间都进行记录。"团队"员工的生产率提高了3%，次品率降低了27%。由于公司必须花费另外的时间去收集投入，结果支持了那个例子，就是"通过多种渠道收集员工的意见可以增加企业的收益，当然也包括加大了员工无条件努力的程度"。

这种把这个要素与更好的商业表现联系起来的机制，表现出一种强烈的责任感或心理上的归属感。不管外部因素多么强大，他们似乎从来不对提高内部效率的动力进行测量，这至少是部分人的个人观点。那些曾说过自己的观点很重要的员工，几乎有一半人同样感到现在的工作榨干了他们最具创造力的想法。在那些拥有中等或不足水平的第七要素的人中间，只有8%的人认为他们的创造力得到了很好的发挥。

如同其他要素一样，这个要素中，众多员工谦逊的、无条件的行为，在企业的度量标准上造成了显著的区别。例如，当对制造企业在"在工作中，我觉得我的意见受到重视"这一要素上的得分排定次序之时，那些位列前25%的企业中，平均有三分之一的员工强烈认同，而排位列后25%的企业中认同的员工人数却只有七分之一。从一个大范围来看，使认同第七要素的员工的比例从五分之一增加到三分之一，会对顾客满意度、生产力、员工忠诚度以及安全性等有着显著的影响，所有这些，平均来看，可以创造出6%的收益。

整合员工们的想法能获得双倍回报。首先，观点本身很有价值；其次，同样重要的是，这些观点和想法是员工自己提出的，他们更愿意去执行。接受、鼓励员工们提出想法，也可以增强他们的主人翁意识。当把"12要素"与明显的种族和性别歧视测试相比较时，"意见受到重视"的表述最能给人一种感觉，即员工一直被尊重，公司对所有员工一视同仁。

解决之道

1. 破冰之举——感受交流沟通的魅力。

在苏珊刚上任的前几个月里，她在影像诊断科室倾听人们的意见，试图了解他们的想法，收集关于等待时间问题的信息。她在结论中写道：目前，一些管理者已经失去了下属的信任，需要立即离职或者重新分配任务；她必须成为医院和其他所有部门的一个强力的倡导者；许多地方需要重新规划以增加就诊人数，并且拍照器械的工作时间需要延长。但最终，技术人员与护士之间的分歧并未得到太多的改善。

"我清楚大家可能会说，'好的，我们不得不延长到晚上11点钟！'那么，我还不如开枪自杀，离开得了，因为这是不受欢迎的。"她说，"我必须让那些真正投入工作、饱含热情的人，真正地欣赏我们所要做的事。"巴比恩博士也赞同，他认为员工的敬业度是有效提高效率的一个先决条件。他说："你必须激发员工的动力，使他们认识到我们必须要经历一段苦难才能达到另一个更高的层次。"

苏珊召集了会议，其中一次，便是普拉德与吉拉·本戴维之间的会议。他们中前者负责管理CT扫描区的护士，而后者则负责管理技术员。苏珊希望他们能成为两个专家之间合作的范例："我必须得把一些无用的东西抛到一边。我希望看到你俩手拉手地走过CT间门厅。"为配合这个CT服务区的革新，他们三人决定都做出让步，以期让技术专家与护士能更好地在一起工作。

据当天参加了此次会议的人回忆说，刚开始时，这就像一次平常的例会。而最终却成为一次破冰之举，它帮助这个团队感觉到交流沟通的魅力。这里有最基本的规则——一次一个讲述者，拒绝埋怨，简明扼要，给出建设性意见，并且，苏珊强调，讲该讲的话，"把问题都摆在桌面上"。

一个行之有效的方法就是进行角色扮演练习，让技术人员扮演护士，反之亦然。经过夸大的误解和大量的嘲笑之后，两方团体之间谈论了切实的问题。"哎呀，你能不能不给这孩子使用镇静剂啊？他实在太可爱了！"一位扮演护士的技术员这样说。一位由护士扮演的技师坐下来，开始翻看一份杂志。另一位扮演技师的护士态度强硬面无表情地说："这我不管，使用镇静剂！"

苏珊和她的管理人员们利用了这个戏剧性的表演。"我看到，你们在笑这个场景，但这的确是事实。"本戴维说，"没有哪个笑话是无根据的，不是吗？"通过幽默的方式，技师和护士之间开始谈论议题的根本：为什么在特定的情况下，他们推荐或反对使用镇静剂，双方专家为何感到彼此缺乏尊重；哪些地方是由于沟通不畅或言语不够谦恭而阻碍了工作的进行；他们可以在哪些方面进行改进等。

本戴维回忆了一个例子：一名最为顽固的护士的转变给他带来了希望。这名护士被认为是最坚决地反对改变的一个人，后来却表示全力支持。"她是为使团队更好地工作，而不是在进行即兴口头表演，'护士们应该这样'或'应该那样'。我看到这些真的非常非常震惊和高兴。"苏珊感受到了一种信任，人们有一个承认问题、了解彼此的机会。

大多数的讨论都集中在扫描过程的责任归属上。最终，他们就一个问题达成了共识——是否使用镇静剂是护士的职责，而技师唯一的职责就是为患者扫描。"除了这两个明确的角色定位之外，其他所有事情都不固定，是流动性的。"普拉德说，"整理床铺布单是技师的工作，同时，护士的工作也不是单独地去完成另外的工作。"他们达成一个协议，避免了推诿，并且作为一个整体团队进行工作，而非两个独立部门。他们沟通得越来越好了。

在本部门中他们承诺避免更多的埋怨，给出更多的赞美。当他们被要求给对方写一段简短的赞美词时，"大家都很吃惊。"本戴维说，部门秘书本以为没有人注意到她的工作，但当她收到一个便笺，看到上面写着"没有你，整个部门日常工作就不可能完成"时，她变得目瞪口呆。

"我想他们真的是对彼此了解了，"苏珊说，"然后，我们就一起制订了一些实质性的计划，诸如他们如何在一起工作得更好。我已经说过，让步就是事情的拐点。"

所有的员工都表达了意愿，遵守那天所达成的协议，这些促成了他们随后的成功。"落实在纸面上很简单，但切实去做时却大不一样。"技师克里斯提说。许多小的细节，比如护士陪技师在控制室，双方在走廊相遇等等，都将让步转化成具体的行动。"就像其他关系一样，那只是件小事情而已。"克里斯提说。"但那却是一个巨大的差别。"南茜·帕特非尔德技师补充说。

CT仪曲线型的顶上，贴满了张贴条，这些是为了吸引孩子们的注意。这可以让没用镇静剂的患者保持镇静，这种方式非常普遍。如果还不够，在墙角挂有音乐手袋。一位技师用了鸟鸣哨，其他人则唱歌。每名护士和技师都有自己擅长的让紧张的孩子放松的方法。"我呢，通常会说，'想象一下，你将要去提姆荷顿（Tim Horton）咖啡厅了，那可是提姆荷顿的甜甜圈（提姆荷顿咖啡和甜甜圈在加拿大就如同星巴克在美国一样有名）啊！'"技师玛丽·德罗丝说。

一个周六，当他们决定对8名因呼吸或其他问题而不能使用镇静剂的孩子进行特诊之时，他们需要做出选择：要么耐心地等待一个好的诊断图片，要么进行一项常规的麻醉，也就是一个更慢、更加危险的处理方式。

普拉德把孙女带到病房，以缓解小患者们的焦虑心情。"不管怎样，孩子之间更好交流，你能让他们做些事情，"她说，"所以，我的孙女会说，'加油！跟我一起做！'，然后她躺下来，床把她送进去，又拉出来。"员工给孩子们画鬼脸，给他们玩具作为奖赏。一名小患者打扮成他喜欢的漫画书中的英雄人物，要求技师和他一起高喊："蜘蛛侠！蜘蛛侠！"此时他也准备好进行检查了。"那是令人开心的一天，我们检查了8名孩子，都获得了成功，那真的很棒！"普拉德高兴地说。

2. 让人感受到他们是最重要的。

员工们都在赞扬苏珊的魄力，"她简直就是X射线，"普拉德说，"不论自己是否意识到，她总有能力让别人感觉到他们是重要的。"查考特说，"并且，她做这些，只需以细微的方式。并不是她一来，所有人一下子就感觉这是个工作的好地方，'我希望能留下来，我知道我的投入会得到承认。'那是逐渐发生的，但却是非常有价值的。我认为任何人都会希望在他对整个团队做出贡献时，受到别人的关注。"

员工们的生活也发生了改变。"在那次会议之前，这里一团糟。"普拉德说，"现在，这里没有'我们'与'他们'之分。我们一起工作，大家对彼此更有礼貌了。"他们一起在控制室举办了周五的午餐会。主任放射专家曾说，他已注意到了工作氛围发生的变化："这里已经成为一个更'吵闹'的地方了。"

提高敬业度、消除护士与技师之间的对立情绪，是减少患者等待时间的关键所在。尽管他们被折腾得够呛，但核磁共振影像的预约时间已由原来的41周降到4周，CT预约时间由原来的27周降到了3天。若不是让员工们感觉到自己的观点和想法重要，"我们绝对无法减少这两个等待时间的，绝对做不到！"苏珊说，"全体员工没有理由花费他们额外的努力，当有人足够关心他们，努力使他们的工作环境更好，那他们还有什么好烦恼的呢？"

第 **8** 要素

公司的使命 / 目标让我觉得
自己的工作重要
——工作与使命休戚相关

在使命的感召下，工作已经不再是工作本身，而常常被
赋予一种信仰，一种深入人心的对使命的无尽渴望和不
懈追求所带来的结果，使任何任务、工作以及团队都可
以变得意义重大。从这一层面来说，是理想造就了现实。

经典案例

伯德里克是一个拥有15年零售业工作经验的管理者。他来坎贝拉公司刚两年便承担了惠灵店总经理一职，负责该店的筹备工作。在下属眼中，伯德里克是一个精力充沛、面对压力从容不迫的人。"他是一个踏实的人，实事求是，这也正是他能让我们信服的原因。"该店的损失防范部经理麦克尔·洛克这样形容他的这位总经理。伯德里克会事先向那些未来的经理们讲明工作的艰苦程度，如果有人感到为难，他会果断地将他们排除在经理人选之外。"你们每天要工作12~15个小时，这里的工作强度会超过你们以往任何的经历。"他会这样说，"但是，你们也会因此获得更多的乐趣，并且在更短的时间内得到更大的收获。"

"我们在面试应聘者时也会采用这样的方法，"伯德里克说，"如果有人觉得我的观点很好笑，那我会认定这个人可能没能力接受挑战。"

在惠灵店大楼还在修建的时候，伯德里克和他的经理们在施工现场的拖车里以及附近的旅店里加班加点，对竞聘商店一线工作岗位的400个应聘者进行了面试。在伯德里克看来，对于那些竞聘户外运动产品销售岗位的人来说，户外运动的经验比零售从业经验更为重要。"只要他们对户外运动充满热爱和激情，我就能教会他们零售业所需要的所有知识和技能。"在开业期间曾做过商店收货部经理的特洛伊·盖蒂这样说。对许多应聘者而言，他们的爱好从来没有像现在这样对求职起到这么大的作用。"你周末一般都喜欢做什么？"他们常常被问到这样的问题。"你喜欢在哪里钓鱼？""你喜欢哪一类型的猎枪？"然后，面试者会根据求职者感兴趣的户外运动的类型对他们进行分类，并雇用其中的优秀者，直到每个部门满员为止。

理论支持

伟大管理的第八要素——公司的使命/目标让我觉得自己的工作重要。与其他11个要素相似，团队成员对该陈述的认可程度在很多方面决定了该团队的工作业绩。而事实证明，这些方面在坎贝拉西弗吉尼亚分店的创办过程中发挥了至关重要的作用。例如，在盖洛普公司统计的员工敬业度数据库中，对第八要素的认可度排在前25%的企业和后25%的企业比起来，盈利能力平均要高出5~15个百分点。此外，与其他团队相比，目标明确、众志成城的团队的事故率要低30%~50%，而他们的员工流失率也要低15%~30%。**感觉公司的使命与自己息息相关的员工也更愿意表示，幽默和笑声在提高生产力方面能起到积极的作用。**

值得一提的是，第八要素确实有让人难以理解的地方，这就使我们很难找到目标本身和员工的物质福利之间有什么必然的联系。然而，如果缺少了其他一些要素，如明确的职责、必要的设备、恰当的分工、积极的反馈，就会给实际生产带来直接的影响。也就是说，我们很容易理解为什么它们是工作完成所必备的要素。而从严格意义上来说，第八要素在团体中属于更高层次的情感需求，上述那些看得见摸得着的影响在这里就不那么明显了。例如，如果员工不清楚他的工作对全局的意义，他就很难在工作中做到全力以赴。

我们统计的数据可以证明以上观点。如果工作仅仅是工作，那在哪里工作根本就是无关紧要的事。只要有不错的工资、像样的奖金、合理的工作时间和舒适的工作环境，这就足够了。工作的意义就在于养家糊口，供孩子上大学，仅此而已。然而，真的就这么简单吗？在基本的生活需求得到满足后，人类所特有的更高层次的需求就会出现。对工作者而言，那就是对所从事工作意义的追求。也就是说，在维持生计等物质需求之上，他会寻求一种对更高目标的贡献，那是一种对信仰的追求。

有时候，这种人性中的特质会激励人们对最平凡的产品产生最深厚的感情，并为提升其品质而努力工作。有这样一个例子，1922年，太平洋冰淇淋生产者协会（Pacific Ice Cream Manufacturers Association）在其临时文件的开头这样写道："我们信仰冰淇淋。"

该协会的成员将此称为"原则宣言"。他们为冰淇淋这样一种再平常不过的东西赋予了如此崇高的理想。"我们认为，"文件中这样写道，"这个行业的前景十分光明，因为冰淇淋不仅拥有牛奶所独有的营养和保健成分，而且它美味可口，品种繁多，这都是其他乳制品所不能比拟的。"这与美国当时流行的浮夸风气不同，太平洋冰淇淋生产者协会的原则宣言揭示了一种更深层更传统的情感：不仅仅是对制造和销售冰淇淋的热情，而且是对从平凡中寻找伟大的追求。

从一方面来看，冰淇淋就是冰淇淋，只是名目繁多的各种甜品中的一种，似乎并不值得为其大唱赞歌。然而，对那些购买冰淇淋、开办冰淇淋加工厂、苦苦寻找合适的口味、为尽情享受双球甜筒冰淇淋的小孩子们感到高兴的人们来说，从事这个行当确实能为提高消费者的生活品质，提升他们的幸福感尽到自己的绵薄之力。因此，当蓝兔冰淇淋（Blue Bunny Ice Cream，*美国著名冰淇淋品牌——译者注*）公司称他们的调味机为"巨型艺术家"，他们的公司所在地不仅是爱荷华州这座名为勒马斯的小城市，而且是"世界冰淇淋之都"，他们生产的是"美国最受欢迎的美食"时，他们绝不是说说而已。毕竟，人们对伟大的目标情有独钟，冰淇淋在此也理所当然地成为一种信仰。

企业通常将崇高的理想作为自己目标的一部分。例如，柯达公司（Kodak）宣称自己不仅仅是销售胶卷，而且始终致力于"扩展影像在人们日常生活中的运用，帮助人们共享回忆、资料和欢乐"；家乐氏公司（Kellogg's）在生产优质麦片之外，还立志"为世界的幸福做到最好"；泰国商业银行的口号是"致力于完成高质量和公正无私的工作；发扬团队精神，为顾客提供最佳服务；尊重人类价值；以我们的最大能力参与社会和国家建设"。

和"原则宣言"一样，以上这些话语中包含了大量的广告成分。同时，我们也可以从中找到它们对消费者有如此大的吸引力，以及当融入了企业文化，它们又对员工具有强大的激励作用的原因。对员工而言，他们渴望有一种高贵的东西作为信仰，并为之不懈奋斗。

克莱蒙研究大学的米哈里·奇克森特米海伊教授讲述了一个为企业高层管理人员开设有关中年危机的研习班的故事。在这个研习班中，奇克森特米海伊教授借用了"发展心理学中最好的理论和研究成果"。研习班收到很好的效果，其中一些事情也让教授感到意外。"这次的教学材料非常有意义，我从没感到过如此满意。"他这样写道。在研习班中，奇克森特米海伊教授决定以600多年前意大利著名诗人但丁的名著《神曲》的开篇部分作为课程的开场白："在人生旅途的中段，我发现自己在一片黑色的森林中苦苦找寻，想要找回那完全迷失的方向。"通过这种方法，教授希望为课程赋予更重大的意义，从而有助于教学的进一步开展。"我不清楚这些平日里忙得不可开交的企业老总们会如何看待这句历史久远的格言。我很担心他们会觉得这是在浪费自己的宝贵时间，"他接着写道，"结果证明我的担心是多余的。我们就人到中年所面临的危机以及为丰富此后的人生而做出的选择进行了讨论，整个过程的气氛非常开放而严肃。"

奇克森特米海伊教授的故事揭示了定量研究发现工资、佣金以及奖励的激励作用非常有限的原因。"最新的证据表明，金钱作为主要动力的激励作用正在逐渐丧失，原因是越来越多的人已经认识到在生存需求得到满足后，金钱对提升个人福祉的作用甚微。"研究人员艾米·瑞斯奈斯基这样写道。因此，**在那些员工敬业度较高的工作团队中，从新加盟的员工到高级管理人员，人们都表示与高工资比起来，宁愿选择更加和谐的团队和更有意义的工作，这便不足为奇了。**

人们为什么会醉心于意义重大的目标？实际上，人们的这种需求是一种较为普遍的现象。在1990年盖洛普公司做过的一项民意测验中，参与者被问到如下的问题："认为你的人生充满意义或目标明确的想法对你有多重要？"结果，83%的人回答"非常重要"，15%的人回答"很重要"。可以得出这样的结论，相信自己所做的事很有意义，对于人们心理甚至生理的健康都十分重要。因此，不难解释员工为什么会在工作中全力以赴，因为他们也愿意努力工作来满足自己的这种需求。

这种使命感存在于任何一种工作中，无论这些工作看起来有多微不足道。最近，一位女企业家谈起自己在公路上的一次经历时说，当时她的一个车胎爆胎了，一个路过的人停下来帮她换上了备用轮胎。"我以前是一名牵引车司机，"这位好心人一边拧着废胎上的螺丝一边说，"之后我辞掉了工作。因为我更喜欢做的工作是每天都有机会帮助别人，这种感觉实在太好了。"

而那些在层次较高的岗位上任职的人则表示，薪水和奖金绝不是全部。"我曾经在一些欠缺企业文化的咨询公司工作，经验丰富，为钱奔波。"一家国际战略公司的老总说，"这些公司缺乏企业文化，是因为公司员工和我当年一样，都是为了一个'钱'字，员工之间感情淡漠，缺乏共识。实际上，他们只是一群在同一座大楼内各自为战的'独行客'。你会觉得自己根本无法融入其中，因为这里根本没有你的容身之地。"

让我们再看看社会另一层面的情况。

亚利桑那州立大学的布莱克·阿西弗斯教授认为，在这些从事"脏活"的人群中肯定存在着一种压抑和愤怒的情绪。然而，让阿西弗斯教授感到意外的是，有一种很强烈的动机促使他们努力让自己的工作变得有意义。这些工作者们会抛开人们的偏见，从每天的辛勤劳动中发现工作的价值。"如果有人家里的厕所下水道堵了，"一家下水道清洁服务公司的老板说，"见到我们的工人他们会非常开心。"一名妇女对新泽西一家报纸的记者说，为了在一家动物收容所工作，她辞掉了已经从事7年的人事工作。"以前的薪水算不上什么，我所要的是别的东西。"她这样说。由于经常需要对一些小猫小狗实施安乐死，这名妇女感到非常难过，"每次回到家，我都会抱住我的小狗，感受它鲜活的生命。而第二天，我还是会义无反顾地继续工作。"一名狱警告诉《华尔街日报》，他知道"在监狱工作并不体面"，但非常喜欢这种"保护公众、同事，以及犯人安全"的使命。

只要是工作就必然有一定的意义。看似异常重大的任务可以变得微不足道，而表面无足轻重的工作有时也能变得意义非凡。"一种深入人心的对使命的无尽渴望和不懈追求所带来的结果，使任何任务、工作以及团队都可以变得意义重大。从这一层面来说，是理想造就了现实。"阿西弗斯和他的同事迈克尔·G. 普拉特一起写道。

对这个现象的一种观点认为，人们对工作的看法可以分为三种类型。第一类人认为工作就是工作（这类人所在的团队往往员工敬业度最低），是一种逃避不了的麻烦，一种赚钱以实现个人目标、满足生活需求的手段而已。第二类人把工作作为一种事业。凭借不断的努力，他们的收入、名望以及地位相应提高，他们也因此享受着成功的快乐。第三类人将工作视为一种使命。"在使命的感召下，工作已经不再是工作本身，而常常被赋予一种信仰，那就是通过工作可以为更伟大的事业，为世界乃至全人类做贡献。"艾米·瑞斯奈斯基写道。其实，与科尔纳对"神圣"的研究相同，"使命"一词并不一定带有宗教的意义，每个人都有自己对世界的独特认识。"正是从业者自己决定了他所从事的工作是否可以使世界变得更加美好。"她强调。

无论人们从事什么样的工作，也无论在工作中发挥什么样的作用，只要他们认为自己的工作与崇高的目标联系紧密就足以称之为"使命"，就能从工作中获得更多，而团队也能因此受益更多。"只有对于那些把工作视为使命的人，工作才是一种真正有意义的活动。"瑞斯奈斯基写道。正因为这种联系，人们才对所在的团队更具有认同感，更不容易产生矛盾，对管理层更加信任，对团队更加忠诚，工作更加顺畅，无论有没有加班费，都更愿意加班工作。在这里，工作的意义与工作本身无关。"一个将工作视为挣钱的手段而只关心工资的教师与使命毫无关系，而一名认为自己的工作可以使世界变得更加干净和健康的清洁工则有一种使命感。"她是这样写的。

如果一个公司里大部分的员工都只在意工资的多少，对公司更大的目标漠不关心，那么这个公司的持续发展能力、顾客的满意、安全性、生产力乃至盈利能力都会受到极大的影响。

与伟大管理其他多数要素不同的是，**第八要素的影响力由企业高层自上而下，逐渐减弱，但始终与高层对企业目标的忠诚程度紧密相联。**

因此，大多数公司中三分之二的高层领导对第八要素的提法表示非常认同，而只有不到三分之一的员工有同样的看法。而在日常工作中，与顾客打交道的往往是那些一线的员工，这就导致了公司很难将自己的激情和理念传递给消费者。

让我们再回到坎贝拉惠灵店开业前那段忙碌的日子，商场总经理麦克·伯德里克正在协调电工为商场大楼铺设电线，为开业做准备。此外，他还需要确保将"打造世界领先的运动用品供应商"的公司目标传递给商场的所有员工。

解决之道

1. 每天及时通报最新进展。

2004年7月8日是伯德里克和他的同事们着手开始为开业做准备的日子，然而此时商场大楼还没有装修完工。"最先完工的是垂钓部、野营部以及礼品部所在的场地，"伯德里克说，"而其他地方还没有铺上地毯。大楼里有许多大型叉车进进出出，搬运着装修用的瓷砖。大楼里还堆放着500~600托盘的建筑材料。"

这天是星期一，而商品将从星期三开始运到。"建筑工人们还在施工，我们不得不在他们中间穿行。"服装部经理苏珊·萨克斯说。当商品已经装车准备发往商场时，用来放置商品的货架还没有组装好，商场工作人员遇到的第一个考验就是能否在48小时内将这些货架组装完毕。"为我们提供货架的人进来对我说'能不能给我8个人？'而我们将所有人手都召集了起来，"伯德里克回忆说，"不到两天时间，我们不仅将货架安置停当，还为后续工作做好了一切准备。大家都非常激动，站在大楼里，所有人都像是这辆高速行驶的汽车的驾驶员，指引着前进的方向，我们第一次在这里有了主人的感觉。"

在这段时间里，伯德里克每天坚持召开全体员工会议，会议在每天上午7点和下午5点准时举行。在会议上，伯德里克向员工们通报最新的准备进展，鼓励大家再接再厉，同时也给大家一个相互认识的机会。会议起到了良好的作用，团队的工作从最初的忙乱逐渐变得井井有条。"一开始时，大家忙得像一锅粥。"狩猎部的产品专家韦恩·基德威尔说，"通过开会，我们理清了思路，成为一个整体，工作也变得顺利起来。"随着准备工作涉及到的部门的增加，参加会议的人数也越来越多。一开始，伯德里克最多只需要提高点嗓门。再之后，需要手提式扩音器的帮助。到最后，经理们不得不站到楼梯上，面对几百名员工讲话。"有时候大楼里会有500~600名员工，但会议确实很有效！实在是非常神奇。"盖蒂说。在大楼的电力系统安装完毕后，伯德里克开始在商场内使用内部通信系统。

伯德里克和他的经理们采用一种"展示和介绍"的方法，帮助员工们认识对方，熟悉产品。在会议中，他们鼓励员工站到梯子上，向其他人做自我介绍，并展示一种产品以及可以和这种产品同时出售的其他商品。在一次会议中，伯德里克发动了一次内部的小型比赛，他在楼梯上大声对员工们发问："哪个部门会最先为开幕盛典做好准备？"

"我们！"枪械部助理销售经理特拉维斯·格洛弗大声回答。

"你们听到了吗？"伯德里克问，"特拉维斯说如果他们输了，他宁愿在开业当天穿着裙子整理购物车。"尽管最后特拉维斯的部门不是第一个完成工作，但他也没有照上面的话做，"因为这是我说的，他没有这个意思。"伯德里克笑道。

当其他部门已经陆续做好准备，服装部仍然还有很多工作要做。伊茨维勒中途回了一趟位于明尼苏达州奥瓦通纳的家，去处理自家的生意。临行前，他就下一步的工作如何开展向员工们做了布置。当他回来后，却发现工作进展甚微，而时间却所剩无几。"我觉得我们正面临困境，必须得想些办法。"伊茨维勒说，"我将部门全体员工召集到一起，对他们说，'我们必须按照计划行事，有条不紊，稳步前进。'"会上，伊茨维勒制订了一个两步计划，并鼓励员工们同舟共济。很快，员工们将商品整理停当，部门的工作也回到正轨上来。

一个周六的下午1点，伯德里克决定回家好好睡上一觉。刚刚睡着1个小时，他就被销售部经理的电话惊醒："非常抱歉这个时候将您吵醒，但是我刚刚接到白宫办公室主任打来的电话，他正好到此参观，并告诉我可能一会儿总统也会前来。"

"我还是回去一趟。"伯德里克说。

"我们能处理好。"销售部经理回答。

"算了，我现在就出发。"

当伯德里克好不容易来到商场，4名特工和1名白宫办公室官员接待了他。"伯德里克先生，总统决定来你们商场参观，"那名白宫官员说，"您觉得没什么问题吧？"

"当然没问题，"伯德里克说，"什么时候呢？"

"大约20分钟以后。"

由于准备工作还在进行当中，大楼正门旁边仍堆放着100个托架的建筑材料，而总统也将从这个门进入大楼。"你绝对没有见过人们的工作效率有如此之高，员工们很快就将这些材料移到别处。"伯德里克说。因为要赶往竞选活动的下一站，布什总统比预计时间提前来到大楼。"我们在大门口等候，看见总统的专车停在大楼前面，他下车向我走来，"伯德里克兴奋地说，"和我握手后，总统先生穿过人群，热情地与人们握手，最后为我们签名留念。整个过程大概持续了20分钟。"

"大家都很激动，人们兴奋地向总统提问。"损失防范部经理麦克尔·洛克说，"我们见证了一个激动人心的时刻，所有在场的人都会感到终身难忘。"

2. 共同的爱好让员工认可共同的目标。

总统走后，人们恢复了平静，工作还是要继续，开业的日子越来越近了。"开业的消息已经上报，开业日期也是板上钉钉的事。我们必须抓紧时间。"伯德里克说。但是，"福无双至，祸不单行"，天公也不作美。几十年不遇的大雨让修建停车场和铺设水泥路面的计划不得不暂时搁置，电工日夜赶工但仍没有完全解决大楼的供电问题，库存扫描器不能正常工作，大楼所在地水塔泄漏导致商场无法保证预防火灾的储水，680件动物标本必须安放妥当。经过艰苦的努力和协调一致的团队合作，惠灵店的员工们将困难一一化解，而主要的动力之一源自员工们极高的敬业度。"很多员工表示，即使大楼倒塌也没有关系。只要我们还能撑起一片角落，就一定要让工作继续下去。因为，领导们对我们很好，我们相信他们的目标。"韦恩·基德威尔说。

坎贝拉公司给自己定下的使命是："作为世界领先的运动用品供应商，我们致力于为用户提供高质量、超价值、富于创新精神的产品和服务，帮助人们尽情享受户外运动的激情和乐趣。"在参加盖洛普公司关于"12要素"的问卷调查时，惠灵店的员工对这一使命的认同立刻显现出来。超过60%的员工对"坎贝拉公司的使命或目标让我感到自己的工作意义重大"的描述表示高度赞同。而在盖洛普公司的数据库中，只有不到10%的企业对第八要素的评分有如此之高。惠灵店的员工表示，他们的动力和使命感来源于适合的人员和成功的管理，这就是，雇用热爱户外运动的员工，并通过管理发挥他们的最大潜力。

惠灵店的管理层成员表示，为了保证开业典礼如期进行，他们付出了这么大的努力，是因为他们希望打造一家与自己对户外运动的热情相匹配的商场，并继续在此工作。"这已经不仅仅是工作，"洛克说，"而是他们在工作之外也喜欢做的事情，因此，工作成了他们引以为傲的事业，是他们任意驰骋的运动场。"随后，几乎每一间领导办公室，每一个员工工作间都贴上了户外探险的照片。

共同的爱好加之总经理的治理有方，惠灵店的员工们成功地战胜了种种困难。"如果员工们同心同德，乐于奉献，他们会努力推动团队事业的前进，甚至不需要过多的培训和督促。"伊茨维勒说，"他们已经完全相信，坎贝拉是工作的好地方。"

惠灵店的人们按时完成了任务，商场在8月12日如期开业。

/ The
Elements of
Great
Managing

第**9**要素

我的同事能够致力于
高质量的工作
——整个团队全力以赴

团队工作最显著的特征之一是他们能产生 2＋2＝5 的效
果。当然，他们同样也能造成2＋2＝3的结果。

经典案例

经营一家百思买连锁店绝不是件容易的事。这样的一家商场通常占地4000多平方米，销售的商品从微型硬盘到冰箱，从洗衣机到吹风机，应有尽有。一家连锁店每周营业77个小时，拥有员工120名，其中许多人都很年轻，都是刚参加工作不久。因为商品种类繁多，且大多构造精密，员工需要接受的培训也相应地十分严格。此外，年轻员工缺乏常性，容易分心。这些因素综合起来导致了商场潜在的员工流失率偏高。

每年，一家百思买连锁店通过销售各种家电，包括电脑、CD机、DVD机等商品，平均销售额可以达到上千万美元。但是，由于采取"薄利多销"的策略，每件商品的利润其实是很低的。

2003年夏天，埃里克·塔维纳来到康涅狄格州的曼彻斯特市，就任当地百思买484号连锁店的总经理。塔维纳拥有13年零售业从业经验，这是他在百思买公司工作的第三个年头。上任后不到一年的时间里，塔维纳遇到的最大挑战之一是如何更好地发挥每一名店员的作用。许多店员认为他们的意见和建议没有得到足够的重视，他们的同事并没有为团队的工作全力以赴。

2003年7月，对塔维纳所在连锁店进行的"12要素"的调查结果表明，该店员工敬业度水平良好，但还算不上优秀。在参加盖洛普员工满意度调查的所有企业或部门当中，484号店的成绩只能排在前三分之一。员工们对第七要素（"在工作中，我觉得我的意见受到重视"）和第九要素（"我的同事能够致力于高质量的工作"）的评分尤其低。更严重的是，尽管在塔维纳上任后员工敬业度的整体水平有所上升，但员工们对这两个要素的评分却降低了。

"调查结果很真实但也很伤人，"塔维纳说，"收到这样的反馈信息确实让我很头疼。特别是关于'意见被采纳'这条着实让我感到担忧，这表明我们很不善于听取员工们的意见。"他接着说，"我所在的商场里，许多经理是刚刚晋升上来的新人，他们是第一次参加管理工作；而另一些经理虽然已经从业20多年，但对员工和企业文化却是置若罔闻。"如何让整个管理团队学会重视和关注每一名员工，是塔维纳遇到的一个巨大挑战。

对塔维纳来说，激励团队的能力是管理工作必备的一个重要因素。"对于我和我的经理来说，发挥并提高员工的能力尤为重要，因为他们对于整个商场的发展有着举足轻重的作用。"塔维纳说。"我们店的员工大多是20岁出头的年轻人，"销售经理鲍勃·高迪特说，"与年龄相比，他们掌握的知识却丰富得惊人。"

在第二个月的全体员工大会上，塔维纳和他的5人助理经理小组将上述问题提上了议程。他组织员工们进行了一次投票活动。在活动中，塔维纳将企业管理的"12要素"列举在写字板上，要求每名员工选择他们认为商场应该重视的一条要素，将自己的意见写在纸条上，并将纸条贴在相应的要素旁边。结果不出所料，大部分员工选择了第九要素"我的同事致力于高质量的工作"，许多人提出了自己的解决方法。"我们需要'集体下班'。"一些纸条上这样写，"我们希望每个人都能得到公平的对待，无论什么时候，即使是下班回家时，也能作为一个团队出现。"

在零售行业，每天关门打烊是一件很复杂的事情。在最后一名顾客离开之后，店内便开始忙作一团：关闭收银机，收拾当天的销售小票，为第二天的营业做一系列准备。"关门是为了第二天的开门迎客。"塔维纳说。这时候，店内的一切都需要打扫干净，货架需要重新上货，大量展示用样品需要检查并切断电源。总之，一切都需要准备停当以便迎接明天的第一位顾客，而这距头一天最后一位顾客离开往往还不到12个小时。而在节假日，因为营业时间延长，商场常常需要在更短的时间内完成更多的工作。

而在曼彻斯特484号店，因为部门大小不同，助理经理的行事方式也不同，情况随之变得更加复杂。比如，如果经理不加干涉，小部门的员工会比他在大部门的同事更早干完手头的工作，于是也能更早下班回家。因此，尽管该商场正常的营业时间是到晚上9:30，但一些店员很早就能回家，而另一些却需要工作到半夜，这种现象在这里并不足为奇。

484号店面临着一个相当严重的问题：员工之间分工不均，一些人工作极其轻松，而另一些人却累得喘不过气。这是所有团队都可能遇到的难题。

理论支持

态度散漫、爱占便宜、心口不一、游手好闲、玩忽职守、畏难怕险、油嘴滑舌……这些蔑称常常用来形容那些不负责任、尸位素餐的人。在工作中，人们总会遇到这样的人：他们成天挖空心思，琢磨如何偷懒而不被训斥，他们利用别人的辛苦努力达到自己偷奸耍滑的目的。这种人对整个团队的破坏力比其他因素要大得多。

在战场上，个别逃兵给其他士兵带来的心理影响会很快扩散开来，最终导致整个战斗的失败。因此，军事指挥官们对擅离职守的行为无一例外地感到深恶痛绝并严加禁止。1776年，当乔治·华盛顿率领大陆军在波士顿城外的朵切斯特高地暗中布置大炮、构筑工事，准备攻击盘踞城中的英国军队时，他颁布了这样的命令："战斗打响后，凡贪生怕死者，畏缩不前者，或未接到命令而擅自撤退者将被视为逃兵，就地枪决。"进攻当晚，大陆军5000多名士兵趁着夜色，神不知鬼不觉地向敌人发动了进攻。当黎明的第一缕曙光照在缴械投降后仍然满腹狐疑的英国士兵脸上时，大陆军的奇袭完全获得了成功。一名美国将军骄傲地说："如此神速的军事行动绝对是空前的创举。"而一名英国军官则表示不敢相信美方在此次进攻中仅投入了如此少量的部队，在他看来，要完成这样的战果至少需要15 000到20 000名士兵。

"团队工作最显著的特征之一是他们能产生2+2=5的效果。"一本有关组织行为的教科书中写道，"当然，他们同样也能造成2+2=3的结果。"

一般情况下，一个团队中大约有三分之一的员工认为同事们能够为团队工作全力以赴。但是，团队中是否有人对工作不负责任将直接影响到员工对第九要素的评分高低。例如，如果发现有人消极怠工，给这一要素评高分的员工数就会下降到总数的五分之一；如果所有员工都能尽心尽职，那么将会有一半的员工给这条要素评高分，而其他人也会对这样的陈述表示认同。

在各行各业之间，对第九要素的问题的回答大同小异。但与其他11个要素相似，不同的团队对第九要素的评价却有很大的不同。在不少团队中，员工们都认为其他人对团队的工作不够尽心尽力；而也有很多这样的团队，成员们都表示团队上下充满了忠于职守的气氛。例如，在一家澳大利亚银行，由于在第九要素上的表现不尽相同，致使该银行各家分行的盈利能力相差最高达到14%。而在欧洲的一家食品生产企业，员工是否恪守其职所造成的工作事故发生率的差异则高达51%。许多企业的经营业绩与其在第九要素上的得分相符的现象表明，如果团队成员感到自己是一个团结、负责的群体中的一员，那么在工作时，他的事故率将降低；在面对顾客时，他将更加耐心和友善；此外，他离职的可能性会变小，而工作效率则会提高。

法律教授丹·M. 卡翰用一条正态分布曲线代表团队，以此来说明管理人员所面临的挑战。曲线的最右端代表团队中最富于奉献精神的成员，他们出于一种对团队精神的信仰，愿意为团队共同的事业付出自己最大的努力，而很少去计较别人在做什么。而曲线的最左端则代表团队中最缺乏奉献精神的一部分人，即所谓的"搭便车者"。在多数情况下，这些人会将工作推给别人，而自己却躲在一边享清闲，成为集体的"寄生虫"。

在这两者之间，是绝大多数"中间分子"，他们对于团队工作往往抱着一种"骑墙"的态度。如果同事愿意合作，他们也不会斤斤计较；如果同事只为自己考虑，他们也不会表现出大公无私的高姿态。因此，在团队组建之日，他们就面临在两种循环中做出选择，一种循环的极端表现形式是"人人为己"，而另一种循环的极端则是"人人为我，我为人人"。

在实验室中，科学家做了大量相关研究，得出的结论是如下现象的确存在：一些人为了共同的利益而联合起来成为一个团队。如果不设法阻止少数成员不干活或少干活的行为，那么越来越多的人就会减少努力以获得公平感，直到再没人愿意为共同的目标而努力。

对人类而言，报复的欲望是一种极其强烈的精神力量。在企业中，这种力量比起企业为了让员工各司其职，而非对同事的怠工行为有所抱怨所设立的物质激励，对员工的影响更大。即使企业对员工提出"做好自己分内事"的要求，但一旦发现隔壁桌的同事不干正事，人们就会感到心理不平衡。利用现代先进的大脑成像技术，如正电子发射断层摄影，科学家开始对人类大脑进行深入的研究，并尝试发现"报复"的神经机制。一项研究表明，当受试者感到自己得到公平对待时，其大脑深层结构中处理预期奖赏信息的背侧纹状体就会变得活跃起来。尽管惩罚别人也可能导致自己受到损失，但多数情况下，人们在心理上会觉得物有所值。"反击的举动会使惩罚者觉得终于出了一口恶气，从而获得一种满足感，并由此促使大脑中与奖赏有关的区域得到激活。"7名研究人员在著名的《科学》杂志中撰文写道。

对管理者而言，要么对团队中工作不认真、拖别人后腿的成员睁一只眼闭一只眼，任凭团队变得离心离德，最终被强烈的利己情绪引上不归路；要么努力保持工作的高标准，使团队在所有成员为共同目标始终如一的奋斗中获利。如何做出选择显然是再清楚不过的了。面对团队中少数投机取巧的成员，人们通常有两种解决方法。一是借助各种形式的社会强制手段对他们形成自我约束力，另一种则得靠管理者采取适当措施对偷懒者进行惩罚。

此外，在团队工作中，还有另一种看起来不那么严重，但仍然让人不愿接受的情况，即团队成员似乎都非常努力地工作，但却缺乏完成高质量工作的能力，此所谓"有心无力"。盖洛普公司在全国范围内对一些工作者进行了随机的采访，询问他们下列哪种同事更让他们感到沮丧：一种是工作勤奋但能力有限（力不从心者），另一种是能力尚佳但不负责任（偷奸耍滑者）。结果，选择后者的人数大约是前者的6倍。实际上，选择前者的人也不少，研究表明，如果同事能力太差，给第九要素打高分的人数就会降至总人数的四分之一。**尽管许多选错岗位的员工有心将工作干好，而他们的敬业态度也能帮助他们在公司中找到别的职位，但是能力的欠缺会使他们无法长期保持和同事相同的水平，因此也决定了他们不可能在一个岗位上待太久。**

一个好的管理者必须不断问自己，他的团队是否能让那些对团队合作还犹豫不决的新员工全身心地投入到共同的事业中来。而这一标准也体现在本书第一章提到的温格纳海蒙酒店经理南茜·索瑞尔所提出的问题当中。"谁是酒店里最差劲的员工？他在这里工作了多久？"她这样问，"换句话说，团队中谁的水平最低？"

解决之道

1. 管理人员必须对实施计划持坚持态度。

回到曼彻斯特市的百思买484号店，面对员工们对第九要素评分偏低的现象，为了回应他们的担忧，埃里克·塔维纳和他的5名助手制订了一项"三步走"计划。

首先，所有管理人员必须保持认识和口径的一致。"当我不在商场的时候，如果员工们遇到问题需要向经理请示，所有的经理都必须统一口径。"塔维纳说，"实际上，经理们总有对员工说'不'的时候，而如果员工们认为在另一名经理那里可以得到肯定的答复，那问题就大了。我们常常会遇到这样的情况，要避免同类事情的发生，我们还需要进一步的努力。"

其次，商场将辞退那些缺乏责任感和职业道德的员工。

最后，为了满足员工们的要求，塔维纳和他的助手们制订了一个"集体下班"计划。"我们必须确定的是：第一，所有的部门经理都能理解、认同并愿意实施这一计划。"塔维纳解释说，"第二，计划绝不是草率地执行，我们还必须选择合适的时间。最后，在计划开始实施的当天，我们会在10点半时才告诉员工新的时间安排，'11点半才能下班'。随后，我们会向他们介绍这一计划以及实施该计划的原因。"

结果，该计划受到多数员工的欢迎，但仍有一些反对的声音，那些对以前下班时间感到满意的员工反对尤其强烈。"在所有120名员工中，大约有10%的人表示不喜欢新的下班时间，约20%的人持观望态度，剩下70%的人则表示赞同。这种情况很正常，我们也能理解。"塔维纳说，"事情的转折点在于所有的管理人员都必须对计划持支持态度。"

在2003年11月下旬节日假期临近之时，新计划开始正式实施。但同时也出现了一些不和谐的声音。"你时不时会听到一些抱怨，一些主管会来向我们报告，某某在商场内到处说'集体下班'计划很讨厌。"销售经理高迪特说。塔维纳补充说："然而，我们更希望听到的是'我们是一个团队，我们应该互相帮助，同舟共济。'"

而其他支持该计划的员工则表示，他们的建议最终被采纳并得到执行，这对商场来说是一个很重要的转变。"计划开始实施后，大多数人都感到欢欣鼓舞，毕竟这是他们自己的主意，"库存主管麦克·麦科米克说，"这是大家都希望看到的。"

2. 听取并采纳员工意见的价值所在。

在将"集体下班"的概念介绍给全体员工之后，484号店的管理层意识到计划还需要进一步的改进。"一开始，所有人都被要求先不要急着回家，"麦科米克说，"我们意识到必须规定统一的下班时间，但那些以往在关门前两小时就可以下班的人确实没有必要待那么晚。我们不能让所有人都干等着，这样一来，工时就无形中延长了。"

2004年1月，为了检验"集体下班"计划以及采纳员工意见的行动是否获得了成功，484号店再次接受了"12要素"的评估。"我们非常紧张，因为我们做了以前从未做过的事情，"塔维纳说，"我们很担心会事与愿违。"

让塔维纳感到高兴的是，评估结果肯定了听取并采纳员工意见的价值。484号店的员工敬业度也由此变为优秀，在盖洛普公司记录在册的工作团队中，成功跻身前10%的行列。员工们对第七和第九要素的评价也显著提高。而绝非巧合的是，商场的经费预算开始降低；同时，在零售业这样一个人员流动较大的行业，该商场的员工流失率也得到很大的降低。

"当听到最新的调查结果，我竟然兴奋得颤抖起来。"塔维纳激动地说，"当员工们参加问卷调查时，他们可能会回头看看商场的变化，并且骄傲地对研究人员说：'你知道吗？我们的选择是正确的！'"

第 9 要素

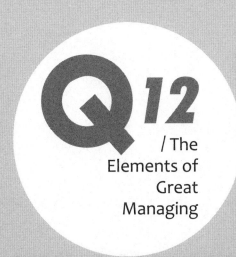

Q12
/ The
Elements of
Great
Managing

第**10**要素

我在工作单位有一个
最要好的朋友
——为团队良好关系创造条件

就工作而言，同事之间亲密的关系绝对是一种宝贵的资源。同事间的社会关系是反映企业员工对工作满意程度的"晴雨表"。同事关系好了，工作的心情自然就舒畅了。

经典案例

　　苏瑞世·纳吉什于2004年1月抵达印度班加罗尔市，准备接手当地的戴姆勒-克莱斯勒分公司汽车工程与质量部的管理工作。他发现该部门的6位工程师根本没有合作的概念，完全处于各自为战的状态。这种混乱不堪的状况让纳吉什有些措手不及。

　　纳吉什了解到，这些工程师们与他的前任关系一般；曾经一位顾客苛刻的言行给他们带来的不良影响似乎仍未消散；他们的办公桌分散在公司大楼的不同楼层中，当有问题需要解决时，他们只是打电话或发电子邮件，而不是坐下来一起讨论；中午吃饭时大家总是各自行事；更有甚者，纳吉什发现他们在走廊里相遇时很少打招呼，更不用说就业务进行专门讨论了。以上种种表现充分说明这个部门的员工敬业度很低，这使得部门的业绩在盖洛普公司的数据库中仅仅排在所有团队的后40%。

　　"他们非常安静，"纳吉什这样描述他的员工，"我很快就认识到，这个团队毫无化学作用可言，他们根本就没有被捏到一起。人们只知道互相埋怨，更不用提什么工作动力了。"

当然，员工们对部门的现状也感到很失望。工程师克沙瓦南德·普拉布这样说："我过去任职的公司和这里完全不一样。以前，同事们关系非常要好，大家合作得很愉快。而现在，同事之间根本就没有相互信任的概念。我感到很沮丧。"

由于没有形成团结和谐的团队氛围，尽管员工们下了不少功夫，花了不少时间，工作却总是不能如期完成。糟糕的业绩致使整个公司不得不接受戴姆勒－克莱斯勒总部的严格检查，而纳吉什的团队自然而然就成为班加罗尔分公司的不良典型。对于这位43岁，拥有计算机力学博士学位，曾在通用电气和戴姆勒－克莱斯勒公司取得不错业绩的部门经理而言，目前的状况确实是一个前所未有的挑战。"每个部门都会有各种各样的状况，但现在的情况实在让我有些意外。"纳吉什说，"我从未想过我的事业会因为这样的情况而画上句号。"

为了将员工们真正融入到团队当中，纳吉什动足了脑筋。凭借丰富的管理经验和人际关系方面的知识，纳吉什认识到，有些解决方法其实并没有那么高深。实际上，管理者要做的是给予这个团队更好的过程化管理，扩大员工队伍，鼓励员工更多地参加到团队事务中来，培养员工"与公司同呼吸、共命运"的思想。

基于这样的想法，纳吉什首先对定期召开的部门会议进行了调整。在过去，一些员工把开会作为例行公事，在会议期间一言不发。而现在，纳吉什要求大家打破沉默，每个人都要就自己目前的工作和未来的计划进行交流。"很快地，大伙之间的沟通得到很大的改善。"普拉布说，"纳吉什先生不爱藏着掖着，他非常喜欢和大家交流。

他经常鼓励我们要热爱自己的团队，要为我们共同的目标而努力工作。在他的鼓励下，过去看起来似乎很难完成的任务变得不再那么遥不可及。"

然而，上述增进感情的方法也遭到部门中不少人的非议，他们认为，同事之间太过亲密不利于客观公正地处理问题。针对这些担心，纳吉什便改变策略，在部门内设立一些客观标准，想以此来提高工作效率。

但是，在我们看来，纳吉什的团队目前亟需的恰恰是打破隔阂，建立良好的同事关系，这是解决问题的根本。

理论支持

事实上，在本书所提出的"伟大管理的12要素"中，第十要素，即"我在工作单位有一个最要好的朋友"备受争议。在向客户公司的主管们介绍员工敬业度调查结果时，我们往往会询问他们是否对我们设计的问题有疑问。

从很多媒体对《首先，打破一切常规》一书的报道中可以看出，他们对盖洛普公司提出这样的问题也感到极大的不解。《华盛顿邮报》（*Washington Post*）的一位专栏作者写道："工作中的好朋友？这是什么东西？高中同学吗？"《时代》杂志认为和其他11要素比起来，这个听起来不那么靠谱。而《芝加哥论坛报》（*Chicago Tribune*）则干脆向公司经理们建议："在同事间建立朋友关系容易滋生小团体间的嫉妒和猜忌，此外，同事间过于依赖也会对工作产生怠惰情绪。"

很多反对者会提出这样的疑问：如何界定"朋友"？为什么不使用诸如"信任"、"和谐的办公室关系"等更常用的说法。但是，问题在于，复杂而正式的用语往往无法一语中的。"现在常见的调查问卷中关于'信任'的问题往往不能达到调查的目的，"美国国家经济调查局的一份报纸得出这样的结论，"大多数此类调查不得不对问题做重新解释，使之便于理解。"

和媒体比起来，那些公司老总们的态度更加苛刻。一家公司拒绝接受"12要素"的问卷调查，仅仅是因为刚颁布了关于禁止员工走得太近的规定。另一些公司则表示，接受问卷调查的前提是去掉有关"朋友关系"的问题。这么简单的问题竟然掀起如此轩然大波，"在工作和个人生活间划清界限"这条不成文的规定在企业中的盛行程度便可见一斑了。

实际上，我们之所以坚持把"我在工作单位有一个最要好的朋友"作为"伟大管理的12要素"之一，是基于以下这个无可辩驳的事实：这条要素的的确确可以提高团队的工作表现。同事间深厚的感情可以促进一个人积极主动地面对工作，这是那些对此不屑一顾的人所无法做到的。在对管理要素的早期研究中，我们发现，在那些拥有优秀工作绩效的团队当中，员工之间保持着一种非常特殊的社会关系。此后，对众多公司进行的大规模研究证实，我们提出的这条要素在提高企业盈利能力、增加员工安全感、提高存货控制能力，特别是培养员工对企业的感情和忠诚度等方面起到非常大的作用。

在设计有关这条要素的问题时，经过反复推敲，我们最终决定采用"我在工作单位有一个最要好的朋友"的提法。因为在实际生活中存在这样两种团队：在其中一种团队中，紧密的同事关系已经成为维系整个团队的重要因素；而在另一种团队中，同事之间关系平平，无法经历困境的考验。而我们选择的这一提法最能够体现出这两种团队的差异。尽管第十要素在所有"12要素"中最具争议，但在对受访者的调查中，它所得到的肯定回答却不是最少的。在所有受访者中，略低于三分之一的人认为同事中确实有他们的好朋友。其获得肯定回答的比例要高于第七要素"在工作中，我觉得我的意见受到重视"，并与第四要素"在过去的七天里，我因工作出色而受到表扬"持平。企业老总们反对第十要素也许是因为他们认为在一线工作的员工无暇结交朋友，因此工作中建立朋友关系便多此一举。而这些高层领导自己却交友甚广，他们常常成群结队地前往一处风景宜人的休闲场所，钓鱼、打网球、打高尔夫球，参加各种社交活动。更具有讽刺意味的是，当玩够了坐下来开会时，他们却开始大声质疑在给员工设计的调查问卷中加入关于"友谊"的问题的必要性。

尽管大多数老总反对员工们成为好朋友，但事实却总难让他们满意。有这样一个例子，盖洛普公司曾为一家日用品经销公司做员工调查，在第十个问题的调查结果出来之前，该公司人力资源部的一位代表告诉我们："我们公司的政策禁止员工建立太紧密的关系，因为公司的领导对此很反感。"然而，分析结果显示，这家公司的员工关系非常好，甚至超过了多数其他公司。正所谓"哪里有压迫，哪里就有反抗"，事实证明，不管有多严格的禁令，人们都会努力实现自己的社会需求。人性是压抑不住的，和它比起来，政策只是一纸空文而已。因此，企业应该尊重人性，好好利用这一社会资本的力量，而不是反其道而行之。调查表明，**经营业绩排在前25%的企业往往重视建立良好的员工关系，他们的盈利能力也比排在后25%，**

无视工作氛围培育的企业高出1~2个百分点。

此外，对员工敬业度进行的大量定性研究显示，顾客在购物时不仅能觉察出商场员工关系融洽与否，而且除商场自身条件之外，员工间的关系还会在很大程度上影响顾客的购物行为。在服务行业中，与员工关系淡漠的公司相比，员工关系融洽的公司所赢得的消费者的好感要多出5%~10%。这正好解释了企业成败的缘由。

"在工作时，无论是专业人员还是蓝领工人，他们都会长时间相处。大家一起进餐，一起出行，一起早出晚归。而在工作之外，人们结婚越来越晚，离婚率越来越高，选择独居的人越来越多。对孤独的人们而言，工作成了他们生活的全部，"评论家罗伯特·D.普特南在《独自生活》（*Bowling Alone*）一书中写道（该书论述了美国社会凝聚力下降的现象）。另一位评论家则这样写道："随着越来越多的美国人在工作中投入更多的时间和精力，工作已经超越了其本身的意义，越来越成为人们家庭生活和社会生活的重要组成部分。"

我们关注的问题并不是工作中的友谊是否胜过生活中的友谊，而是同事之间的感情会在何种程度上影响企业的效益。对每个人而言，其他类型的友谊比工作关系更为重要并不足为奇。重要的是，有几乎一半的员工表示自己愿意就重要事务向同事征求意见。因此，我们完全可以从上面提到的研究中得出这样的结论：就工作而言，同事之间亲密的关系绝对是一种宝贵的资源。"众多研究表明，同事间的社会关系是反映企业员工对工作满意程度的'晴雨表'。"普特南写道，"同事关系好了，工作的心情自然就舒畅了。"

心理学家，2002年诺贝尔经济学奖获得者丹尼尔·卡内曼曾做过一项名为"昨日重现"的研究，研究结果同样显示，拥有朋友会使工作变得轻松愉快。这项研究要求受访者回忆过去的种种经历，并对每一种经历的愉快程度做出评价。结果，受访者一致认为乘车上班是日常生活中最难熬的事情之一。但是，如果上班途中有朋友相伴，那就会变成最愉快的经历。

当然，同事间的友谊对企业的工作效率并不是百无一害。要发挥其最大的效力，还必须与其他11个要素相互配合，比如同事能够致力于高质量的工作或团队中的每名成员都明确自己的职责。如果缺乏明确的指导，管理松散的团队容易在过多的社会活动中迷失自己，而忽视了消费者和业务的需要。各种工会组织在准备罢工时，"友谊"会被提到很高的高度。但是如果"友谊"演变成盲目的义气，由此产生的非此即彼的对立心态对双方都没有好处。

对一个团队而言，凝聚力并不是全部，它仍然需要较高的工作标准。50年来的研究表明，无论团队的凝聚力有多强，如果设立的工作标准偏低，那实际的工作绩效也不会高。但是，在看重第十要素，而相对忽视其他大多数要素的团队中却仍有例外的情况。**众多证据表明，内部越团结的团队，无论在平时还是压力之下都能表现得更好。**

作为例证，对各行各业的工作者进行的研究表明，在朋友之间，人们会更为坦率地征求对方的意见，分享不同的看法，放心地接受对方的建议；如果意见发生分歧，会更容易理解对方，朋友间的深厚感情会成为他们相互鼓励的动力；无论艰巨与否，朋友们会对共同的目标尽心尽职；对团队的认同感越深，员工就越愿意为实现团队目标而努力工作。

为了研究友谊如何提高团队的工作效率，宾夕法尼亚大学的卡伦·A. 杰恩教授和明尼苏达大学的普里蒂·普拉丹·萨哈教授曾在1995年做过一个非常著名的实验。通过实验，教授们不仅要证实友谊可以提高团队的工作效率，而且试图解释这种现象发生的原因。他们挑选了159名学生，并将其分为53个组，每组3人。其中26个组是由很要好的朋友组成，而另外27个组的成员仅仅是相互认识而已。

　　分组完成后，组员们被要求完成两项任务。其中一项是关于认知能力的考查，参与者要审阅6名申请该校工商管理硕士学位的学生的申请表，并判断谁能被学校录取，而谁又最终落榜。另一项任务是关于操作能力的考查，参与者要以小组为单位，按照教授们提供的图表的要求，完成诸如泡沫塑料球、胶水、冰棍棒、铝箔、通心粉、绳子、益智玩具等物品的制作。为了收集尽可能多的有关各个小组成员工作情况的信息，研究者对实验中小组成员的谈话录音、现场录像以及各组的工作成果进行了细致的分析。此外，研究者还在各项任务完成后对参与者的感想进行了调查。

　　教授们表示："由朋友组成的小组对招生的判断要更为准确，制作的物品也比别的小组多得多。"在小组中，朋友们能够相互鼓励；任务完成后，他们也表现出对团队更多的热爱和忠诚。"这些小组的成员能够相互协作，对团队的目标尽心尽力，这些因素都有利于任务的最终完成。这就意味着，与组员间关系平平的团队相比，关系融洽的团队中，反馈机制运行得要更加良好，"研究者这样写，"在考查认知能力（审阅申请表并做出判断）的任务中，朋友之间彼此信赖，共同做出关键的判断；在考查操作能力（制作各类物品）的任务中，朋友们分工明确，合作无间，保证了任务的圆满完成。而如果小组成员关系不甚紧密，他们则倾向于单打独斗，团队意识相对薄弱。于是，我们可以得出这样的结论：对一个团队而言，成员间的关系越融洽，在面对不同任务时他们的适应性会更强，也更容易取得成功。"

好的管理者应该鼓励团队成员之间建立良好的关系，并为之创造必要的条件。例如，在一家家居装饰商场，新员工必须在商场的各个部门都工作一段时间，商场将此称为"定位之旅"。现代培训理念认为，对新员工而言，第一份工作从哪个部门开始其实并不重要。因此，这家商场的经理会事先了解新员工的兴趣爱好，并为之选择易于融入其中的部门作为其事业的起点。"我们努力将不同个性的员工融合为一个整体。"这位经理说，"因此，发现那些善于沟通并乐于交朋友的人，并将他们凝聚在一起是非常重要的。"

解决之道

1. 将员工集中到一起办公。

现在，让我们回到印度的班加罗尔，苏瑞世·纳吉什先生还在为改变戴姆勒-克莱斯勒分公司汽车工程与质量部的现状做着努力。为了改善部门员工之间的关系，他想出了一个简单而行之有效的办法：将员工们集中到一起办公。如前所述，该部门的工程师的办公桌分散在公司大楼一二层的不同位置。纳吉什在公司二层找了一个地方，并将所有员工集中到这里进行工作。

"这样做的好处十分明显，它方便了同事之间的交流和沟通。"工程师普拉布高兴地说，"当有问题需要和别人讨论时，我们不再只是发发邮件。我只需稍稍站起来就能和他进行交谈，喏，就像现在这样。一句话，现在同事之间面对面的交流明显增多，这自然是非常重要的。"尽管这也为人们闲扯一些与工作无关的话题提供了机会，但它确实促进了同事之间的交流与协作，从而大大提高了工作效率。

纳吉什的部门负责设计复杂的虚拟汽车模型或汽车部件模型，这些模型将为此后真车的生产提供可参照的原型。通过研究汽车设计，他们寻找设计的缺陷，发现造成噪音和不正常振动的原因，检查结构上的瑕疵。此外，该部门还应用电脑模拟技术研究汽车碰撞安全性，找出哪些地方需要改进以保证乘客的安全或达到欧洲、日本、美国等国政府的安全标准。通过对真车和电脑虚拟模型碰撞后的情况进行比对，如果两者的受损方式和程度相近的话，那么安全性模拟实验就是成功的，有利于进一步进行模拟研究和修改设计方案，从而大大节省了时间和成本。在纳吉什的办公室里，就摆放着一台冰激凌机大小的电脑，上面贴着"请勿触碰"的字条，每天对该部门所有工作站传回的数据进行大量的计算。

纳吉什所在部门的工作专业程度高且操作复杂，因此"现学现用"是几乎不可能的。"如果让我一个人来做，一定会出很多错误，"工程师桑吉夫表示，"我们的工作性质决定了同事之间必须相互协作，取长补短。"

不久，员工们又指出部门内部仍然存在不少沟通障碍，为保证工作更好地进行，必须尽快打破这些障碍。此前，部门的老员工们就彼此沟通不畅，现在又出现了新的问题。6个月内，员工数量增加了一倍，使员工内部形成了新老两派，两派之间的代沟问题也渐渐凸显出来。纳吉什决定对部门进行重组，让员工们学会相互依靠，相互扶持。

到任后不久，纳吉什便组织全体员工召开了一次团队建设研讨会。在员工们看来，这似乎只是一场普普通通的研讨会，他们只是被简单地要求为会议做好准备。结果，前半天的议程确实如员工们所预计的那样，大家聚在一起座谈团队凝聚力的重要性以及分组讨论如何在工作中更好地分工协作。随后，纳吉什突然让全体与会者起立，准备参加激流探险活动，这让在场的所有人感到始料不及。

"我并不擅长游泳，"参与过这次活动的钱德兰博士提起此事时还有些后怕，"我在游泳池里游过泳，但从未想过到这样的激流中露两手。"事实上，他们中的许多人根本就不会游泳。

"我们不知道还有这样的团队活动，也不知道它如何提高团队的凝聚力。"普拉布说。在许多人看来，这样的活动倒是淹死几个工程师的好方法。实际上，这种传统的团队建设活动对缺乏凝聚力的团队根本不是什么灵丹妙药。更为严重的是，这种充满冒险的活动如果出现偏差，会引发团队成员之间的相互埋怨、指责，甚至发生事故导致人员受伤。而且，要建立和谐而牢固的团队关系，这也不是唯一的选择。许多成功的团队也只是通过常规的培训以及一些有利于增进友谊的社会活动来增加成员之间的相互信任和依赖。然而，在纳吉什看来，为了治愈目前部门的"顽疾"，应该找准病根，对症下药。

激流探险所带来的紧张感正是纳吉什需要的"良药"。"我的目的是要检验员工们在困境中如何互相帮助。"纳吉什解释说。在他的带领下，部门全体成员来到距离班加罗尔市西北500公里的卡里河。

他们换上救生衣，戴上头盔，准备迎接挑战。

"当我来到河边，看着滚滚的急流，我开始怀疑救生衣和皮筏的安全性，我可不想拿自己的性命开玩笑。"钱德兰博士说。

其实，员工们的学历都很高，即使其中不会游泳的人也明白浮力的物理学原理，他们其实很清楚此次活动并没有什么危险。但是，面对湍急的河流，他们本能地感到害怕，准确地说，这是一种兴奋和恐惧交加的复杂情感。从活动的照片中可以看出，在顺流而下的两艘皮筏上，员工们的脸上洋溢着微笑，既紧张又兴奋。

为了检验救生衣的安全性，纳吉什坚持自己先跳进水里试试。他向员工们强调，如果发生危险，就全靠大家把他拉上来了。为了收到更好的效果，一跳进水里，纳吉什便装做不会游泳，员工们立即将他拉上岸。随后，他又要求每名员工跳入水中，亲身感受救生衣的作用。每当一名员工跳下去，其他人都在岸上为他加油鼓劲。

"事实证明，我们是身处一条战壕的战友，我们必须一起战斗。"普拉布兴奋地说，"在摇桨时，我们必须相互配合，步调一致。那些会游泳的人对其他人说：'来吧，跳下来吧，无论发生什么事，有我呢！'结果，大家对此深信不疑，纷纷跳了下去，这太神奇了！我觉得，隔阂已经打破，我们开始认识到大家能成为好朋友，彼此信赖，和睦相处。"

出发后不久，人们便遇到了严峻的挑战。其中一条皮筏被浪头打翻，船上的人全掉进了水里。"他们必须互相帮助，"纳吉什说，"我看见他们努力游向皮筏，每个人都尽力帮助别人爬回船里。当最终每个人都安全无恙地回到船上，大家的兴奋之情真是溢于言表。这太让人感动了，这样的场面真让我终身难忘。"

当人们逐渐适应了漂流的感觉，整个活动变得轻松起来。两条船你追我赶，人们互相用船桨嬉戏，试图将对方拉到自己船上来。他们毫无顾忌地享受着也许是一生中最快乐的时光。"快要接近终点时，"钱德兰说，"我们两条船距离很近，不知道什么原因，另一条船上的一个人突然用船桨勾住我的脖子，将我拽到河里。但是，我只是哈哈大笑，丝毫没有生气。"

当第二天大家回到办公室时，改变也在悄然发生。人们自愿干更多的活；同事间变得相互信赖，共同的美好经历让同事间的关系更加紧密。**一句话，员工们把在激流探险活动中培养的相互信赖、相互协作的精神带到了工作当中。**

"当你掉进水中，而又不会游泳时，即使身边就有救生艇，但真正让你感到安心，相信自己没事的是在你身边的人。"钱德兰说，"我看到纳吉什先生也被拽到河里，他当时的表现和我一样，也是开心地笑着。掉进水中后，我们这些人的反应清楚地说明：在遇到困难时，我们身边的人是值得信赖的。"

"我相信他们不会扔下我不管，也没有人会因为我把事情搞砸了而责怪我。因为，当危险出现时，同事们一定会伸出援助之手。"普拉布说。在经历了此次漂流活动之后，纳吉什的部门设计了一套绿色T恤衫，上面印有戴姆勒－克莱斯勒汽车的商标，组成了一个象征着"无限可能"的标志。一起吃午饭开始变成员工们的一种习惯，而部门的员工流失率也一直保持着零的记录。

2."好朋友的感觉"有利于提高工作效率。

现在，纳吉什的工程师们比从前更加清楚地意识到友谊在提高工作效率上的作用。"举例来说，有时我们会因为一些个人问题而烦恼不堪，"工程师考西克·辛哈说，"工作效率也会因此降低50%。但如果找个朋友聊聊天，帮你分担一些忧愁，心情就会好很多，工作效率会立刻恢复到70%。"

也许有人会说，培养友谊需要时间，还不如节省下来好好工作。但是，纳吉什的员工们表示，良好的同事关系不仅能使工作过程变得愉快，还能提高工作质量。"乍一看，友谊似乎并没有这么重要，但仔细想想，事实确实如此。"桑吉夫说，"当你需要别人的建议时，朋友往往是你最好的选择。因为他了解你的脾气，知道如何表达，以便建议更好地被接受。如果换了别人，可能会因为言辞激烈而发生争执。"桑吉夫告诉我们，在他到部门的第一天，同事们就邀请他一起出去吃饭。同事们用行动告诉他，要想成为一名工程师，首先要学会如何做人。他们还给他提出很多有用的建议，比如应该阅读什么样的书籍，如何应付不同的消费者。

"上周，我们连续工作了两天一夜，"普拉布说，"大家完全可以抱怨说：'我们一天只应该工作8小时。'但是，我们都是很要好的朋友，没有一个人有怨言。我无法想象还有其他什么原因能让大伙坚持工作这么长的时间。"

"每个人都有缺点，"辛哈说，"但是好朋友能帮助我们不断完善自我。"

钱德兰认为："员工们有时必须为团队做出自我牺牲，这是检验'好朋友的感觉'所发挥的作用的最佳时候。"他接着说，"这也正是我认为管理者的作用如此重要的原因。在日常工作中，经理必须'眼观六路，耳听八方'，对整个部门的情况保持清醒的认识。因为每天都有可能因为员工之间沟通不畅而出现各种各样的问题。"

当员工们彼此建立了友谊，纳吉什刚到任时那种司空见惯的互相抱怨的情况已经大为改善。但是，纳吉什还有更高的要求。他希望员工们学会赞赏别人的工作。为此，纳吉什特意创立了一个特殊的颁奖会。在会上，员工们为其他同事颁奖，表彰对方辛勤或是富于成效的工作。

纳吉什的部门曾受雇为梅赛德斯公司设计汽车数学模型。这项工作要求将整部汽车的所有特性通过数字模拟的方式建立计算机模型，并将其应用于汽车稳定性和碰撞的模拟实验，以便找出设计缺陷，设计更新的模型。最近，梅赛德斯公司要求该部门制作6个这样的模型，其中包括一个碰撞后的版本，而所给的时间期限仅为短短的5周。为了按时完成任务，纳吉什和部门的6名工程师开始加班加点地工作，常常奋战到午夜，甚至没有参加班加罗尔分公司一年一度的员工及家属联谊会。"我们高质量地完成了任务。"纳吉什骄傲地说。"我们和您在一起，"工程师们这样对他说，"我们不在乎能不能参加联谊会，因为工作更加重要。我们愿意和您同甘共苦，保证任务的顺利完成。"

"我刚接到梅赛德斯公司主管人员的反馈信息，"纳吉什说，"他告诉我说这是他们见过的最好的汽车电脑模型。这个消息让我激动万分。对我们部门来说，这绝对是一个翻天覆地的变化。"

在崇尚"严谨、实际"的企业文化的德国戴姆勒-克莱斯勒公司，纳吉什被认为是一个坚持己见、严谨到甚至有些木讷的管理者。即使纳吉什在班加罗尔分公司汽车工程与质量部的员工们也承认，当他刚到部门时，大家并不理解他的一些行事风格。但是，纳吉什在这里所坚持的乐观主义精神和尽善尽美的原则帮助该部门从以往黯淡的景象中重获生机，这是他的前任们所没有做到的。

戴姆勒–克莱斯勒公司的观察员指出了纳吉什成功的几个因素：他为人谦逊、不耻下问，从来不不懂装懂；他在公司中资历很深，不必担心丢掉工作，因此他能放心大胆地接受挑战；他的乐观主义精神对团队具有很强的感染力；他十分愿意和员工们分享自己的意见和工作动力（那次激流探险活动除外）；更为重要的是，纳吉什摒弃了与员工保持一定距离的传统管理方法，而且设法将友谊带进了办公室。

纳吉什认为，紧密的同事关系只是建立高效能团队的重要因素之一。因为，无论同事之间的关系有多融洽，友谊并不能消除人们对职业安全感的担忧，也不能弥补因为缺乏计划而给工作造成的损失。但是，纳吉什仍然坚持说："很明显，友谊对人们的工作和生活至关重要。我不相信人们在刚刚握手之后就会忘掉对方。然而，友谊的培养不是一天两天的事，人们只有在相互了解之后才会走到一起。正如一盆鲜花，花朵完全绽放需要时间，这是无法改变的自然规律。但是，一旦盛开，就会娇艳无比，香气袭人。友谊也是如此，这是非常重要的。"

第 10 要素

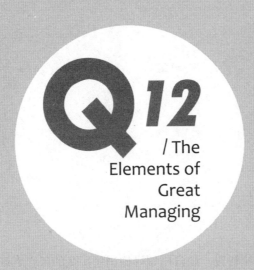

/ The
Elements of
Great
Managing

第**11**要素

工作单位有人和我谈及我的进步
——积极反馈很重要

对于员工和企业更为重要的是，员工知道自己做得怎么样，他是如何觉察到的，他的工作方向在哪里等问题。一个管理者必须要在做出明确的、客观的反馈与不打击员工的精神和自信心之间，保持一个巧妙的平衡。积极的反馈可以调动员工的积极性，而消极的评论则在某种程度上侵蚀员工的内在动力。

经典案例

在参加菲利普·勒肯斯领导的销售团队的工作表现评估会时，没人期望会有大新闻。因为经理如果有重要的话讲，他会随心所欲地想说就说，而不会等到召开正式大会的时候。

然而，其他的工作团队会每年或每半年举行一次评估大会，缓解员工与公司领导层之间的紧张关系。而在勒肯斯的观念中，评估会是一个可以随时进行的总结和记录的机会。

计算有经验的经理领导团队的得分，在伟大管理的第十一要素上，勒肯斯位列全球范围的高层监管者的前20%之列。第十一要素是"在过去的6个月内，工作单位有人和我谈及我的进步"。勒肯斯被公认为公司里最好的导师之一，最近被授予欧洲"杰出部门经理奖"。

一个没有担负传统意义上的重大责任的经理，被认为是到处写着"表现优秀"鉴定的一个缩影，他是如何做到的呢？因为，定期的评定并非全都令人信服，而日常的、随时的个人反馈，对于一个员工来讲，却非常有效。勒肯斯深谙其中的差别。

随着勒肯斯的评估越来越例行化，他和他的团队之间的对话变得更有挑战性和鼓舞性。员工不必再猜测自己表现如何。"最重要的一点（谈论进步）随时进行，那总让我们保持积极性。"前团队成员豪雅·霍克这样说，"他总是给我们目标，给我们挑战性。他一整年都在这样做，不仅仅是在正式的评估会上，也不仅仅是纸上，而是持久连续的。"他对手下员工的职业投资，是他们高度敬业度和优异表现的关键。

勒肯斯与他的团队在布鲁塞尔的每食富（Masterfood）公司工作，它是玛氏（Mars）公司的一个分公司，他们销售点心、猫粮、狗粮以及为人提供的谷物和调味酱，旗下有众多品牌，诸如本大叔牌（Uncle Ben's）大米、士力架（Snickers）牌糖果棒、德芙（Dove）牌冰淇淋、纯种狗粮等。销售促销员被分派到布鲁塞尔与卢森堡之间的各地，遍访当地的杂货店，以确保本公司的产品按时送达，并被摆在显眼位置，主要考虑两个因素：易得性与可见性。那些雇用的促销人员，通常非常年轻，并且也有抱负，常常在离总部很远的地方单独工作，所以，这个工作要求要有强烈的自我激励能力，否则会感到很孤独。

除非，他们有像勒肯斯一样的经理。"他总是在他的车里跟下属通电话。他同每个人至少每周谈一次话，有时还要多很多。"每食富贸易服务经理，也是勒肯斯的上司凯林·德贝克这样说，"当人们来到他的团队中，开始时，人们需要适应，因为他一直不停地在跟他们电话联系：'进展得怎么样？你怎么样？一切顺利吗？'"新员工有时会抱怨，"他一直就在我身后，"直到他后来明白勒肯斯之所以给他们打电话，是因为他关心他们。德贝克这样说："一直是反馈、反馈还是反馈。"

理论支持

绩效评估应当宁缺毋滥，这样对员工和公司都有好处。

拿丹的例子来说，他是某小公司中的一名普通员工，我们在线征集有关最差的绩效评估经历时，他把自己的经历发布出来。那年2月，在对上一年的工作表现进行评估的截止日之前，丹已经预料到，他的老板会在某个时候同他交谈。而当他在洗手间里获得关于他当年绩效评估如此重要的反馈时，他还是感觉非常吃惊。

"我碰巧和我的老板同时进入了洗手间，"他说，"我和他肩并肩地站着，他评论说，他一直没有机会对我的工作做出评价，但这是个好机会。"丹的经理告诉他，他和公司的其他人对他的工作非常满意。这种场合并不能如实地表达对丹工作的赞赏。"所有的这些非常糟糕，也有点尴尬，因为我们并非单独在那里。但是那个总结真的是毫无价值。"他继续说，"出来时，经理告诉我，新一年中要'再接再厉'。"而丹却没有再为这个公司工作。

他的情况比较极端，失误来自领导对员工表现进行评估时出了问题，即使这种评价在一个更为正式的场合中进行，领导对员工表现的评价也依旧缺乏人性。不知是担心引发冲突，还是怕耽误时间，很多经理都不愿对员工提出赞扬，至少迟迟不愿做出表示，而这些就暗示员工们，他们不重要。即使做出赞扬，通常也是格式化——并非针对个人，千篇一律，中规中矩。管理者喜欢制定一个一致的和公平的评分系统，却忽视了最终的结果可能会受到人为因素的破坏，比如领导者作风强硬还是柔和，工作内容简单还是复杂，以及个人偏好等，以至于对员工的评价会产生反效果，挫伤员工的积极性。

尽管这种对员工表现进行评价的方式由来已久，但是直到现在，它对理解该程序是激励还是激怒员工这个方面，效果仍然非常有限。"可能有人发展出最有技术含量的、成熟的、精确的评价系统，但是如果此系统没有员工的接受和支持的话，它的效果最终将受到限制。"研究中的一个摘要中如此写道。另一个发现是，"统计学中对于反馈的运用的支持证据（例如'表现评估'），表明了向员工传达反馈意见，就像在股票市场进行赌博一样：平均而言，你可能有所获，然而你遭受损失的几率也有40%。"

许多公司采用不同版本的"平衡计分卡"，这个方法来自于罗伯特·卡普兰和戴维·诺顿在1996年出版的同名著作。此书几乎可以在每一个跨国公司的人事管理部门找到。它的逻辑无懈可击：长期的获利是多元等式的结果；如果想要获得尽可能优异的绩效，公司的管理者必须要注意商业活动的众多不同点，同时，也要纳入计分卡。然而，当这个计分卡到了人力资源管理者和雇员的手里时，这个理论就变得难以捉摸了。"尽管调查表明，越来越多的公司在使用平衡计分卡作为其支付酬金的标准，但是相对而言却很少有人了解建立在平衡计分卡基础之上的奖励机制是如何应用的。"三位宾西法尼亚大学的教授在对一家银行进行详细检查之后如此写道。这家银行先是采用了平衡计分卡，而后又将其废除了。

在那家银行的案例中，由于没有考虑那些对财务可能有帮助的方面，而完全照搬标准，因此，当管理者们在对一堆数字表进行处理的时候，发现对他们的评估起了相反的作用。"这个事实表明，在对公司的评估措施进行解释时，建立在心理学基础之上的解释，要比建立在经济学基础上的解释更为公平，也更为适合。"研究人员写道。人性这张王牌再一次胜过了公司的一切战略决策。整个过程中诸如此类的冲突，并非是对平衡计分卡的否定，但没有其他内容能比更具人性的规则更持续和有效了，这包括：职业描述、营销计划、安全指导以及任何公司范围内对于凝聚力和敬业度等方面的规定。但这些的确说明，只有在管理者把策略融入团队的日常生活中去时，公司策略才能如预期的优秀。

近来许多研究成果，即使没有更好的效果，也使得绩效评估的过程变得非常有趣。比如，"360度反馈法"就在程序中加入了一些新思路，它要求员工对老板或者同事进行评估。诸如此类，更多的是对形式而非实质的评估，并且通常关注的是缺点和不足之处，而不是优点。而让员工们进行自我评价也表现出一个两难境地。"这种在工作场所里越来越流行的理论，目的是要帮助管理者和员工相互进行评价、互祝成功、设定新目标以及确定职业培训的需要等。"专栏作家杰瑞德·桑伯格在《华尔街日报》中这样写，"但是，这些自我评价的方法已经紧随税收和牙齿检查之后，成为人们每年都要忍受的痛苦之一。毕竟，有无数的方法可以自证其罪。"

"表面上来看，"他继续说，"你在1~5的区间对自己进行评价，通常要准备紧跟着的面谈。但是，我们实话实说，你最终会对自己从两个方面进行描述：（1）自我鞭策，列举自己的缺点，以备日后自己改进；（2）自我夸大，认为"不是"意味着"是"，数落也会被看成一种奉承。"呆伯特的创作者斯考特·亚当斯给出的告诫中，以幽默的形式包含了许多真知灼见。"老板们的策略关键在于，欺骗你坦承自己的缺点。然后他们会像美国斯塔福德郡猎犬紧紧地咬住入侵者的屁股那样，抓住你的缺点不放。一旦被记入档案，你的那些'缺点'就会传到新到任的领导那里，在你的后半生里，你就只能得到一个很低的评价。"

更麻烦的是，自我评价有着极大的缺陷。"人们并不情愿暴露自己在知识和经验上的局限性。"来自康奈尔大学和伊利诺斯大学香槟分校的4位教授，以一个信心十足的标题写道："为什么人们不能承认自己能力的不足？""的确，"他们写道，"在众多的社会和知识领域，人们对他们能力的不足和无知并无察觉。当他们缺乏技能和知识时，他们大都高估了自己的经验和才智，认为自己可以做得很好，而事实上，他们做得糟糕至极。"在对他们的141名大学二年级学生进行心理测试之后，4位教授要求他们评价自己的绝对分数以及相对于其他人而言自己在测试中的表现。

分数排在后四分之一的学生，认为他们应该高出平均水平，而那些得分最低的学生则高估了他们的表现大约有30%。这个两难境地，被研究者称为"双倍祸害"，它可以让一个人在工作中有良好表现的能力，也是认识他是成功还是失败所需要的能力。如果一个员工不够聪明，没有足够的知识和技能来做好工作的话，这就是一个很好的机会，可以了解他是在吹嘘，停留在认为"一切都非常好"的天真想法之中。

这种无意识的无能力，并不仅仅出现在大学的心理测试当中，在其他的研究中也发现了同样的问题，人们高估了自己的逻辑思考能力、合乎文法的写作能力以及讲述一个笑话的能力。对枪炮知之甚少的猎人，认为他们了解得很多；缺乏诊断经验的住院医生认为他们做得很好，就如同内科实验室技师在评估自己的医学术语知识和解决问题技能时一样。甚至即使是当研究者拿出100美元作为向他们揭露冰冷的、实实在在的结果的激励条件时，人们同样给了自己夸张的评估。很显然，他们的确打心眼儿里就认为他们本就是那么优秀。

康奈尔大学和伊利诺斯大学香槟分校的教授在测量刻度的另一端时又发现了一个有趣的现象。尽管班级中表现排在前列的学生评价自己在测试中做得很好，但他们并没有意识到他们的成就是特殊的。他们表现出了"不适当的谦虚"。"表现卓越的学生对他们在特定项目中的表现程度，倾向于做出一个相对比较好的判断，比如他们在测试中给出不掺水分的分数。"他们这样写，"他们的错误在于他们对其他人的评价上——他们总是高估那些与他们做相同测试的人的表现。"

这些结果表明：一个管理者、教练或者导师，对雇员的错误的预防非常必要！"双倍祸害"中的希望之光，就是一旦被研究者了解了绩效优秀与否的差别，他们对失败的原因就变得更加有意识。"我们对约半数的参与者进行小型的讲座，教他们如何处理诸如此类的逻辑错误，让他们掌握分辨正确与错误的技能。"社会学家这样写，"当让他们再检查最初的测试题时，那些已经接受过教育的参与者（特别是那些表现比较差的人），相对于他们最开始时的评价而言，给出了一个更加恰当的个人评价。"

近期，美国军方的一项研究表明了在绩效评估时，考虑工作、信息的种类以及接受绩效评价者的天性的重要性。根据职责大体可以分为两类：一类是"促进性的工作"，它要求进行发散性的思维，寻找新的机遇；另一类是"预防性工作"，其要求员工杜绝一切有消极作用的事情。广告代理的创意经理，即以促进性为目标；他需要想出众多的创意（其中一些一定会是愚蠢的），以期望有些能够脱颖而出，产生效应，售出产品。航空技工的工作就是以预防为导向的，他需要检查每一个潜在的问题（有些甚至是没有威胁的问题），以期发现每一个存在的裂纹，避免一场空难。

在对商业与卫生系统的管理专业的学生进行实验时，负责军方研究的教授给不同组的学生安排两个任务：一半人负责创造新的想法，是一个促进性任务；另一半人负责去发现错误，是一个预防性工作。在工作一段时间之后，学生们随机得到了积极和消极的评价。教授要求学生们简要说明当继续进行工作时，他们准备花多大的努力投入其中。令人难以置信的是，那些反馈意见的效果取决于它是否与工作的性质相符合。那些负责创造新想法的学生，如果在听到说他做得很成功的评价时，他们会加倍积极地投入工作；而那些负责发现错误的学生，当听到说他们做得还不够好时，则会更加努力地工作。

监管者应该考虑对一个员工可以产生激励效果的信息的类型，并且意识到，这可能会与激励同一团队中其他人的信息，以及管理者主观想象员工做得如何的方法有所不同。"在操作层面上，这些发现则暗示：没有一个反馈系统可以包治百病。"这项研究最后总结说："要想使绩效评估系统富有效果，就必须因时制宜，根据具体的任务、职业甚至是员工的个性进行。"

当经理在与其下属交谈时，盖洛普公司探究他们关注优点和积极方面与关注弱点和消极方面之间的适当平衡。研究表明，那些关注员工优点的经理，实质上会让他的员工免于被主动忽视。而那些关注员工弱点的经理则得到一个更加极端的结果；这种策略很少与从积极观点看问题一样有效，但是，这些经理们至少被认为是在"关注"员工个体。表现最差的经理们，就是那些实质上忽视他们的团队，在第十一要素上失职的人。四分之一的员工，几乎也是三分之二的被主动忽视的员工都认为，他们的老板在玩忽职守。

对于绩效评估来说，平衡计分表、360度反馈、自我评价以及强制分级系统都过于复杂，这些表明评价理念与雇员实际绩效之间的联系，其实如此简单——"在过去的6个月内，工作单位有人和我谈及我的进步。"这个表述没有指定这个谈话是一次官方问答，但却是一个做出满足员工期望的反馈信息的必要因素。它们二者是有联系的，但是不尽相同。对于员工和企业更为重要的是，员工知道自己做得怎么样，他是如何觉察到的，他的工作方向在哪里等问题。从某种意义上来讲，这个表述方式是第四要素的一个长期补充，第四要素关注的是更为直接的认可和赞赏。

正式的评估程序在本质上并没有错，我们还要大力提倡。大概每十个美国工人中有七个说他们的企业有一套正规的绩效评估程序。虽然程序创造高敬业度的几率加大了，但远不够。对于后来的人事主管或老板而言，最后期限、业绩以及危险迫使他们更加重视前任经理所面对的问题，致使他们许多人在一个不合时宜的地方与员工们进行面谈（洗手间里的偶然见面）。那些勉强采用甚至缩短评估程序的企业，会看到第十一要素带来的成果——从薄弱提升到中间水平，但他们永远不能达到很高的水平。

将薪酬与定期评价得分挂钩的机制（在美国，比例为54%），面临一个前所未有的难题，即这个评价系统将会显著地或潜在地降低员工的敬业度。在一份针对美国中西部郡县中的政府工作人员的研究中发现，他们认为评价和奖励薪酬机制不公平。员工需要这样考虑，如果薪酬体制建立在价值，而非其他外界因素的基础上的时候，他们会得到怎样的报酬？

有正式评价体系的企业中，五分之四的员工认为他们的评价体系是公平的。然而，这些感觉会因评价过程的不同而受到强烈的影响。**如果他们感觉不到有人跟他们谈及进步时，感觉公平的比例会降低到三分之二。相反地，如果一个经理能够对员工的进步保持强烈的、经常性的交谈，认为公平的比例将达到90%。**

评价刻度的两端结果都很重要。当一名经理对一位员工进行例行的登记时，他总认为自己所得报酬是合适的，更有可能计划继续留在公司，并且，更可能向其他人推荐这家公司，这种几率是平常的两倍。当对商业结果进行比较时，第十一要素在提高企业的生产力和增加安全性上表现出特别强的力量。在此要素上，位列前四分之一的企业要比后四分之一的企业生产效率高出10%~15%，事故率降低20%~40%。然而，在全球数据库中只有不到一半的员工认为在过去6个月当中，有人曾找他们谈及他们的进步。甚至是在经理和高级经理中间，这个比例也只有一半。

理论上来说，对员工做出评价是非常简单的。观察他一年当中的进步，仔细地在表格上记录下来，在合适的时间告知结果，并期望他能不断改进。如果员工仅仅是台机器的话，这个计划是非常完美的。但在实际操作层面上，一个好的绩效评估，是人与人之间的艺术，它要求管理者的杰出才能和精心准备。一个管理者必须要在做出明确的、客观的反馈与不打击员工的精神和自信心之间，保持一个巧妙的平衡。**积极的反馈可以调动员工的积极性，而消极的评论则在某种程度上侵蚀员工的内在动力。来自其同级或者下属的评论一定要仔细理解，过滤掉那些不该给予的、嫉妒的以及错误的评价。一个好的管理者需要避免一种自然倾向，就是不考虑员工是尽心尽力，还是仅仅因为侥幸，就对其工作结果给出过高的评价。**

并且，最为重要的是，与员工的交谈必须要依据员工的个性、具体环境以及员工的潜力等因素。一个强制性的绩效评估是不可能起作用的。

解决之道

1. 及时称赞员工的进步。

对于勒肯斯来说，在激励团队过程中，他遇到的一个挑战就是发掘员工的潜力，并决定何种进步是最有意义的，比如戴德尔·布莱内特的例子。

戴德尔负责销售推广工作，但他的工作地点位于距离公司总部230公里远的卢森堡。他工作表现很好，勒肯斯认为应该让他扮演更重要的角色，不能只当他是优秀的销售员，应该把他培养为了解卢森堡市场的专家。

"这是个盈利性很强的地方，人口只占比利时的5%，但业务却占比利时总业务的15%。"戴德尔谈起关于失业率和消费者喜好的情况时如数家珍，"两年前，这个地方的经济状态并不好，现在，我在这里之后，业绩开始增长了。"

为帮助戴德尔更快地进步，勒肯斯允许他分享总部的信息，勒肯斯希望借此提升戴德尔在布鲁塞尔的表现。这样，戴德尔能够获得一种更有力的感觉，使他有一种销售区域的主人感。"我开始与他沟通，了解他与其他人打交道的情况，因为布鲁塞尔总部与他所在之处的差别非常大。故而，我开始沟通、沟通、再沟通。我们沟通得越多，他提供的材料越丰富。"勒肯斯说。随着戴德尔得到更多的认同，他变得更成熟，开拓了更多的生意，在他的商店中举办了大型的、高品质的产品展销。财务和市场经理都依赖他掌握市场。"现在，他成为卢森堡的专家，他可以跟客户建立强有力的关系，公司销售和库存得到保证并一直在增长。"

戴德尔曾说他与经理之间的例行沟通对他的成功至关重要，并且他喜欢能轻松方便地跟勒肯斯通电话、询问问题或讨论经验。"能有一个好经理，这对我非常重要，因为我喜欢在没有约束、充分自由的环境下工作。"他如此说，"勒肯斯给了我足够的自由空间。"

在销售代表爱斯·范德文的身上，勒肯斯发现了其巨大的潜力，但同时，他也看到她过于严厉，让人难以接近的一面。这些问题可能会对她的进步造成危害。"那有可能是她最需要改进的地方，"他说，"但做起来并非易事。你该怎么对一个女孩子说，'你能笑得再灿烂点儿吗？'"

随着勒肯斯对她了解的深入，当他认为她可能会采纳时，他就向她提出了建议。她诚心地接受了这个批评，因为她知道经理这么做是在帮助她。"要是其他人，我是不会同意的，"她这样说，"但他是我的部门经理。他是一位最了解我的经理，他心里想着能对我有好处的事。"

文迪·戴肯斯做销售推广已经4年了，她对这个工作有很深的认知和体会。但由于众多原因，促销手段不起作用。她正面临创意枯竭的危机，她开始对自己的职业方向产生怀疑。

"这里曾是一个舒适的环境，创意层出不穷。"她的经理说。勒肯斯决定在培训中利用她的经验和兴趣，以使销售推广更为充分，并使她感受到进步。"我了解我的工作，并且是百分之百的了解，"她如此说，"我真的很愿意与我的同事们分享这些信息。我喜欢解释它们，喜欢给别人做培训。"勒肯斯让文迪将经验汇编成手册，以便发给新雇员，使他们工作的前几周即可跟上文迪的进度。她精心制作了这个手册。"比起那些我早已烂熟于心的工作，它使我的工作更有吸引力、创新性，也更有趣。"如果她一直是做那个销售推广工作的话，将会有怎样的结果她不得而知，但她的经理的创造力激发了她更大的敬业度。

豪雅·霍克因其勃勃生气和外向性格而广为人知。"这种能量可能源自于我们国家的文化，"她说，"我来自土耳其，或许是因为那里的人们比较开放吧。"因为她带来的令人兴奋的感觉，她的客户都喜欢她。"她的客户非常喜欢她。随她一起去见客户，那真的是非常有趣的一天。"

她最大的才能，也是种责任，给工作带来了如此多的能量，但她也会陷入太多的问题而受影响。"我看到了她的潜力和动力，"勒肯斯说，"那是一种较为无序的状态，她饱含能量地做着太多的事情，但却不懂平衡。"

勒肯斯需要帮助她，但又不能打击她的热情。于是，他陪豪雅去拜访客户，然后称赞她的能力，一直等到时机成熟，可以接受他的建议之时。"我们一起很长时间，进行了多次交谈、许多讨论，"勒肯斯说，"我能够让她放掉包袱，畅所欲言。"勒肯斯发现，如果他花足够多的时间跟他的团队一起讨论、开玩笑，帮助他们，他们就会主动寻求建议，问他该怎样来改进。这时候，员工是最愿意接受指导的。

　　在随同豪雅拜访一家杂货店，察看每食富公司产品的上架情况后，勒肯斯与她分享了对刚才拜访的看法。他的确以赞扬她的表现开始。"赞美非常重要，"他说，"一旦你把人带入一个积极的轨道，你就可以跟他们谈更多的事情，你必须懂得赞扬人。你必须要以一种积极的方式与人交谈，然后你才能引导你希望引导的事情。"勒肯斯感觉到，她与所有的顾客之间都保持着积极的情感联系。在商谈过程中，豪雅的思路"总是从左跳到右"。他告诉她，她可能需要花更多的时间准备会谈，可以提供更多介绍事实的数据，尽量少地依据个人喜好。"他非常有趣，他解释事情的方式也非常棒。他的解释方式透露着一种温和。"豪雅说。

　　她把这个建议牢记于心，并很快进行了改进。不久之后，她被调到公司的销售部工作，那是一个可以更大程度地拓展她能力的地方。调职是勒肯斯团队中的又一个关键议题——不是因为团队成员放弃，而是因为他们被赋予了新的职责。在他18年之久的经理人生涯中，管理了125名销售代表，其中有60%的人最终得到提升。

　　"他的团队中每个人都感到被特别关注的情况并不常见，"德贝克说，"事实上，他对每个人都是如此。""如果我工作做得好，那得感谢勒肯斯，因为他教会我们设定优先级。"豪雅说，"我们有许多事情要做，你不可能同时处理所有的事情，"她传授着她的经理曾教给她的经验，"我们必须说，好的，这就是工作；我们不得不去做A、B、C、D、E等等各种事情，但你必须得从A开始。"

梅克·迪迈耶已经有一年半没跟勒肯斯联系了，但她仍是称赞勒肯斯的人之一，因为"勒肯斯的耐心，能帮助人们解决问题"。"他使你更深刻地思考，靠自己的努力，完成下一步目标，他作为一名教练，站在你旁边，但只是和你一起思考。"她说。

2. 赋予团队成员责任感。

一般情况下，当销售代表在策划销售方案陷入困境时，便转而向勒肯斯求助，勒肯斯便对他们进行辅导。他同时也是一位耐心和细心的听众。他会从回顾具体情况开始。"他会让你认识到存在的可能选项，并不会马上给出答案，"迪迈耶说，"如果员工需要小帮助，他就给出一两个小提示。这些通常都已经足够。随后，你就能解决问题。这真的太完美了，因为，他花费了一段真正可以想出解决办法的时间，而你会有这种感觉：啊！我自己想出了这个办法！"

勒肯斯的领导力的特点，就是他能够赋予团队成员责任感，并使他们努力自己寻找问题的答案。"他行动迅速，如果靠自己一切就很容易完成了，"德贝克说，"但他从不这么做。他总是挑战地回应你，并说，'你会怎么做呢？'他给了下属很大的信任。他们通过承认错误而得到学习，然后他对他们进行指导。他一直在关注他的团队，但他不会替他们做事。"

在了解了勒肯斯及其团队的职责之后不久，德贝克回忆道，他要求所有人在下次开会时带上那本关于销售推广基本情况的书。大家以为勒肯斯可能会以一个相当武断的方式进行——让他们照着手册上的页码，按照要求的条款进行自检。然而情况恰恰相反，他要求所有员工两人一组，查阅对方的书，并向大家列出那本书的优秀之处。"最后，他们找到了很多改进的方法。"她说，"那是以一种相当积极、富有建设性的方式。每个人都从其他人身上学到了优秀之处。这件事情非常简单，但对于我而言，那是教导我应该怎么做的一个生动例子。"

了解勒肯斯的观点的确要花很长时间，但它的收益要更多。

"他是位启发者。"前销售推广员迪特说，"他很有趣，不拘小节。他让你自发挑战自己。"在每食富公司做管理的18年经历中，他简直就是个"公司人"，连他的狗也被训练得拒绝吃他竞争对手公司所生产的骨头，而只喜欢他的团队销售的那个牌子的骨头。勒肯斯已经建立起一种声望，他是通过工作来加速他手下员工职业发展的人。"他是一个你希望为之工作的人。"迪特说。

有了这么多的面授机宜，正式评估就没有多少戏剧性的内容了，而正式评估在"每食富"以及其他任何一家公司都是必须的。"正式的测试部分就像'好的，现在我们必须做这些试题。我们将会一起完成它，并随后告诉我，对我所记下的内容是否满意'一样。"迪迈耶说。

"没有惊讶，"豪雅说，"那非常容易做，因为那几乎就是我们全年已经在做的事情。"

"绩效评估不应该是令人感到意外之事。"勒肯斯说，"如果他们不清楚在那次会议之前他们自己所在的位置，那会是个大问题。

一半时间没有工作的人，极有可能就是经理本人。"

迪特曾说他非常欣赏勒肯斯，因为他了解每个人的能力和缺点，并最终决定他正在培训的员工所需要的能力。"我认为我们中没有一人希望被人看作听人使唤的机器：'出售、出售、出售！'我是一个人——尽管不是很完美。"他说。

当被问及勒肯斯之事时，首先浮现在德贝克脑海中的是她与他之间关于经理对员工成长的责任的谈话。德贝克说："我们打算在每食富公司那么做。但他总是说，如果有人不够好，你就该质问作为老板的自己：'我为员工的进步都做了些什么，是指导他、帮助他，还是教会他？'"

第**12**要素

我在工作中有机会学习和成长
——区分"事业"和"工作"的依据

对于许多人而言，正是"进步和成长"，才是他们区分"事业"和"工作"的依据。那些在工作中有机会学习并成长的员工，愿意把公司的工作看成自己的事业的可能性，要比没有这种机会的员工高出近两倍。

经典案例

没有任何过错，也没人刻意捣乱，科伦·萨尔在百安居公司（B&Q）的职业生涯却遭遇了一个不幸的开端。

怀揣着刚获取不久的管理学学位证书，科伦来到了英国家庭装修零售公司（British Home Improvement Retailer），她希望凭借自己之前在这里工作过的经历，谋求一份采购部的管理工作。然而，公司明确表示，没有符合她期望的职位，而他们当时有一个地方却极需有人填补空缺，那就是位于威尔士邦歌的一家零售店。

地区经理曾经告诉过她："这里的经验对你会非常有好处的！"而事实上也的确如此。通过整个库存整理的过程，萨尔对如何改造并经营商店有了更加深入而且非常有价值的认识。当时，萨尔要到邦歌走马上任，她就必须要先通过为期4个月的针对准管理人员的培训。然而，糟糕的是，这些刚刚改造过的商店，根本提供不了她所需要的这些培训，她也最终没有得到那份管理工作。

想不到的是，科伦最后被派到百安居公司埃斯米尔港商店监管园艺部门。尽管商店离萨尔的家非常近，但她仍需要进行培训。总的来说，在如此繁忙的商业活动中，管理者又不能给她所需要的充分的时间，萨尔根本不可能按部就班地对自己进行定位。"没有人能帮助我进行培训，他们只是认为，我就该是上手就会，一干就得干好。"萨尔说。

在没有任何指导的情况下，萨尔工作了3周。而在那天周末，她突然意识到自己正面临着"沉浮全凭自己"的窘境。在没有被教授最基本的信息的情况下，她在苦苦挣扎着。而这些东西都是最基本的，同时也是最重要的，诸如：如何计算现金收入，如何关闭商店，怎样订更多的产品目录清单等等。"在从没有经营过一个部门的情况下，我曾试图管理整个园艺部门，但是这里面有些事情明显是有问题的，之所以出现问题，完全是因为我对订货程序一无所知。"萨尔说，"我努力地想让自己脱离困境，并且在空闲时间，我就跑到其他的店里学习整个程序，而这都本应该是公司要培训的。"

萨尔状态低迷，感到无比失望，曾经怀疑过自己加入百安居是否是一个错误。她的自信早已荡然无存。她对百安居的印象也不好。她说："我当时就感觉即使我犯了错，公司也不会注意到我的，也许是没必要注意我，或者是需要注意其他人。从此，我就感觉学习是没必要的了。"萨尔甚至开始考虑换工作。

就在那时，萨尔遇到了西蒙·盖尔。西蒙当时是威尔士的来克斯汗姆一家店的经理。地区经理保尔·兰德斯建议萨尔到来克斯汗姆，完全是因为西蒙有着公认的人脉技巧。如果说有人能够帮助萨尔重回正轨的话，那个人就是西蒙。

"在我离开另外一家店之前，西蒙找到了我，"萨尔说，"他真

第 12 要素

的尝试着寻找能和我一起工作的最好的途径，对我想要做的事情以及我的希望都非常感兴趣。"西蒙也这么说，他确信萨尔已经得到培训了。

西蒙·盖尔，来克斯汗姆商店经理，28岁。因而，当他做自我介绍时，人们总是不敢相信。但是，百安居的员工却都说西蒙有着货真价实的管理诀窍。他们将他描述成本书中对经理人描述的那样：随意、平易近人；无条件达到目标、完成任务；公正率直；花费大量时间了解员工对工作的看法；不停地鼓励团队对商店抱有责任感；从不漏掉任何一个对好工作的认同机会——完美的"人际专家"。而西蒙最为擅长的一个方面就是"第十二要素"，即"在过去一年里，我在工作中有机会学习和成长"。在来克斯汗姆商店工作的58名员工，位居盖洛普全球敬业度数据中前1%的商业团体之列。

"如果我当时直接去找西蒙的话，"萨尔说，"他们可能会对我恶语相向的，因为，他们都喜欢这家伙。"他们对西蒙如此地拥护，很大程度上是因为西蒙掌管着有着众多长期雇工的商店，这些雇工都自我感觉有点停滞，而西蒙却给他们提供了成长的机会。

理论支持

54年来，普利策奖获得者西奥多·盖泽尔凭借着他想象中的图像以及它们的伴奏旋律，吸引了大批的孩子。借用笔名"塞斯博士"，他创作了大量的畅销著作，足可以成为一个小图书馆。比如：《戴高帽子的猫》（*The Cat in the Hat*）、《圣诞怪杰》（*How the Grich Stole Chrismas*）以及仅用50个字写成的书 ——《绿蛋和火腿》

（*Green Eggs and Ham*）。

最近这本书着实让人们大跌眼镜，因为它与他的其他作品风格迥异。书里没有任何特别的、名字可笑的人物，也没有故事情节。同时，我们可以读到塞斯博士超现实主义的刻画，整本书只有两个人物，一个是叙述者，另外一个就是"你"——读者自己。相反地，书中用诗歌化的语言对战胜困难和未来的成就的可能性进行"涂蜡"。他给此书的标题是："啊，你将要去的地方！"

"想象中的动物跑到哪里去了？"评论家们都在问这个问题。相比较而言，这本书显得如此严肃。本书的腰封上写着建议：此书适合所有年龄段读者。而《纽约时报》则沉思性地写道："它向这个故事的读者提出了古怪的问题"，"但是，严肃点的话，谁领悟了其中的妙语了呢？那些在这条成功之路上，那些狡猾的，正等着投掷大块脏东西的小动物哪里去了？霍顿（作品中的动物名），老朋友，你们都听到了吗？"

"这其实压根就不是什么故事书，而是一堂关于人生的课。"《奥兰多哨兵报》（*Orlando Sentinel*）这样评论："这本书，塞斯博士抛弃了他那种在传统的愚蠢中发现真理的寓言讲述模式。"报纸的评论员这样写道："相反地，我们的英雄甚至连个名字都没有，主人公就是我们读者自己，我们就是主人公。"

塞斯博士自己希望通过这本书交流一个主题，即"无限的视野和希望"。因为，他已经注意到现在的孩子除了考虑自己的事情，别的事情则一概不管。而这本书刺激的不仅仅是孩子们的神经。它依然是毕业礼的首选，特别是高中生和大学毕业生。特别的塞斯牌的太阳镜和相框被人们大量地购买，彰显着本书积极的影响力。通过这种独特的方式，塞斯抓住了人类那种希望追求更新、更好事物的独特的品质。

众多学科的专家都试图解释到底是什么创造了人类对进步的需求。亚伯拉罕·马斯洛的理论认为，人类的需求分几个层次，就像古代金字塔一样，而处于塔尖的是"自我实现"，实现个人的潜能。他写道："一个人可以怎么样，他就一定会怎么样。"20世纪60年代，美国麻省理工学院的道格拉斯·麦葛瑞格教授提出了管理的"Y理论"，承认商业机构能调动员工的自然期望而使之做得更好，并发挥他们的潜能。最近，研究人员已经提出员工都有"自我决定"的内在需求、对"生存"机会的需求、对"辉煌成功"的需求，以及通过成功而创造出最有可能的自我形象的需求等等。

这种驱动力是如此基本，甚至在我们日常生活中的每一天都能找到它们的踪影。初学走路的孩子大声叫嚷着，坚持要做他想做的事情，是什么让母亲如此放心呢？一个人天生想要学习滑雪、想要考取驾照、进入大学、找到一份真正的工作、买套房子，以及数以千计此类可以让人产生进步感的挑战。非常有意思的是，人们对在常规赛中被淘汰的一支球队的兴趣减弱得如此之快，但是，球迷的心理转换也同样迅速——"或许，下赛季会好的。"芝加哥公牛队的球迷、明尼苏达海盗队的球迷，以及西班牙国家足球队的球迷们，或许可以解释那种一直未达到目标的沮丧感受。

词典中对于"事业"的定义，进一步地提出了接连取得更大成就的概念——"事业：专业化的进步，某人在特定专业领域或者在此人的工作当中取得的进步。"

对于许多人而言，正是"进步和成长"，才是他们区分"事业"

和"工作"的依据。**那些在工作中有机会学习并成长的员工，愿意把公司的工作看成自己的事业的可能性，要比没有这种机会的员工高出近两倍。**

罗彻斯特大学的理查德·瑞恩和爱德华·德茨两位教授，撰文指出："人性的最完整体现，显示出人类总是好奇，充满生机，并且能自我激励。在最佳状态时，人们会自我定向、自我激励，努力地去学习；人类会扩展自己；掌握新技巧；并应用他们的才能。绝大多数人在生活中表现出相当大的精力、能量和相当多的许诺。这事实上是个常态，而非出乎意料，这揭示了人类本性中一些非常积极并且持久的特征。"

神经系统学家们，只是开始对大脑中可以产生驱动人类成功的机制进行研究。2004年，来自威斯康星州大学的10名研究者进行了一项实验。他们分别对志愿者感到"有兴趣"、"警觉"、"专心"、"兴奋"、"有激情"、"有灵感"、"自豪"、"坚定"、"强大"以及"主动"时的大脑进行扫描对比。结果，高高的分数，意味着"一个能量充沛、高度集中以及愉悦的合作的状态"，而这些正好是管理者希望员工所具有的情感类型。早些时候的证据表明，大脑的这个区域，对于与员工继续追求长期的目标有着至关重要的作用，尽管有些不可避免的小挫折。这种对于自我以及周围环境的掌握，显然是完整生活的一个重要组成部分。

这个研究指出了那种虽令人愉悦却暂时对企业毫无帮助的活动（比如，在开会时大嚼甜甜圈或者游手好闲，吊儿郎当），与激励鼓舞以及可以使员工产生成就感并推进公司工作的深层来源之间的重要区别。当人们涉及到这"第十二要素"的时候，最愤世嫉俗的经理可能会提出疑问，为什么他们要考虑员工的感觉呢？"让他们创造自己的生活吧！"经理们还可能会纳闷，"既然员工已经做完了工作，为什么我还得关心我的手下是否感受到进步呢？"这些认识都是短视的，但绝非个别现象。

至少有200项研究已经证明，给员工以挑战，让他们去追求目标可以激励他们有更好的表现。"无论是在意识上，还是在具体工作上，员工的表现都已经被证明确实得到提高。从诸如解决只言片语问题或者对家务工具的创造利用，到锯圆木以及踏板自行车等等体力方面。"一个摘要是这样写的。另外一个是这样写的："通过指定任务目标，工人切割了更多的木材，卡车司机把圆木装运量提高了规定重量的60%~90%。司机在9个月时间里，总共为公司节省了250 000美元。而在接下来的一个研究中，司机被指派去增加他们每天往返于制造厂的次数，这样，在18周中，公司节省下了2 700 000美元。"在研究中有一个最有趣的现象，当员工被要求去完成一项不可能完成的具体目标时，员工的表现要比仅仅听到"尽力而为"时的表现好许多。此类"延伸的目标"，就是心理学上的鼓舞，它们对企业是非常有用的。

一项特殊的成就是否有意义，要取决于员工的个人观点。至于"12要素"其他方面，人类的心理对事情是否有意义的判定，可能看起来并不那么符合逻辑。喜剧演员杰瑞·塞菲尔德曾经说过："我要是奥运会运动员的话，我宁可跑最后一名，也不要得银牌。得了金牌的话，你感觉相当不错；而得了铜牌，你可能就想，'不错，至少，我还有所收获'；但是，如果你得了银牌，这就像是，'恭喜你，你差一点就得胜了。'对于所有失败者而言，你是团队里最前面的一员。

你是所有失败者的头一名，没有人能超过你……"

塞菲尔德已经比较接近问题的核心了，但他可能还没有意识到。在一次对1992年奥运会所有奖牌获得者的采访中发现，获得铜牌的运动员，事实上要比获得银牌的运动员高兴，准确地说，原因就是他所说的那样。把成就不要看作绝对的，而应该尽可能地把它看作是相对的，这个趋势属于心理学中的一个基础原理。这项研究的作者强调："一个人的客观成就，往往不如对这个成就的主观解释重要。"

其他的社会学家也发现，因为人们需要以一种积极的态度来看待自己，所以，如果他们失败了，他们通常会倾向于为自己开脱——"毕竟自己本来就没有什么机会。"

人们并没有给这个要素加入太过道德性的东西，这也是为什么保持雇员的敬业度需要一线的领导者坚持不懈地考虑他们团队中的每一个成员的原因之一。因为，每个人都有自己独特的才能和能力、特殊的条件、不同期望以及不同个性，那么员工和经理就有责任一起规划自己的未来成长。不论哪些决定，正规的培训也好，请导师帮助也好，亦或承担一项新责任的机会，甚至仅仅是一个可以学习工作的细微差别的小机会，重要的是要创造出个人成长和提升的感觉。

当员工意识到他们在学习并成长时，他们就会更加努力工作，并且也更有效率。这条要素几乎与盖洛普所研究过的所有重要的结果有着密切联系，它对提高员工的敬业度和增加盈利有着异常紧密的关系。平均而言，在顾客的满意度和忠诚度方面，采用这个要素的位于前25%的企业要比后25%的企业高出9%，而在盈利性方面则高出近10%。而只有当一直在学习并真心地喜欢自己工作的员工创造出更好创意的时候，顾客才有可能出现上述效果，这是另一个已经被证明与第十二要素有密切关系的方面。

当员工没有机会学习和成长的时候，这个机会的重要性才能被认同，如同塞斯所言的那样，在"大障碍"延缓一个人达到他的目标的时候。人的一个本性就是讨厌被固定在一个地方。在乘班车到公司的路上，司机的沮丧心情与他路上所花费的时间没有多大关系，相反，却与他被红绿灯拦截在通过线上的频率有非常大的关系。一旦当他到达办公室，情况也一样。乔治·奥威尔把被固定在一个地方的情况称为"苦差事下的窒息"——成人和孩子一样会感到不自在。研究员芭芭拉·弗莱德里克森甚至还把这种积极的情绪归结为"进化了的心理适应性，增加人类祖先存活和繁衍几率"。

坐在同样的小屋子里，以同样的方式做着同样的工作，没有任何有意义的新挑战，导致了员工个性和专业上的懈怠。"我就像块海绵，他们非要把我榨干不可。"一位员工在被问到是否有机会学习和成长的时候回答。一项针对25~74岁的3000名成年人的研究发现，其中有12%的人正在"懈怠"，仅有17%的人曾"充满活力"过。"懈怠与糟糕的情绪有关系，与日常生活的高度限制有关系，并且与将来不为所知的严峻日子的高可能性有关系。"研究的作者科里·凯伊斯写道，"当然，在工作的时候，就会是较低的生产力。"

同样的结果可以在盖洛普雇员工作数据库中得到。在1000万的数据库中有几乎三分之一的雇员对学习和成长这个问题反应极度冷淡。这种状况在政府部门、公共事业、通信业、信息服务业、保险业、银行业、交通业以及制作业中更加糟糕。在住宿和餐饮的服务类工作中，对学习和成长机会缺失的感觉更加普遍。

然而，大多数企业的领导层可能对这个问题还是熟视无睹。**一般而言，公司的执行长官要比经理更能感觉到自己在成长和进步，这种可能性高出将近20%；而比雇员则更要高出70%。一些执行官甚至确信他们与他们的手下不同，当他们在努力争取高级副总裁或者市场主管的时候，在前线的人不会分享他们那种渴望。**尽管人们在工作中对进步的驱动力大不相同，但这种对成长和进步的需求似乎是非常普遍的。还有一些执行长官可能对员工在经过培训后的进步持悲观观点。一句老话"扶不起的阿斗"依然很有市场，**但充足的证据已经证明，只要有正规的培训机会和支持员工的经理，员工的进步就能加速。**

解决之道

1. 了解员工对未来的期许，提供升迁机会。

西蒙·盖尔需要他的员工成功并进步，一方面是为他自己考虑，另一方面也是考虑到商店的需求。他曾经空出许多管理类的职位，然而他的员工们也没有准备好承担这些责任。他就从百安居外或者其他店面找人来填满这些职位。而这些雇用的外来人士不得不从头了解百安居的企业文化，这是个迟缓而又复杂的过程。这个举动对已经在店里工作的人产生了可想而知的影响，"他们感到升迁无望。"盖尔说。

"我曾想多做些工作，我并不愿意整天只是做校对的工作。"在店里已经工作了6年的老员工赛瑞·琼斯说。

"当我们从外部招人进来的时候，赛瑞非常沮丧和苦恼，因为她一直希望进步。"盖尔说，"但事实上没有一个人能对她的反馈做出反应，没人帮她制订自己的发展计划，也没有人和她一起反思。"所以，经理决心确保那些已经在公司工作了多年的员工在将来有获得提升的机会。

　　盖尔说："根本没什么办法提供给员工最恰当的机会，除非经理对一个人的能力和其对未来的期许非常了解。"地区经理兰德斯一天下午打电话到来克斯汗姆找盖尔，结果被告知盖尔不在。直到下午三点钟，盖尔才回电话。老板问盖尔这是怎么一回事。

　　"我今晚想和夜班员工一起工作。"盖尔这么说。

　　"你为什么这么做？"

　　"我已经有段时间没这么做了。"盖尔回答。

　　"这可能不像它看起来那样。"兰德斯提到这件事情时说，"不过，相信我，如果我能让我的所有经理们都能对夜班员工像对日班员工那样重视的话，我们的店面将运转得更加顺畅。"夜班员工的人员调整幅度是最大的，因为他们常常被人遗忘。

　　通过对每位员工单独的谈话，盖尔了解了他手下的58名员工都对自己的将来抱有希望。对于任何一个大型企业而言，并不是人人都想成为经理。

　　麦克·琼斯就是那些在自己的位置上学习并进步的人士中的一名。就在他出事之前，做了多年木匠的他，用布满老茧的手接受了这份工作。"我几乎爬不动楼梯，"他说，"也不能倒着走，身体找不到平衡了。"如果说这还不算糟糕的话，那么，当他的前雇主打电话问他什么时候离开，公司已经多付给他1.6英镑的时候，才真的是雪上加霜了。

"与人打交道真的非常有意思。"琼斯说，"一天有位妇女进来跟我说，'我丈夫让我来买一个什么什么东西，就是说不上名字。'"琼斯学习了操作技巧和聆听方式，当他在和那些没有他更了解如何完成一个项目的顾客交流的时候，这些就都用上了。

在这两个男人的中间坐着的伊万斯，他们是朋友也是同事，插进来说，"一个顾客曾问我，'我的浴室需要买多少钱的墙纸？'我就问她，'你的浴室有多大？'她说'普通大小'。"

之前工作的地方没有电脑，但在百安居，电脑是管理的必备，所以，琼斯也学会了怎么操作电脑。"我学了好多关于零售交易的东西，以前是不敢想的，"琼斯继续说，"它锻炼了你的大脑和思维。"而之前的建筑交易商所用的词汇仅限专业领域的东西。

在同他的谈话中，盖尔发现有一名员工日益消瘦，原因是她一边在百安居工作，一边在一个护理中心工作，她试图两头兼顾。护理孩子的工作压力影响到她的销售额以及她本人的情绪。盖尔随即制订了计划，规定只要她的销售额得到提高，他就多给她一些空闲时间，她就不必两头跑。"她现在已经成长为店里的高级销售顾问，在地区排名中数一数二。"经理介绍道，"只是坐下来，消除这些障碍而已。"

琼斯曾不止一次地被百安居的"快车道"计划打发走人，这个计划旨在培养员工成为经理。就是这个原因，他说道："在去找盖尔之前，我心里一直打鼓。"但盖尔鼓励他接受这个6~9个月的计划。他至今仍记得他第一次被提升为"责任经理"，可以负责整个店几个小时时间。"非常紧张，也非常棒，"他说着，脸上露着笑容，"盖尔告诉我他为我所做的感到骄傲。"

通过交谈，盖尔解决了相继出现的问题。只有当他了解了全体员工的期望，他才能够设计出一个计划，让来克斯汗姆中每一个管理职位找到一个或更多有潜力的成功者。"他有一个恰当的、精力充沛的人力计划。"兰德斯这样说。

2. 给予员工最想要的职业晋升。

采访当中，一个人引起了盖尔的注意，他就是亚当·威廉姆斯，一个内向的人。他已经在百安居干了好多年了，在他读大学期间，他就在百安居做夜班兼职，有4个小时的时间，就是赚点零花钱。毕业后，他开始在百安居全职工作。他最开始的经历跟萨尔的情况非常相似，起初，他也被分到其他的急需要外部帮助装修的店里。装修是百安居经营战略中很大的一部分，它可以在英国室内装潢经济状况不理想的时期，帮助吸引更多的顾客，增加收益利润。

到盖尔第一次坐下来和亚当交谈的时候，亚当已经跑遍了整个地区，在一个店里待上8~10周，然后就到下一个连锁店。这样转来转去，他有很多赚加班费的机会，但他并不认为这是他正确的方向。

"两年的旅行花了大笔交通费，"他说，"但我希望能在靠近家的店稳定下来，真正地考虑自己的事业。"盖尔问了他和其他人一样的问题，问他想做什么，问他将来希望在哪里。亚当告诉盖尔，他想做商店的装修。凑巧，当时盖尔正要回来克斯汗姆，忙着进行店的装修翻新。

他就建议亚当在他的调整阶段到仓库中工作，因为，将来如果他要成为一个经理的话，这些经验是必需的。

随着对亚当了解的增多，盖尔隐约地有一些担忧，他担心亚当害羞的个性可能会妨碍到他日后的晋升。亚当的工作要么在夜里，要么是装修，或者在库房，这些都使得他几乎不能像日班员工那样在店内大堂与顾客和其他员工交流。"他一直是这样的人，如果你们已经认识好久了，他就能睿智地同你交谈，交流得也非常棒。"盖尔说，"但是，如果我们店里来了客人或者一个新的经理，他沟通就比较困难，因为，他真的有点害羞。"

盖尔直接跟亚当说了这个想法。"他不会对你隐瞒任何事情，"亚当这么说，"如果是你应该知道的事情，他就会直接告诉你。他告诉我，'别无他法，要管理一个部门，你就需要跟尽可能多的人交流沟通'。"

与此同时，已经接受过培训的科伦·萨尔要比上一年在来克斯汗姆店里管理园艺中心时好了许多，园艺中心的业绩也增加了20%。萨尔对所有的程序都了如指掌，比如如何记录什么卖了出去，什么没卖出去等等。"我对我所做的事情、所达到的目标以及员工工作的结果都感到满意。"她说。伴随着园艺中心良好的运转，她获得了通往下个目标时所需要的管理经验。最终，她站在那儿，询问了自己调到采购部的可能性。

"西蒙给我提供了店里的许多职位，均有可能获得提升，但我明白这并不是我所希望走下去的职业道路。"萨尔说，"我想获得一个实现理想的机会（比如在采购部），只是想看看那是否是我想要追求的东西，因为我对于这个工作只有理论上的认识。"在公司人力资源部和塞尔的协调下，她被安排了一周的时间，这期间，她了解了公司在英国、欧洲以及业洲的共计329家店的家店装备的批友购头量。

"那真是个非常好的经验。"她总结道。

"西蒙带给了萨尔一些其他人从未给过她的东西，包括我在内，不得不说。"兰德斯说。当时的采购部并没有空缺职位，况且，萨尔需要回来克斯汗姆，因为那里的店正在装修。但当店一刷新完毕，地区经理来访问，萨尔即刻得到了这个机会。

"他们知道我是因为我所做的事情。"她说，"我认为之前还没人到老总办公室去和他交谈，并要求升迁，所以他们当时一直问我的职业规划。我就说我希望到采购部，并希望能在总部任职。两天后，他们打电话给我，说在商店休业期时有一个空位，但得等到一月底。如果我同意，我就能接触到我希望的采购工作了。"

盖尔已经看到了萨尔的进步，正因为萨尔的职业路径使她离开了店面。而盖尔计划管理职位都有人担任的目标则更加艰难了。现在，他需要一个新的园艺部门的负责人。当时，他就想到了一个人——亚当·威廉姆斯。

盖尔曾说过威廉姆斯有着"满满的潜力"。他只要被扶上道，稍加培训，就能成为一名极强的管理者。至于他的害羞，"他现在可以同任何人交谈——他们第一次见到他的时候，他真正的自信给人印象深刻。"盖尔说，"他会告诉他们他正在做什么，将要做什么，他想要做什么以及他想去哪里。"

盖尔说，当他在圣诞节度假，而地区经理和董事突然来视察时，他非常高兴地听说威廉姆斯成功地控制了局面。威廉姆斯不仅自信地带领参观团，而且甚至还应付了一位执行官员的挑战。在涉及到一个特殊的工序时，"一个地区经理说，'嗯，不错，但是或许你可以以不同的方式来处理。'他勇敢地说，'事实上，不可以。原因是我们就是这么做的'。并且还能回敬。简直是完美!"盖尔高兴地说,"这样的进步,仅仅需要12个月。"

威廉姆斯经理表现了充分的信任。"实话实说,西蒙给员工提供的机会要比我所见过的以及所听说的其他经理要多得多。"他说,"我已经在这里干了3年了,我没见过其他的经理能这样支持员工,给予充分的时间,并且会说,'好的,这个计划是我给你制订的,我们将在未来几周内一起完成它。'他把他计划要做的事情,一步一步地跟你说清楚。这就是为什么我说跟他交流是非常舒服的。"

仅仅几年的时间,在同一家公司,萨尔就从之前的让她感到停滞的位置,一下子转到另一个让她感到在不断学习和进步的位置,二者差距过于悬殊。"我之前在学习上花了几年的时间,花费了上万元钱。我有着让人钦羡的学历背景,但缺乏实际经验,这样就流于空泛。"萨尔说,"我简直想去撞墙——真的太让人惭愧了!你不能这样自以为是。当时,我的自信受到了极度打击。我经受了各种各样的情绪,我曾想可能我只是不善于与某些人沟通而已。"

在盖尔激励性的谈话、直率坦诚的沟通、增加她的信心以及给她制订未来计划的综合作用下,萨尔的情况发生了天翻地覆的变化。"为他工作,我就喜欢工作,我喜欢工作时的感觉,我喜欢我们正在做的所有事情,而那确实非常有意思。有好的结果产生,他总是非常支持。"萨尔继续说,"他仅仅给我充分的自信,我就感觉我可以做好。他又把原属于我的还给了我,我似乎找回了之前的那种状态。"

"我已经见多了经理们的来来去去。"在百安居工作了18年之久的伊万斯说,"西蒙总愿意听你的话,他是诚实的,他也是值得信任的。你可以私下里和他聊天,他对下属一视同仁。"盖尔的所作所为赢得了威尔士地区大部分员工的爱戴——正如琼斯所说的，"威尔士和英格兰关系不好"，并且他们的领导还是一个英格兰人。"那不关西蒙的事，"她说，"他只是他自己，他非常平易近人。所以，那不会影响我们的关系。"

"除非我们输了橄榄球比赛。"这时，离我们几步远的另一个同事补充道。

最终，商店在经理的更替上变得可以自给自足了。比如，威廉姆斯，开始培训新人准备接替自己的位置。员工们清楚，如果他们准备好，新的机会就会降临到自己头上。

尽管这种培训要花费大量的时间，但盖尔发现，帮助下属学习和进步，管理者就可以抽身而出，可以在创造公司业绩的其他方面多花点时间。然而，威廉姆斯猜测，"这远不止是盖尔个人的因素。盖尔对他的员工的进步是如此高兴，所以，我认为他不愿看到我们失败，因为，他会把我们的失败看作是他自己的失败。"

Q12
/ The
Elements of
Great
Managing

伟大管理者必须面对的
——薪水问题

薪水是一个身份的标签，嫉妒的激发器，政治责难的怪兽。
正确地处理这个问题是至关重要的，而不要低估它的危险，
要透过情感的"棱镜"来审视自己的薪水策略，只有当对
所有非物质的激励措施进行整合时，金钱才起作用。

2006年4月，英国报纸作家保利·托恩比采写了专栏，讨论了薪水偿付的特殊性。她写道，从2000年以来全英国医生的平均工资翻了一番，但他们并未因此而变得更快乐。工资的增加并不能阻止员工"贬低他们的老板"。她在曼彻斯特《卫报》（*The Guardian*）上写道："如果更高的薪水没有带来快乐或者感激的话，人们如何看待他们的薪水是非常复杂而又极其重要的。"她正确地做了结论。

随后，托恩比扔出了一枚重磅炸弹，她认为，问题的一方面原因是薪水保密制度。在谈到BBC电台的名人有争议的薪水问题时，她说："BBC应该公开员工的薪水，以确保那里是一个真正的人才的市场。并且，这应该成为一项常规，不仅在名人身上，而要在所有地方。人们都或多或少地知道其他公众人物的薪水，何不索性让它变成针对所有方面的一个硬性要求呢？"

托恩比观察到，挪威和芬兰的纳税申报单是公开的。她引证了一项研究发现，公平和透明对一个人来说要比他究竟拿多少薪水重要得多，所以，为什么不公开呢？就像她的专栏中写的那样，"只要打开书本，我们就可以知道每个人的收入。""起初，可能人们会感到震惊，"她对她的读者担保，"人们会逐渐习惯这种做法的。"

在这篇文章登出的时候，一位博客网友给这位专栏作家写了留言，问道："你一年能赚多少钱？"

她则拒绝回答这个问题，并且说："应该有组织地把所有的一起公开。"

她的专栏就如同她一样沉默，《卫报》一语点破："薪水是个非常复杂的问题。"

事实上，薪水问题如此棘手，以至于它的评估与之前所说的"12要素"完全不同。许多公司不停地询问盖洛普公司，为何在评估员工的敬业度的时候不包括一个关于报酬的论述呢？原因就是，当员工对这"12要素"所做出的反应预测了其将来表现的时候，他对薪水问题的回答与心理学的复杂性紧紧捆扎在一起，以至于对薪水的提问所导致的问题要比它能解决的问题还要多。薪水是一个身份的标签，嫉妒的激发器，政治责难的怪兽。

正确地处理这个问题是至关重要的，而要从不低估它的危险，不把它与工作场所的其他方面混在一起开始。

从一个层面上而言，这看起来是违背直觉的。如果工作的任何方面都应该符合逻辑，应该对那些直接的公式和公众的意见负责的话，那么，它为什么不应该成为公司的最大回报呢？理想状态下，薪酬只是一个员工工作的市场价值。至少在一个表面的层面上，薪水是属于一个应用数学范畴。它要是这么简单就好了！

不合理情态下，薪水与"12要素"都有相似之处——这在表面上看起来是符合逻辑的，然而当经过人的思想处理后，它就变得令人吃惊而又异乎寻常地复杂。但是薪水问题要比之前的"12要素"

都要复杂，许多关于薪水心理学的事实说明了为何管理者必须要透过情感的"棱镜"来审视自己的薪水策略，当然，前提是管理者希望最大限度地激励他们的员工。

更高的工资并不能保证员工更高的敬业度

一个企业的领导可能会认为，他给员工的工资越多，他们就会越高兴。但那句老话"快乐是金钱买不到的"已经被证明了无数次，而同样，金钱也不能买到员工的敬业度。

近几十年来，困扰社会学界的一个难题是，为什么人们花大量精力去追寻更高的收入，到头来并没有带给他们所期望的结果。"物质的增加，事实上并不能增加多少心理或身体上的幸福感。更大的房子、更快的跑车，这些看起来没有让我们更快乐。"罗伯特·弗兰克在他的著作《奢侈病：在一个需求旺盛的时代，金钱为什么不能够让人们满足》(*Luxury Fever : Why Money Fails to Satisfy in an Era of Excess*) 中这样说。5位著名的研究者在《科学》杂志中总结："那种高收入与好情绪紧密相连的看法被广泛传播，但它几乎是错觉。平均收入以上的人在生活上相对能满足，但却并没有比其他人更幸福，因为他们更加紧张，总是处于时时变化的状态中，没有更多的时间进行特别的娱乐活动。"

不论是否优秀，员工都认为自己的薪水应该增加

大多数员工对他们的薪水都不是完全的满意。若考虑员工对进

步的渴望，找寻购买物品的能力，以及对他们每次感到满意的情况，这一点就更容易理解。然而，真正令人扫兴的是，当被问到薪水的问题时，表现最差的员工会非常不客观。他们大都会说他们应该和那些表现最好的员工一样领更多的工资。一个企业中，如果允许员工自由设定薪水的话，"那将是个灾难：好员工把他们的薪水定得过低；而差员工则会把他们的薪水定得过高。"公司的执行官这样写道。

在对员工进行提问时，公司设立了一个预期，希望能对结果造成一定的影响，而这个预期若没有包括薪水这个问题，则可能事与愿违。如果你问一个朋友他是否愿意和你一起去玩棒球，他可能会不仅仅说"好"，还会问你"我们什么时候出发？"而如果你问其他人对自己的薪水是否满意，她也不仅仅说"不满意"，还会说"我什么时候涨工资？"尽管几乎所有的公司中都有部分员工"要求"增加薪水，而询问每位员工的看法既不能帮助分辨谁需要涨工资，也不能给公司的领导提供任何有价值的信息。

2001年，3位专家遭遇到了这个问题。一家公司希望"科学地"修订公司薪酬结构和收集员工在工作中的反馈，3位研究者被邀请来帮助贯彻实施新的系统，他们期望员工对工资的满意度、公司的管理以及公司的结构能得到改善，但结果并未如愿。"薪酬计划的实施和员工在工作中的敬业度都没有对满意度的测量起到什么效果。"他们这样写道，"效果的缺失，使得曾被认为能够增强员工薪酬满意度的那些公开的、结构性的程序的价值，变得令人迷惑。"结果证明，那种预期是错误的。

只与金钱挂钩的激励性措施可能会适得其反

当公司把激励性措施切割成过多的条条框框的时候，这些措施就会产生与预期相反的效果。对一点小事进行薪水的奖励，会传达给员工这样的信息，"你平常一直不想这么做，所以，我们就多给你薪水激励你去做。"从逻辑上来讲，这种奖励应该是一个更长远的刺激物，而相反它却会降低员工的积极性。对这种红利类的东西，人的思维会下意识地把它认为是贿赂。"当人们因为做了某件非常有意思的事而被奖励的时候，他们会倾向于把他们的行为归结于那个奖励，从而会使他们对这项工作的兴趣大打折扣。"爱德华·德西、理查德·科斯特纳和理查德·瑞恩在对"奖励如何影响人们的行为"这个问题进行了128例研究之后，得出以上的结论。

当要孩子们为一次慈善活动募捐时，那些被允诺会得到更高奖励的孩子，要比那些得到较少奖励的孩子募集到更多的钱。但是，那些仅仅认为他们是在为他人做好事的孩子，要比前面两类募集的钱更多。如果希望通过小小的报酬来鼓励献血的话，那么，在献血点主动献血的人则要比根本就没有任何报酬时的人要少得多。"那点奖励把一项高尚的慈善活动变成了贪图几美元而进行的痛苦活动，而它根本就不值得。"史蒂芬·列维特和史蒂芬·都伯纳在他们的《魔鬼经济学》（*Freakonomics*）中是这样写的。用科学家的术语来说，就是那些细微的奖励"驱逐"了任务本身的"内在激励性"。这种在工作中获得的与薪水截然分开的喜悦感，就是让第三、第四、第八与第十二要素能有如此巨大力量的原因之一。

销售佣金和计件工资有时候是让人承担责任的最好方式。这种依据表现的工资策略可以帮助员工始终关注目标，甚至可以让他们互相协作。但是，这个策略并不是放之四海而皆准的，那些把所有公开的生产活动都与美元挂钩的经理，只会让员工在漫天飘舞的单据中失去对工作的兴趣，不再做任何与金钱无关的事情。

补偿不应该仅限于金钱

对"工作不仅仅是为了金钱"的最好的诠释，早在1984年美国通用公司与全美汽车工会谈判所确定的协议中就有说明。在经过多次对协议的更新和修订，以及考虑到汽车工人对自动化的担忧的情况下，通用公司提议成立"员工发展银行"，以期对全美汽车工会中被技术与更高生产力所取代的工人进行培训，帮助他们找到工作。

在期间来来回回的谈判过程中，"工作银行"成为一项非常可靠的工作保险计划。尽管，它并不能保证能制造出汽车来。"汽车行业工会对工人说，他们的工作比之前任何时候都要安全保险。"2006年《华尔街日报》的头版对这个计划进行了报道，"汽车行业工会认为，直到今天依然认为，'工作银行'要迫使通用公司以及其他汽车制造商为工会的会员找到工作，因为，没有公司愿意一直负担不工作的员工的工资。"但是，若底特律汽车销量下滑（的确发生了），不再需要汽车工人的工作时，"工作银行"的条款保证了这些员工的薪水，他们可以做些义工，可以接受培训再找其他工作，或者可以整日闲坐在被称为"橡胶室"的地方，那是可以装下供400员工使用的桌椅的储藏室。要拿到全薪，员工们只需每早6点出现在公司，一直待到下午2点45分就可以了，这中间还包括45分钟的午餐时间。

"即便每年你可以拿到64 500美元的全薪，但在那个屋子里会让你'直想用头撞墙'。"全美汽车行业工会中的一员，杰瑞·梅伦对《华尔街日报》的记者说，"我真的受不了那种滋味，我需要做点事情。"为获得更大的意义，逃出"橡胶室"，梅伦和他的许多同事最终选择做义工，作为他们工资的回报。如果工作仅仅是一个赚钱的手段的话，那么，"橡胶室"也不至于那么令人痛苦。原因就在于，即使可以拿到全薪，"工作银行"在"12要素"上都失败了，它使参与者的生活逐渐变得枯燥乏味。

工资不仅是支付工资单那样简单，它更是身份的象征

无数研究表明，一个人对他自己工资的满意度，更多地取决于他比周围的人多赚了多少，而不是取决于他绝对地赚了多少钱。假设一美元在下列两种情况下有相同的购买力，你更倾向于哪种？（1）你年收入为50 000美元，而其他人则赚25 000元；（2）你每年收入为100 000元，但其他人年收入为200 000元。这两者你会选哪个呢？对于这个假设，半数人会选绝对数值低的收入，即选择（1），因为在这种情况下，人们会有"一览众山小"的优越感。

专栏作家托恩比认为曝光每个人的薪水将带来更大的公平、"信任和社交凝聚力"。然而，众多的事实却证明与之相反。在美国上市的公司已经被要求公布他们的首席执行官以及其他四位高收入官员的薪水，似乎执行官的薪水增长速度快得令人难以置信，他们并不在意对他们薪水的披露，相反正因为这样的揭露，集团的领导们要争取得到那些已经公布了的高收入职位。如果对薪水的披露是为了

抑制执行官的收入的话，"历史不具任何参考价值，"专栏作家弗洛伊德·诺瑞斯在《纽约时报》上写道，"执行官的薪水是在更多的薪水被披露之后才开始增加的，因为老板可以看到其他人都收入多少钱。他们比较的标准从原来的公司内部转移到了同其他公司的老板之间，而每个老板都认定自己的收入应高于平均线。"

全食超市（Whole Foods Market，美国食品零售商——译者注）打出招牌，把首席执行官的薪水限制在工人平均工资的14倍。2005年，执行官约翰·麦奇领到工资和津贴总共436 000美元，仅仅是工人平均工资32 000元的14倍。然而，《福布斯》（Forbes）杂志报道称，商业新闻中对其有限范围的报道"忽略了一点：股票期权"。麦奇"得到了180万美元的执行股票期权，以及另外的460 000美元期权，总计270万美元。另外的440万期权已经拿到手，所以，如果他愿意的话，可以随时变现。"

人们都喜欢自己高出平均线，在任何文化中，身份都是一个非常重要的组织准则。"在斯坦福大学的一项研究中，将几名大一的男生带到一个房间里，要求他们相互之间确认等级的时间不超过15分钟。"理查德·科尼弗在他的著作《办公室角落里的猴子》（The Ape in the Corner Office）中写道，"人们划分等级和身份的欲望是如此强烈，以至于不管我们在哪里度过我们的一生，我们似乎要重构已经高度划分了的社会等级。我们无休止地烦恼，谁拥有最好的办公室，谁有最大的预算，谁拥有最炫的黑莓手机以及其他工作场所几乎每分钟都要重新校准的差别等等。"当然，要考虑谁得了更高的工资。

这个事实也许在2005年的漫画《呆伯特》中沃利与老板谈判薪水时的谈话中得到了最好的体现。沃利说："研究表明，快乐与一个人的绝对财富没有关系，所以，"他看着呆伯特，然后跟老板说，"如果我干好了，你能不能降低这家伙（呆伯特）的工资？"

员工之间比较薪水会制造紧张情绪

人们总是对其他人做的事情着迷。如同其他特征一样，薪水允许对个人进行排名，原封不动地展示每个人在等级中所属的位置。很会赚钱的人的名单，不论是《福布斯》发布的全球最富人物榜，还是地区报纸刊登的市场中首席执行官的工资清单，都让这些杂志的封面夺人视线。

每年，《旅行》（*Parade*）杂志都要在全美各大新闻媒体周日版上刊载一期特殊的头条《人们都在赚什么钱》（*What People Earn*），它会给日常工作的人们提供一个有关明星和政客们收入的抽样报告。《旅行》杂志刊登的这个内容有一个吸引人的地方，就是通过查看明星和政客的收入，读者就能够知道某某人比自己赚的钱多还是少了。因而，这个报告成为《旅行》杂志最受欢迎的栏目之一。

当这种比较转移到家庭的时候，收入清单就会由原来的趣味性阅读转变为潜在的可挖掘的信息。《华尔街日报》曾经报道了一则故事：一名妇女在公司的一份文件的复印纸上，发现了包括她自己的80名同事的表现排名、基本工资、工资增幅以及奖金等信息。她看过后，感到"无比震惊，一个臭名昭著的员工一年的收入是65 000美元，要远远高于大多数可以胜任的同事，而且，一些新来的员工的收入几乎要比那些比他们更有经验的同事多20 000美元"，报道接着说，"这个发现让她开始质疑，为什么自己周末也要工作，却没有其他人拿到的薪水多？'我实在是不能容忍这种不平等。'她说。三个月后，她选择了离职。"

对不公平的警觉属于第九要素："我的同事致力于高质量的工作。"人们对那种贡献少反而拿钱多的现象感到异常的愤怒。大多数人都不能够"各人自扫门前雪"，也不会在"奖励—贡献比例"上掂量自己与相邻办公室里的同事的差别。追求公平和"厌恶不公平"是人类以及灵长类动物中常见的一个最基本的情绪。当小孩子刚学会说话不久，他们就有对不公平进行抱怨的能力；"那不公平"，就是他们最早会说的话里的一句。即使是猴子，当它们分发食物时，也是根据为同族所做贡献的大小进行的。

许多负责管理薪酬的经理已经认识到艰难：一个薪酬制度在逻辑上的完美，并不能避免员工的"揭竿而起"。

一般国家和企业中，人们都认为薪水是一个私人话题

人们对于收入报酬等级排名的好奇心，或许源自好奇背后的情绪，大多数人对薪酬都非常保密。收入通常是一个相对难以处理的问题，即使是在双职工家庭中，丈夫与妻子之间。"钱是个大禁忌。与谈论赚多少钱相比，人们则更愿意谈论非常私人的性生活的秘密。"托恩比在拒绝透露她自己的收入之前，在她的专栏中这样写道。迫以终止工作的威胁，而允许员工公开讨论同事工资的公司，则是极其少见的。

产生这些难题的原因有很多。对于那些收入相对少的人而言，公开收入是很没面子的；而对于那些高收入的人而言，主动公开自

已的收入则会招致要求公平的挑战——"你付给他多少工资？"所有这些都会妨碍工作的完成。公开个人的工资就更易于带来无生产力的闲聊、运用手段谋取利益以及表达失望，不管产生那些数据的公式是多么的符合逻辑。尽管人的天性倾向于合作，但是它也刺激人们对他人的成就产生嫉妒、自负以及贬低的想法，所以，这就使对薪水的比较变得反复无常。就如同电影《好人寥寥》（*A Few Good Men*）中的主人公一样，关于同事们的工资，一名员工说："我要知道真相"；而他的本性的另一面则"根本不能控制得了真相"。

个人薪水通常不公开，但是薪酬标准则需要公开

人们对个人的薪水往往保守得最为严密，然而对薪酬标准的制订的了解，则对人们产生公平感至关重要。正如一项研究表明："员工们需要知晓，薪酬计划是如何建立的，薪酬计划具体是什么，薪酬制度如何评估以及薪酬的支出是如何决定的等等。"只有在员工们充分地了解了这些信息时，他们才能对组织产生信任，也就是社会学家所说的"组织的'程序上和分配上的公正公平'"。若没有这些信息，整个组织就会暴露于漫天的偏袒、投机主义或者歧视观念之中。

《哈佛商业评论》（*Harvard Business Review*）上有一项假设性研究，在这个研究中罗列了诸多分化组织的因素，而随着时间推移这些因素可以逐步浸入组织中，包括：新雇员比老员工得到更高的薪水，不同部门之间的基本工资不相同，善于讨价还价的员工比要求较少的员工的工资高许多等等。在这个有趣的研究案例中，一位计算机高手决定把公司的薪水报告档案通过电子邮件传遍整个公司，

制造一场可想而知的恐慌。

对于决策者而言，问题是如果全体员工的薪水被公之于众的话，将会有多大程度的骚乱。但如果公司能在公布薪水计算方法的基础上，公开全部薪水的话，绝大多数员工就不会感到震惊，因为公司之前已经对此做了说明。

薪水问题与"12要素"息息相关

尽管盖洛普在员工普查中不会直接问到薪水的问题，但公司会常常在对大众调查中加入收入问卷调查，这样就有机会得到一个更加公正的结果，这些调查也被证明不是由员工的老板所回答的。即使为了鼓励员工强调不要从个人出发，而用"以我最公正的观点看来"的表述方式，也很少有人能非常赞同"我得到的工资与我付出的劳动是相适应的"这个选项。而在这些华而不实的答案中，薪水的观念与"12要素"有着非常紧密的关系。在付同样金额的工资的情况下，一个敬业度高的员工要比不愿投入的员工更感到高兴。

金钱的威力受其自身制约。只有当对所有非物质的激励措施进行整合时，金钱才起作用。"任何一个组织，若它认为仅仅通过薪酬制度即可增强组织的吸引力、拓展其范围以及激励员工的话，那么，这个组织极有可能没有在公司其他方面花费应有的时间和精力，而这些方面包括：员工的工作环境、明确工作性质、创造公司文化以及使工作变得有趣和有意义。"斯坦福大学杰弗瑞·费弗教授在《哈佛商业评论》中如此写道。

丽芙·范波文和托马斯·季洛维奇两位教授的研究工作为"工

作不仅仅是为了金钱"提供了进一步的证据。两位教授曾设计了两个调查以及一项实验，以确定人类的经历或者职业是否能带来更大的幸福感。实验结果证明，完全如此。在所有的3组调查中，被访者对于他们正在做的事情要比他们已经取得的成就表现得更加积极。

"当把可自由支配的收入归入人生经历时，人们要比把收入仅当作物质上的收获时，更能感到幸福。"他们写道，"换句话说，追求的过程要比已经拥有更能获得美好人生。"如果在工作之外的其他经历上花费金钱，比花费同样的钱来积累财产更幸福的话，那么这不就意味着，为获得令人喜欢的工作而舍弃一部分金钱，要比仅为了赚钱而从事一项令人沮丧的工作更感到幸福吗？

所有的数据都表明，一名员工真实的薪酬应包括：工资、福利以及工作中诸多的心理上的奖赏（同样非常重要）。

大多数感到受公司厚待的员工会回报公司

贯穿这本书，在众多变化中有一个事实不止一次地出现，那就是，在许多人事策略的背后，人类往往不会遵循逻辑和数理假设而行事。这就直抵了与员工薪水的拉锯战的实质。

传统观点认为，公司应该尽可能地少付给员工薪水，以保证公司各项服务的安全运作，且不管薪水金额比竞争对手愿意支付的薪水多一点点，还是仅达到员工要求的最低标准金额。而这种策略的另一个被关注的方面就是，员工将会只付出为得到薪水和奖金所要求的最低限度的工作量。公司期望付最少的钱，而获得员工最大的工作量；而员工的想法则恰恰相反。就在这两个竞争力量中，工资被确定下来，最后达到了双方都能接受的、充满敌对的平衡。

但是，在测试中，当一个人提供了一份薪水，而另外的人决定该尽多大努力作为回报时，一件有趣的事情发生了。如果"雇主"提供了一份高于市场价的薪水，"雇员"则通常会与之相应地更加努力工作，即使是在员工本可以少做些工作的情况下。"这就是说，平均而言，相对于那些纯粹考虑金钱的想法来说，人们都是愿意做出额外努力的。"研究员俄内特·费荷和西蒙·盖希特这样写道，"公司在薪水上的慷慨，会使员工充分地尽责、投入，能带来他们工作上的慷慨努力。"

既然金钱本身不可能买到员工的投入，这就看起来像是员工们认为公司积极关注他们的切身收益，是这种观念换来了员工们的生产力。不仅仅是金钱，创意同样如此。这个研究提到了公司执行官必须要做一个抉择：公司需要哪种类型的员工？是整日想着"我不得不拼命赚取公司舍不得开给我的每一份额外工资"的员工呢，还是那些认为"如果我为公司着想，公司也会为我着想"的员工呢？

这个简单的问题揭示了一个公司所处的立场。如果一名有才华的员工工作卓越且常常出类拔萃，那么，应该由他的经理，还是他本人去要求提升呢？公司是否应该花费大量精力和时间去吸引外部人才，而并不是培养内部人才呢？公司是否只有在当人才被竞争对手挖走之后才意识到其才能呢？

就薪水问题而言，如同前面所讲到的"12要素"一样，员工能满怀激情地为公司做出多大努力，很大程度上取决于公司能全心为员工做些什么。

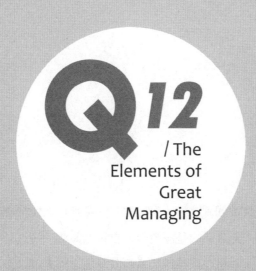

/ The
Elements of
Great
Managing

伟大管理者必须具备的
——个人使命感

公司高层领导要想激励整个公司，他首先需要关注的便是公司的各级主管。在管理者实施政策之前，管理人员必须从员工的角度考虑并以员工的身份尽到自己应尽的职责。

我们常常被问到这样一个问题：究竟是什么使得成功的管理者如此出色？一部分原因是源自他们自身的天赋——这是一种与生俱来的洞悉员工心思、保持持续乐观以及制定别人难以企及的策略的能力。另一部分原因是他们内心珍藏的一种让世界变得更好的个人使命感。

其中很重要的一点，就是还要求在一线的管理者必须与他们所指导的员工拥有相同的"12要素"的经验。总之，卓越的管理者的一个最基本条件是——需要一个优秀的领导。

然而，非常明显的是，目前许多公司中有一种潜在的流行观点，即"认可和赞誉、导师的作用、清晰的目标愿景以及其他要素等等，都只是针对一线员工的要求而已"。按照这种想法，最好的管理者应该更加有自知之明，更加谨慎，对这些因素无动于衷，能够维持一种稳定的状态，而不会过分关注其周围的环境。

事实证明，结果正好相反。和普通员工一样，管理者的敬业度也会起起伏伏。更有甚者，管理者敬业度的高低与其整个团队的态度有着非常紧密的联系。无一例外，我们在对数据库中的一位管理者的采访中（其被认为是"优秀的管理者"），也发现了这个令人心酸的事实。他非常倚重的一位一线主管出于某种原因离开了公司，同时，他不知该对新到任的后继者有何期许。因此，他便产生了一种无法获得必备资源的感觉。

他曾努力避免他的团队受到他所面临的困难的影响，但整个团队变得越来越不安定。一些人在抱怨，甚至开始怀疑他的诚实。随着公司内部各个部门权力竞争的白热化，员工的生计问题则渐渐被遗忘。"在权力的争斗中，我们正遭受痛楚。"他说。这个故事可能听起来耳熟，因为这种情况确实非常普遍。

这些故事以及更重要的关于管理者表现的分析表明：公司高层领导要想激励整个公司，他首先需要关注的便是公司的各级主管。在管理者实施政策之前，管理人员必须从员工的角度考虑并以员工的身份尽到自己应尽的职责。

/ The
Elements of Great
Managing

结语

伟大管理的核心

"人才是我们最大的财富。"这是现如今商业领域中最为奇怪的一句话，没有人知道它源自何人之口，但它却是如此地具有感染力，以至于几乎每个企业的首席执行官都会在某些场合说到它。如果在一篇演讲稿中加入这句话，就会显得非常富有情感，听起来让人觉得舒服。它使得这些首席执行官们看起来更加平易近人，更显得富有人情味。

但是，这句话已成为一个笑话，因为，即使这句话说得没错，但也很少有企业能拥有此种类型的执行官或者企业文化，而这些正是对这句话的有力支撑因素。当一位本身并不具备这些个人素养的公司老板说出这句话时，一位中层管理者转向他的朋友，说到这句话让他想起了他的一次经历。在一次面向儿童的广播节目播音结束之后，主持人并没有意识到话筒还开着，就说："这一群狗娘养的！"

同样的情况早在许多年前我们为一家"财富500强"的金融公司执行官阐述"12要素"的结果时就发生过。"提防那个CEO，"同事提醒，"他肯定要抓住你不放。"

那次报告会进行得很顺利，没有遇到什么问题，直到当陈述者放映了一张幻灯片，强调了公司内部大范围的员工敬业度等级时。他说："在盖洛普的数据库中显示，贵公司同时拥有最投入的和最不投入的两种类型工作团队。"

这时，公司的首席执行官突然插了一句，"你刚才说的等于没说，完全没有意义！"他笃信地继续说，"同时拥有最好的和最差的员工，这在全世界上的任何一家公司中，都是如此。"

这位首席执行官说得没错。事实上，在一家大型企业中，其敬业度最差的员工所占的比例在2%~3%的情况并不常见，这几乎要比全球总体分数还要差。同样的，在一个大型的组织中，敬业度高和最负责任的团队所占的比例高于数据库中99%的情况也不常见。

陈述者承认了这点，同时也反问："你无疑是对的，这种情况也一直存在，但是，如果我过来跟你说，贵公司拥有一些我曾见到过的最能给公司带来价值的员工，同时也拥有一些会给公司带来最大损失的员工，那么，你还会仅仅因为这个情况在其他公司同样存在，而认为它是毫无价值的吗？"

"我明白你的意思了。"这位领导说。

不知何故，许多执行官都遗漏了这一点。这些有着经理头衔的管理者经常会因为一些固化的表现，而得到诸如增加任期等相关的奖励，而这些固化的指标则既不能表明其在处理人际关系方面有何特殊才能，也不能成为一个公司的唯一升迁通道。那些从未考虑过让一位财会学校的肄业生管理其财务，让一名勒德分子（勒德分子，1811—1816年英国手工业者——译者注）掌管其IT业务，让不善交际之人例行公事地监管安全的公司，会使令人厌烦、弄虚作假以及反应冷淡的男女员工设想：公司中全体员工的职位表面上就是公司里最重要的财富。

在盖洛普为一个地区银行召开的研讨会上，我们要求出席的中层领导们为一群假设的"荣誉学生"写一篇演讲稿。这篇演讲稿要赞美公司的优点，以期吸引这些优等生加入他们的公司。最终，这些演讲稿的内容可想而知，都是对公司的优点、个人晋升的机会以及公司慷慨的福利等等一些样板式的描述。当这些经理们当着他们的同班同学的面发表完演讲后，他们被一个这些"荣誉学生"可能会问到的问题给难住了："如果我加入贵银行，你能保证我将会有一个真正的非常好的经理吗？"整个屋子一下子静了下来。他们面面相觑，接着耸耸肩，这些领导不得不承认，他们不能对一位新进员工保证这个最基本的福利。

如果在一个晚间的酒会上，你不经意间地问："是谁在掏空公司呢？"你会招致一些迷惑的眼神。"据我所知，没有人。"他们会回答。要是问："在这家公司里，谁是不称职的经理人呢？"这些故事则会一直被不断地打包传播。正如同人们宁愿承认自己的数学差，而绝不会承认自己文化水平低一样，商业中可以容许在人际关系方面存在能力不足，但是绝不允许金融渎职。然而，除了少数头条新闻披露的高层的欺诈行为外，公司中员工敬业度低所带来的损失要远比公司被偷窃大得多。

对这一点相对疏忽的原因是，虽然这些正积极关注雇员敬业度问题的公司看见了明显的提升，但其工作质量的总体趋势却趋于平坦。在美国，敬业度高的员工的比例从2000年的26%升至2002年的31%，到2005年，又变为28%。看起来似乎各级敬业度的比例没有随宏观经济的波动而发生巨大的变化，而仅仅同更好的管理者有关系——但是管理者的总体质量并没有得到改善。同样的结果可以从盖洛普多年来对其他国家进行的抽样调查中找到。"全国以及全球的研究结果表明，员工的敬业度被破坏的速度如同它在其他地方被改善的速度一样快。"这在当今世界中，的确是一个盲点。即使不从道义上来考虑，这也是一个罕见的现象。激发工作动力的失败，使业界损失了巨额的资金。在美国，企业由于员工敬业度低所损失的生产力成本，保守估计，是3000亿美元；在德国是900亿欧元；在新加坡，则是30亿新元。盖洛普所研究过的每个国家大抵如此。

尽管总体趋势变化平缓，但在公司层面上而言，这种变化往往是大量的和持久的。对于那些在盖洛普的数据库中取得了最高分数的地位、自己的每股都实现盈利增长的上市公司而言，我们可以看到其员工敬业度方面的巨大变化。

而在对管理人员进行"12要素"培训的第5个年头，由于经理人的真诚努力，积极投入的员工与敬业度高的员工的比率已经增加了一倍，若询问做得最好的经理，他们如何在这些不同层面做得如此出色时，你会听到与我们在前面章节中已经讲过十几次的类似的故事；但是，若问他们为什么这样做，是什么在激励他们时，你会得到一连串的非财务性质的原因和根源。

"哦，我真的爱死他们了。"一位上司如此说，"老实说，在我心底里，对我的团队成员中的任何一个人而言，我都没有任何特别深厚的感情。但是，我觉得，如果我必须得去为他们而战斗，我会去的。我也会站在他们一边，任何时候，为了任何事情。"

"人要比事实和数字更为重要，"菲利普·勒肯斯（在第11章中提到过的经理）说，"他们对我来说非常重要，我一个人是不可能感觉到快乐的。"

"他们就像我的家人，"另一个经理插了一句，"我希望他们可以快乐地在这里工作，就像我一样。我喜欢我的工作，我已经在此工作了17年多。我一直想成为一个商场经理，而且我想让员工们总是高高兴兴地来上班。"

在我们对世界各地数以万计的经理人和工作团队的研究中，有一个事实非常明显，那就是杰出的经理人已经本能地意识到自己所做的工作对公司是有贡献的，而不仅仅是有助于盈利。

伟大的管理者有持续盈利能力，因为他们考虑了一些超越利润、在利润之外的因素。他们能看到他们所管理的每个人一生的工作的成就。

他们的影响超越了单纯的商业业务范畴。对于许多人而言，这几乎是一个精神上的范畴，不管其信仰为何。他们的动机是源自他们的根深蒂固的，对周围人的责任感。

对于他们能和自己的团队在同一个办公室或工厂中工作的事实，不论他们相信这是偶然机会还是缘分，这些经理人本能地去了解科学真理，即"他们所做的，将对他们的同事产生巨大的影响"——或许是一个终身的影响。鉴于他们的团队花费在工作中的时间的百分比，他们认识到了自己拥有巨大的影响力，他们影响的不仅是自己员工的"工作生活"，更是他们的整个人生。

大多数人会告诉你，管理是一项庄严的责任，从管理中他们获得了巨大的满足感，但它也忠于自己的良心，因为他们对管理是如此的认真。他们说，有了它，不只缓解了自己因承受保护他人金钱的责任以及争取良好回报的压力，还为提高人们生活质量提供了特殊的指导。员工们说："任何事情都有两面。"无论是员工还是专家，都依赖经理人能给予他们指导、支持、宣传以及资源，能激励他们自发地尽自己的最大努力工作。

"这些都是人们的生活，我是有责任的，"皮特·沃姆斯蒂克（第6章中曾提到过的经理）说，"我绝不能在这点上犯错误，因为我真的有责任把它做正确，我将要花时间来让它正确无误。"

能从员工那里得到最多的经理人，通常是那些能给予员工最多的经理人。那些创造了最大的财务业绩之人，往往在开始时抱最少的金钱动机。他们为了下属，努力地做正确的事，他们自始至终都做得很好。

这就是伟大管理的核心所在。

采用本书理念和方法指导员工和管理的企业：

中国建设银行　　　　惠普　　　　　　　三菱重工
招商银行　　　　　　富士通　　　　　　高盛集团
中国网通　　　　　　住友生命　　　　　戴尔电脑
神州数码　　　　　　日本电气公司　　　沃特迪斯尼
TCL集团　　　　　　联合利华　　　　　德累斯顿银行
广州移动　　　　　　保诚保险　　　　　佳能
国泰人寿　　　　　　美国国际集团　　　诺基亚
恒安标准人寿　　　　苏黎士金融服务　　百事公司
奥迪　　　　　　　　家乐福　　　　　　百时美施贵宝
卡尔森公司　　　　　美国教师退休基金会　可口可乐
达美航空公司　　　　汇丰控股　　　　　微软
富达投资银行　　　　荷兰银行　　　　　马自达汽车
马里奥特酒店　　　　康柏电脑　　　　　施乐
瑞士酒店集团　　　　朗讯科技　　　　　印度石油
希尔斯　　　　　　　宝洁　　　　　　　大宇
丰田　　　　　　　　德国电信　　　　　联合航空
通用汽车公司　　　　世界电信　　　　　联合百货
沃尔玛商店　　　　　宝马　　　　　　　法国国营铁路
埃克森美孚　　　　　美林　　　　　　　夏普
丰田汽车　　　　　　摩根斯坦利添惠　　辉瑞
花旗集团　　　　　　三菱电机　　　　　明尼苏达矿业制造
日本生命保险　　　　大通银行　　　　　西北相互人寿保险
西门子　　　　　　　苏伊士里昂水务　　麦当劳
美国邮政总局　　　　皇家飞利浦电子　　韩国电力
荷兰国际集团　　　　美国电讯　　　　　富士胶卷
美国电话电报　　　　美国海军　　　　　百思买
索尼　　　　　　　　默克　　　　　　　英国邮政
德意志银行　　　　　现代汽车　　　　　富士重工
波音　　　　　　　　拜耳　　　　　　　澳洲电信
第一生命　　　　　　杜邦　　　　　　　西北航空
本田汽车　　　　　　富士银行　　　　　野村证券
美洲银行公司　　　　瑞士联合银行　　　墨西哥电话
雀巢食品　　　　　　强生　　　　　　　（排名不分先后）
西南贝尔电信　　　　时代华纳
瑞士信贷　　　　　　三星电子

GALLUP®

盖洛普公司（Gallup, Inc.）由美国著名的社会科学家、先驱的民意测验专家乔治·盖洛普（George Gallup）博士于1935年创立。盖洛普以其对社会态度、意见和行为的科学测量和深刻分析而闻名于世。

1988年10月，唐·克利夫顿（Don Clifton）的人才甄选研究机构SRI（Selection Research, Incorporated）与盖洛普合并。SRI专注于对组织中"最佳匹配"特定岗位和智能的个人进行结构化的心理访谈，以识别这些高绩效人才的才干。自此，盖洛普公司开始聚焦世界的三个成功——个人的成功、组织的成功、国家的成功，并为此创建了一系列经典理论和工具。

1990年代末，盖洛普开创了员工敬业度运动，创造性地推出测量和管理员工的独特工具——盖洛普Q^{12}——12个可操作的、被证实与绩效结果相关的要素。通过这12个要素对组织内部工作环境和管理水平进行测量，同时借由这些要素形成管理抓手，提升员工投入程度和组织绩效。

1995年，唐·克利夫顿首次提出"优势"一词，并呼吁大家思考："如果我们关注人们好的方面而不是不足的方面，世界会变成什么样？"

1999年，唐·克利夫顿创建克利夫顿优势识别器，标志着一场将永远改变人类发展前景的运动的开始……截至今日，克利夫顿优势理念累计帮助60余个国家超过22,102,382人认识了自我，释放了潜能。

1999年，盖洛普撰写的伟大经理们必读书目，关于员工敬业度的著作《首先，打破一切常规》（First, Break All the Rules）出版后迅速成为全球畅销书，一直高居全美畅销书排行榜。2001年，《现在，发现你的优势》（Now, Discover Your Strengths）出版，首次将在线才干测评与图书结合在一起。2007年，《盖洛普优势识别器2.0》（StrengthsFinder 2.0）发布，成为有史以来最畅销的商业书籍，也是亚马逊有史以来最畅销的非小说类书籍。2019年，盖洛普发布了最新畅销书《一切取决于管理者》（It's the Manager）。迄今为止，盖洛普已出版发行了数十本管理著作。

盖洛普的主要产品分营销管理咨询和人力资源管理咨询两大类。盖洛普公司崇尚的是调查研究及其成果的独立、客观和专业性。盖洛普研究咨询涉及的行业包括汽车业、通讯业、航空业、计算机、能源、医药和保健、银行、保险、食品、建筑产品、房地产、零售以及娱乐业。大部分客户都名列世界500强。

盖洛普在全世界设有30多个城市中心，采集的数据来自超过160个国家和地区，目前在全球咨询研究行业中，盖洛普因以定量研究和市场营销、人力资源管理咨询为特色而独树一帜。

盖洛普1993年进入中国，在北京、上海、深圳设有办公室。盖洛普中国向客户提供盖洛普专有的商业和管理调查、研究、咨询和培训的全套服务，包括客户满意度和忠诚度监测、员工敬业度监测、基于才干的人才选拔、优势测评与培训、雇主品牌监测与研究、组织诊断、管理层评估和培训、高绩效管理培训、供应商关系研究与管理等。

同时，为了更好普及经典管理和发展工具，盖洛普围绕Q^{12}员工敬业度和克利夫顿优势测评研发了培训和课程体系。

盖洛普中国联系方式：

北京：朝阳区金桐西路10号远洋光华国际AB座7层07B127室
　　　电话：+8621-6193-2688
上海：徐汇区淮海中路999号上海环贸广场办公楼二期11层1105-09室
　　　电话：+8621-6193-2600
深圳：福田区中心四路1-1号嘉里建设广场第三座15层04单元
　　　电话：+8621-6193-2688
官方微信公众号：盖洛普咨询（Gallup-China）

盖洛普中国提供的产品和服务包括：

一. 克利夫顿优势

克利夫顿优势识别器

优势教练认证课程

发现优势工作坊

优势教练进阶课程

基于才干的选拔课程

二. 敬业度中心

Q^{12} 员工敬业度测评

Q^{12} 员工敬业度咨询服务

打造敬业的工作环境【敬业大使】课程

领导高绩效团队课程

三. 战略咨询服务

房地产行业客户满意度调研

基于才干的人员招聘

供应商投入度

组织认同增强项目

员工幸福感提升